聯經文學

嗩吶煙塵

下冊

沈寧

三十九

這不速之客，原來是商務印書館的王雲五先生。

「王先生別來無恙？」外公趕緊走出客廳，拱手問候，看見王雲五還是那般模樣，胖胖的臉，兩眼有神，笑容可掬，西裝革履，手提皮包，一副大經理志得意滿的樣子。

外公說：「王先生依然是紅光滿面，精神抖擻，實在難得，實在難得！快請坐，看茶。」

王雲五先生邊坐邊說：「你陶先生可大大今非昔比了。在編譯所，我便看出你不同凡響。果不出所料，五年光景，現在上海灘頭社會史論戰，熱熱鬧鬧。一員戰將就是你陶先生，實在了不起。」

外公說：「聽說王先生已自編譯所所長升任商務印書館總經理，可喜可賀。」

王雲五看見媽媽躲在樓梯口張望，笑起來，叫，「這一定是那個很會講話的千金。過來呀，我們見過的，還一道吃過飯，對不對？」

外公答：「八歲了，上小學了。」

王雲五搖頭感嘆：「好快！還記得她向我要眼睛會動的洋娃娃。」
外婆在廚房裡燒好茶，托個青銅茶盤，上面放兩個細瓷小茶盅，都蓋著蓋，走到客廳來。
王雲五看到，忙站起身道：「嫂嫂不忙。」
外婆把茶盤放到桌上，答說：「王先生請坐用茶。」
王雲五重新坐下，笑著說：「希聖兄現在是上海大名人了，嫂嫂跟著享福的日子不遠了。」
外婆一邊從茶盤裡一個一個取出茶盅，放到王雲五和外公面前，一邊說：「他在外邊做事，還不是要王先生多照顧，不要做錯才好。」
外公伸著手招呼：「請用茶，請用茶。」
外婆走開，到樓梯口把媽媽推上樓去，說：「大人講話，你看麼什！上去做功課。」
王雲五端起茶杯來，說：「嫂嫂很賢慧，女兒也聽話。希聖兄好福氣。」
外公喝口茶，說：「我初回上海時，曾去印書館看望友人。王先生那時剛好出國了。」
王雲五趕緊放下茶杯，解說：「我到美國去了一段時間，考察現代化企業管理。前幾日剛回到上海，聽說你陶先生在上海灘呼風喚雨，攪得四鄰不安，所以馬上來拜訪。」
這句笑話，並不可笑，王雲五卻先自哈哈笑起來。
外公也強笑笑，說：「哪裡，哪裡，不過是些學術爭論而已。」
王雲五話題一轉，說：「我今天來是請你去吃飯。」
外公說：「王先生，這是何必？」
王雲五說：「我是有事相求。」

外公說：「王先生只管直說就是，只要陶某能做的，一定鼎力相助，絕無二話。」

「走吧，我們去新雅。」王雲五說著站起身，提起皮包，就要走的樣子。幾年前，商務印書館跟英國領事館打官司的時候，他們常常在新雅共進午餐。現在外公在中央政府幾個部門作過主任，在幾個大學兼作教授，眞成社會名流了。王雲五要在新雅請他吃飯，意在敘敘舊情。

「那麼恭敬不如從命，無功先受祿了。」外公站起，對王雲五拱拱手，跟著他出門了。

那一頓飯竟然吃了四個多鐘頭。外公從中午十二點鐘出門，到下午五點才回來。媽媽等在客廳裡。外公走前告訴媽媽，他會帶一盒積木回來給她，所以她在客廳裡等。

積木眞的帶回來了，一大盒。媽媽急忙爬上飯桌，從盒子裡一塊一塊抽出積木來，細細地看，擺來擺去，高興得大叫大喊。

外公說：「這是一大盒，和泰丫一道玩。」

媽媽說：「我會！祥丫要玩也可以。」

泰來舅爬上椅子，跪在上面，抓積木。媽媽不管他，只顧自己搭來搭去。祥來舅坐在地板上，伸著手哇哇叫，外婆從桌上拿了兩塊積木，給他在地板上玩。

「你們又吃冬瓜盅了嗎？」媽媽一邊玩一邊問。

外公說：「沒有，這次喝的雞絲湯。」

「還有什麼？我們以前吃過嗎？」媽媽隨口問，其實並不在意外公的回答。

外公說：「沒有。我們點的清燉蟹粉獅子頭、雅梨炒腰花、蝦仁珊瑚、五色鱔段。」

外婆端來洗臉水，放在外公面前，對媽媽說：「哪來那麼多話，女丫家，人家看不起。」

媽媽說：「飯店的飯好吃嘛！」

外婆假裝生氣了，說：「家裡飯不好吃？」

媽媽聽出語氣，轉頭看了外婆一眼，說：「好吃，不過不一樣。」

外婆回過頭，看著外公洗臉，說：「要回書館去了？」

「是。」外公回答，一邊擦臉。

外婆問：「自己還寫文章麼？」

「就是討論這件事，所以耽誤時間。」外公放下毛巾，坐到椅子上，繼續說，「我在各大學裡講課的安排，還要保留，自己的研究和寫作，也還要做，給他們做事的時間當然不會多。」

外婆端了洗臉盆走到後面去倒，一邊問：「怎麼安排？」

外公說：「星期四下午我要兼課，下午兩三點就離開印書館。另外每星期給我一天做自己的研究寫作，可以在書局，也可以在家。最好的是，進書局做事，我又可以利用圖書館了。」

外婆端了新沖的茶走回屋裡來，又問：「還作編輯麼？」

外公接過茶，喝了一口，說：「還作編輯我會答應去嗎？」

外婆撇撇嘴說：「你有什麼了不起！」

外公說：「他請我作中文秘書，辦總經理的書信，公司的文書。」

外婆說：「不過秘書而已。」

外公說：「只作秘書，我怎麼會答應。我主要做公司法律事務，是我的學業本行。王先生說：有名律師太忙，無名律師不可靠，還是我這個不掛牌的律師，能夠擔當書局的法律事務。」

外婆說：「人家看重你。」

外公又喝一口茶，說：「其實，我之所以答應回去，主要是因爲王先生考察了美國工商管理回來，決定改革商務印書館的管理，要我幫助。這是我喜歡做的，否則，回去有什麼意思！」

外婆問：「薪水多少？」

外公答：「每月二百元。」

外婆算著說：「每禮拜只作四天半，薪水不算低。」

外公說：「這樣，星期天就只好用來寫文章。」

外婆說：「你不去書局做事，差不多星期天也都是看書寫文章，誰誤過你的事？琴丫，收桌子，吃晚飯了。」

外公有些奇怪，說：「啊哈，我才吃過中飯回家，又吃晚飯了。」

「你看看鐘，你一頓飯吃了五個鐘頭。你不餓，我們都餓了。」外婆說完，到廚房去盛菜端肉。外公站起身，幫忙把祥來舅抱上椅子坐好。泰來舅自己早爬上椅子坐好了，望著外公。

外公在桌邊坐下，對媽媽擠擠眼睛，小聲說：「我還是要吃的。」

「姆媽，爸爸還要吃。」媽媽對廚房叫一聲，又轉頭對外公皺皺鼻子，說，「饞貓。」

第二天開始，外公又上班了。每天早上出門，中午回家吃飯。他現在在商務印書館總管理處的總經理辦公室做事，坐在對面的是英文秘書潘光迴先生。總管理處的普通職員，上班下班也要打卡。可是外公算享受當局待遇，與協理襄理一樣，不必打卡。桌子是紫色長方桌，桌面滿幅玻璃，還有兩架電話擺在桌上。坐椅是圓形，可以四面轉動。媽媽聽外公回家講了，一個勁吵，要去書局看。外公答應帶全家去看他的新辦公室桌椅。

星期天外公帶媽媽和泰來舅去看他的新辦公室。外婆不要去，她在家洗衣服，所以也不許祥來舅跟去。媽媽和泰來舅坐在外公辦公室窗前，看著外面馬路上的行人，驚喜地呼叫。外公仰坐在大椅子裡，兩手枕在腦後，有些得意地看著兒女。

外公說：「我家在湖北家鄉有良田千畝，房產無數，礦業多多，可是我並沒有依賴這些過生活。我靠自己的本領來吃飯，從一無所有的窮書生，赤手空拳，打出自己的一片天下來。我們外省人，上海人看不起，更難奮鬥，可是我咬緊牙關，加倍努力，到底給我翻了身。現在怎樣，上海人承認我了吧，中國人承認我了吧！社會史大論戰，人人得承認我陶希聖獨樹一幟，自成一家，不可無視。我開始在中國歷史上畫出自己的記號了。」

媽媽說：「我長大以後，也要靠自己的本領打天下。爸爸做得到，我也能做得到。」

外公高興地說：「好，有志氣。人就是要有這點志氣、勇氣、理想。沒有理想，生活太沒意思。整天睡大覺，衣來伸手，飯來張口，會覺得生活有滋味嗎？陶盛樓親戚裡，有人家裡原來很有錢，可是他們花天酒地，不再努力，後來門庭衰敗，無以爲生。我們不可以學那種人。」

媽媽說：「我不會。」

外公說：「有志氣，有自信，很可貴。不過自信不等於是自誇，自信也是從虛心實學中得來的。一時的文名，是社會對於一個努力上進的人所給予的一點酬勞。取得一時文名，雖不容易，但有時也許是機會使然。取得文名之後，要保持住文名，光大文名，十分艱難，也不能靠機會，只有靠不斷努力，繼續地奮鬥。一個作家，得到一點文名就自以爲有超人能力，自以爲不得了，生出一種虛傲之氣，那麼就立刻會被社會鄙棄，成爲過眼煙雲而已。」

媽媽不明白這段話，張大眼睛望著外公，半天沒說話。

外公轉過臉，看見媽媽的神色，笑起來，說：「這話不是對你說的，是對我自己說的。」

外公又說：「幾天做下來，我也才曉得，當局待遇也有不足之處。一般職員按時上工，按時下工。下工時間一到，不論手上工作是否做完，哪怕一件事正做一半也會放下，鎖好抽屜就走。我現在不打卡了，每天要在一般職員上工之前，先進辦公室。下工時手上工作沒做完，卻不能下工。而且，我幾乎每天工作到下工時都做不完。除了總經理書信、公司文書、法律事務之外，商務印書館出版的各種雜誌，每期最後校樣都要送我檢閱、批注，發下去，才可付印。事情太多。不過，我自己寫的文章，總可以在商務的《東方雜誌》上作第一篇發表，也算報償吧！」

「爸爸，我不喜歡上學。」媽媽忽然說。

外公有些吃驚，忙問：「爲什麼？開學那時，我看你很激動。學校功課太難嗎？」

媽媽說：「不，學校裡功課都太容易，都是我早向你們學過了的，沒意思。」

外公問：「那爲什麼不想上學了呢？」

媽媽說：「老師講課沒意思，不用心聽講，老師罵，還打手板。我不用聽，也答得出老師的問題，老師還要我端端正正坐著，眼睛盯著黑板。一不注意，老師看到，就要打手板。」

外公聽了，嘆了口氣，說：「中國的學校，就是要打手板，打了幾千年了。」

「不是所有老師都打。」媽媽說著，眼淚掉下來，「國文老師不打，算術老師常打。」

外公問：「爲什麼呢？」

媽媽說：「開學第一天，每節課老師要我們講自己。我一開口，說出湖北話，全班同學大笑。老師問父母作什麼，我答說你寫書。老師問你叫什麼，我說叫陶希聖。國文老師聽了，很高興，說你寫的文章好，叫我坐到第一排座位。算術老師聽了你的名字，很生氣，要我坐到最後一排座位，而且動不動就打我手板。我越哭，她越要打。」

外公安慰媽媽：「你只要聽話，老師慢慢會不打了。」

媽媽說：「同學也欺侮我！我不會講上海話。我有白襯衫藍裙子，姆媽不讓我每天穿。同學都穿玻璃鈕釦的衣服，我穿姆媽做的布褂，同學看見就笑。毛阿弟幾個女生聚在一處，指著我咬耳朵講閒話。丁阿根幾個男生學我說話，刮臉皮，還會丟石頭打我。我一個朋友都沒有。」

外公說：「上海人從小天生一種優越感，看不起任何外省人，我想得到你的情況。琴丫，常常，痛苦孤獨對人是一種意志和決心的推動或者磨練。因爲這樣，你會更快學會說上海話。你會下定決心，有朝一日，你要成功一番事業，讓那些曾經嘲笑過你的人無地自容。」

「我每天在學校，只想回家。」媽媽說。在家裡，媽媽感到安全，跟外婆在一起，媽媽不用害怕，不用操心，一切都平平靜靜。

外公說：「讓那些同學去說閒話好了，你只要好好讀書，將來有出息就好了。小小年紀時候，喜歡逞強，好欺負人的孩子，多半長大了不成材。你不要去理會這種學生。」

媽媽說：「你不要把我的話告訴姆媽。」

外公問：「爲什麼？」

媽媽說：「姆媽會跑到學校去罵那些欺侮我的同學，他們更要欺侮我。姆媽要我上學好好念書。我不能對她講，我不喜歡上學，姆媽會傷心。」

外公把媽媽抱到懷裡，摸著她的頭髮，說：「好，我不對姆媽講。你以後有什麼心事，都對爸爸講。好不好？」

媽媽答：「嗯。」

外公說：「所以你每天還是去上學，對不對？」

「嗯。」媽媽也答應。

四十

那天從天亮就一直陰著天，很冷。外公說可能他傷風了，中午回家吃過中飯之後，下午沒有再去印書館上工。他先在床上躺了一會，又睡不著，下樓來坐在書桌邊喝茶。頭疼得很，看不進書去，外公手裡拿著書，從書房門望出來，看祥來舅在客廳地板上專心一意搭積木，擺高了塌，塌了又擺，很耐心，很安靜。看了一會，外公問：「祥丫，你天天中午不睡中覺嗎？」

祥來舅抬頭看看外公，搖搖頭。

外婆在灶間大木盆邊洗衣服，聽到外公問話，回答說：「他從來中午不睡中覺。他每天晚上吃過晚飯就睡，大概不到七點鐘，一覺睡到早上六點半，每天也可以十二個鐘頭，夠了。」

外公看著祥來舅擺積木，忽然意識到，在家裡很少聽到祥來舅的聲音，也不多聽到泰來舅的聲音，只有媽媽在家一天到晚大嗓門叫喊。外公放下手裡的書和茶杯，走出書房，過去在祥來舅身邊蹲下，說：「爸爸帶你出去走走，好不好呀？」

祥來舅抬頭看著外公，沒有說話。

外公說：「爸爸不常帶你們出去，今天不上工，帶你到公園去玩玩。好不好？」

祥來舅站起身，仍然望著外公，不出聲。

外婆在灶間，停住搓板，說：「不要出去跑。秋天了，天氣冷，又陰，說不定要下雨。他這兩天流清鼻涕。就在家裡玩吧！」

外公無可奈何，對祥來舅笑一笑，說：「姆媽說了，不能出門去，只好在家裡玩。」說完，重新回到自己書房，坐到書桌邊，拿起書，翻起來。

客廳裡，祥來舅便又蹲下身，繼續擺積木。過了一會，外公站起身，出書房，過客廳，到灶間給茶杯添開水。走回來時，發現客廳地板上積木散亂丟著，祥來舅搬了一個小凳到客廳門邊，站在上面，對著門上玻璃窗向外望，好像已經望了很久了，窗玻璃上被他自己口鼻吹出的哈氣烏了一大團。看來，外公剛才提出帶他出去玩的話，打擾了他在家裡玩積木的安靜，生了出去玩的心思，所以站在窗前向外面張望。外公心裡有些不好受，走回書房，把茶杯放到書桌上，又走出來過去站在祥來舅身後，說：「我來教你玩一個新鮮的。」

祥來舅轉過臉來，看著外公。

外公指著玻璃窗說：「你看這裡，是你鼻子裡口裡吹出來的哈氣。這樣，用一個手指，可以在哈氣上畫圖寫字。看見了嗎?好玩不好玩?」

祥來舅睜大眼睛，盯著窗玻璃上外公手指畫出來的字。又回頭看看外公。

外公說：「你也可以寫，你自己寫，自己畫，用一個手指頭。對，對，這樣就好了。你可以畫狗，畫房子，愛畫什麼就畫什麼。」

祥來舅一個手指在玻璃上的哈氣上畫，他終於笑起來。

外公也笑了，說：「畫多了，窗上哈氣沒有了以後，你這樣張開嘴，朝玻璃上哈。嘴裡出來的是熱氣，玻璃上面冷，所以嘴裡的熱氣會在玻璃上結哈氣。看到嗎？」

祥來舅學著外公的樣，把臉貼近玻璃，張嘴哈。他嘴小，一次只能哈一點點地方，然後用手指畫一兩個道道，一次又一次，不厭其煩，覺得有趣，樂得笑出了聲。

外面有人按響門鈴。外公把祥來舅抱到旁邊客廳窗前，挪過飯桌邊的一把椅子，抱祥來舅站上，高了許多，剛好搆得著玻璃窗。外公說：「好了，在這窗上也可以哈氣畫道道。」

說完，外公才過去應門。想不到，門外來人。一個高個穿西裝，一個低個穿長衫，另一個穿學生制服戴學生帽。外公覺得好像面熟，卻叫不出姓名來。三人一見外公，陪著笑臉點頭。

低個長衫說：「陶先生，下午在印書館找你，不想你身體不適，沒在辦公室。不過有些事情很要緊，只好到家裡來打擾。」

聽這麼說，外公反應過來，這三人是商務印書館員工，在書局偶爾見過一面，並不認識。

高個西裝介紹說：「這位是張先生，這位是李先生，敝姓劉。」

外公於是伸手讓客，說：「張先生，李先生，劉先生，三位，請，請。」

三人隨外公走進客廳，轉進書房。外公對灶間喊：「來了三位客人，泡茶。」

高個劉先生忙說：「不用招呼，不用招呼，坐一坐就走。」

外公挪動書房裡的兩把椅子，又從客廳飯桌邊搬兩把椅子進書房，一邊說：「不好意思，家裡小，也沒有客廳沙發，只好委屈三位。不過我的茶可是上等的。」

三人都笑，忙說：「陶先生客氣。」

看到客人們都坐好了，外公便也在書桌邊自己的坐椅坐下來，正對著書房門，剛好看到祥來舅站在窗前，仍然在專心致志地畫玻璃上的哈氣。外公心裡又覺得一陣不舒服。

外婆端進茶盤來，放好三個茶杯，提起茶壺要斟。

張先生忙欠身說：「陶太太不必費心。我們自己來，自己來。」

外公從外婆手裡接過茶壺說：「我來好了。」外婆走出去了，外公一個一個倒茶。

李先生說：「我們今天來，是與先生討論印書館的新規則。」

外公放下茶壺，說：「請用茶！說到新規則，那是王雲五總經理出國考察之後，根據美國管理方法，親自制定的一套科學管理通則，公布出來，宣布要實行。與我並無關係。」

劉先生說：「可是看其中命意措辭，知道是先生的手筆。」

外公說：「所以你們要談的，並不是新管理規則，而是對你們罷工十九個條件的答覆。」

三個客人你看看我，我看看你，一時說不出話來。

外公從門口望著窗前的祥來舅，對客人們說：「書局管理通則，是王總經理親自編寫的，我一點沒有插過手。書局對員工所提條件的答覆呢，是印書館總管理處人事科提出來的。王總經理看過之後，不過讓我在法理上作些研究罷了，也不是我寫出來的。」

三個客人開始輪流講話，你一言，我一語，反來覆去。

王雲五考察過美國商業管理之後，想在商務印書館也採納一些現代管理措施，比如員工中午不回家午餐，印書館開設一個餐廳，提供午飯茶水。又如每個員工的工作定額定時，限期限量必須完成，不允許員工繼續自由散漫，上工時睡覺聊天。又比如要考察工作成績，根據業績評定薪水，做得好升級提薪，做得不好也要降級減薪，三次警告不改進的，只好解聘。

可是，印書館員工們不接受，不答應，甚至向總經理提出條件，不答應就罷工。

外公聽著三人講話，心不在焉，只是望著客廳裡在窗上哈氣玩的祥來舅。過了一陣，外公實在聽不下去，便插嘴說：「三位，請聽我說一句。我覺得，王總經理這些新規定並沒有什麼不對，既要工作，自然敬業樂業最爲重要。願意做好，自然做得好，定不定額，定不定時，沒什麼要緊，反正做得到。說不定，定額定時反讓各位輕鬆了呢，用不著做那麼多了。再說，印書館說要給大家吃午餐，你們各位大聲叫好，沒有一點異議。一說請大家努力工作，就叫苦連天。這也有失公允吧？印書館是大家的，所有人都做得好，書局賺了錢，大家都得利。只要求印書館照顧大家，卻沒有人願意多爲印書館出力，印書館做不好，賺不來錢，大家都會受損失。倘若最後印書館關了門，各位都失了業，有什麼好呢？我這是爲各位著想，才講這幾句話，其實，我個人對印書館生意做得好做不好，才最是無所謂。我本來並不靠印書館活命，不在印書館做事，我照樣寫書，照樣過生活。不過，王總經理改進現代化管理，我覺得很應該……」

院外大門門鈴響起，打斷外公的話。祥來舅在客廳裡歡呼一聲：「姐姐哥哥回來了。」

祥來舅一邊叫，一邊從椅上爬下，開了客廳門，跑過天井，到大門口，踮著腳尖，抓住門把手，打開門。外婆從灶房出來，站在客廳門口微微笑著張望。媽媽和泰來舅背著書包走進門來，他們兩個人上同一間小學，每天一起上學，一起放學。

外公可以從窗中看到天井裡，祥來舅和泰來舅一邊講話，一邊走進客廳。

外公叫：「你們幾個，過來叫叔叔。」

媽媽泰來舅站著腳，轉過身，看見書房裡的客人，齊聲叫：「叔叔好！」

劉先生問：「這是小姐公子嗎？這麼大了，都上學了嗎？」

外公答說：「一個三年級，一個一年級。」

「好，好，好，好。」三個人一連串說好，不知是說什麼好。

媽媽說：「我們要做功課。」

平時下午，外公不在家，媽媽泰來舅放學回家，都趴在外公書房的書桌上做功課。今天外公書房裡坐了一堆人，不知怎麼辦法。

外婆對媽媽泰來舅說：「你們今天就在飯桌上做功課。」

媽媽泰來舅在飯桌邊坐下來，打開書包，拿出書本，寫功課。祥來舅也坐在飯桌一邊，外婆給他一張紙一隻筆，畫圖。外公站起身，走到門邊，手扶門框，探頭看看。三個孩子都坐在飯桌邊，安安靜靜。外公心裡突然湧起一個念頭，很想跟孩子們坐在一起寫字畫圖。可身後這三位先生，還在喋喋不休。

李先生說：「陶先生是否明白了我們全體職工的意思？」

外公只好轉回身，重新坐下，拿起茶杯，答著：「明白，明白。」

張先生問：「那麼，陶先生怎樣答覆？」

外公並沒有聽清這三個人剛才說的那一大片話，只好看著他們，連著喝幾口茶，不作聲。他真想大聲對這幾張臉喊叫：走開，你們都走開，讓我跟我的孩子們一道寫字，一道玩耍。

劉先生說：「陶先生不作出明確答覆，我們受全體員工委託，今天不能離開陶先生家。」

外公說：「這……這……容我想一想，想一想。」

李先生說：「現在我們跟陶先生客客氣氣地談，以同事的友誼來勸說陶先生辭職。如果陶先生不辭，大家就要出標語：打倒陶希聖。那時我們不好意思，恐怕對陶先生也不大好。」

聽到這裡，外公才明白這些人到家裡來這一趟的用意。外公想了想，對他們說：「讓我想一想，跟內人討論討論，再給你們個答覆，是否可以？」

張先生說：「只要陶先生辭職，我們大家就可以對當局提出新規則作廢。」

外公說：「我再聲明一次，那規則與我無關。」

劉先生說：「請先生現在考慮，給我們一個肯定答覆，我們才可以回去給員工們回話。」

外公坐著，一會兒不動。他並不留戀書局的工作，不過他本性上從來不肯這樣被人壓迫而屈服。所以他不大情願此刻答應辭職。

客廳裡，媽媽泰來舅功課做好了。祥來舅拉著泰來舅到窗前，自己站到椅子上，把臉貼到玻璃上去哈氣，一邊笑著告訴泰來舅：「爸爸剛教我玩的。」

泰來舅說：「這個我小時候也玩過。小時候爸爸還教我在牆上玩打影子。有太陽光從窗裡射進來，兩個手合在一起，在牆上打影子，可以打出馬、狗、鳥，鳥還會飛！」

祥來舅爬下椅子，拉住泰來舅的胳臂，求他：「哥哥，你教我。」

「今天沒太陽射進來，做不成。明天太陽出來了，我教你。」泰來舅一邊說，一邊扳動祥來舅的手，說，「這樣做，兩個手這樣合，就可以做成馬……」

外公突然說：「好吧！既然同事們一致要求，我可以明天就到書館去提出辭職。」

這樣說著，外公心裡很難過，這是第一次，他屈服於一種無理的壓力之下。武漢時期，他年紀還輕，居人之下，受到上司的責罰，軍人之職，沒有辦法。現在，他陶希聖在上海也算是個有名的人了，寫一篇文章，可以讓上海灘震動幾天，他不再是一個幼稚的青年，一個低級職員了，用不著這樣屈從於他人的意志，他可以不答應，讓那些人去鬧好了。理論上講，這或許是一個人成長成熟所必須經歷的屈辱，但是眞的親身經歷，還是很難過。

李先生說：「明天才去嗎？」

外公說：「看看外面，天已經黑下來了。已經六點鐘，印書館已經下了班，沒有人在了。我明天一早去，去了就提交辭呈。」

「好，好，好。」三個人又一齊連聲說好，這次意思很明白。

「再喝些茶了。」外公對外面叫，「添茶！」

外婆在灶間叫：「添什麼茶，吃飯了。」

張先生說：「我們來之前並無約會，來時也未作久留的聲明，怎可留下吃晚飯。」

外公不過順口隨意讓讓：「隨便吃一點。」

李先生便說：「也好，也好。恭敬不如從命。」

外公陪著三個客人站起，走出書房。

外婆在灶間說：「沒有什麼吃的，不知道幾位來，沒有準備。只好煮麵大家吃。」

劉先生說：「煮麵就好了，煮麵就好了。」

外婆又說：「一個小火爐，只能一鍋一鍋燒開水煮麵，你們受委屈，只能一批一批吃。」

張先生說：「不妨，不妨。」

一邊說著，那三人也不客氣，在飯桌旁坐下。媽媽趕緊把桌上自己的功課收起來，放進書包，站起走開。

李先生笑了說：「陶先生的小姐公子都很有禮貌。」

外公朝三個孩子招招手，說：「吃飯了呀，都來坐。」

外婆端著一個大托盤，上面放了三碗麵，走出來，說：「你們先吃，丫們等一等。」

外公便招呼客人們先開始吃起麵來，唏哩呼嚕，邊吃邊讚。媽媽、泰來舅和祥來舅都爬上椅子，坐著，隔著飯桌看人吃飯。三個客人自顧自，邊吃邊說笑，沒有人看孩子們一眼。

開飯本已經晚了，又是客人們先吃。看看已經快七點鐘，祥來舅熬不住，坐在飯桌邊叫：「姆媽，我不吃了，我要去睏覺。」

外婆在灶間喊：「就來了，祥丫，不吃飯不許睡覺。」

祥來舅眼皮打架，已坐不大穩，帶著哭聲叫：「不要，不要，我不要吃，我要睏覺！」

客人們停住講話，望著祥來舅。外公煩起，伸過手臂，拿筷子的手朝祥來舅頭上打了一巴掌，嘴裡喝罵：「你吵什麼！」

祥來舅本已坐不大住，挨了一記打，身子一倒，跌下椅子去，頓時放聲嚎哭起來。

外婆在灶間，正從鍋裡往飯碗裡撈麵，突然聽到飯堂裡咚的一聲響，接著祥來舅嚎啕大哭，兩聲哭過後，幾乎喘不過氣來。外婆急忙放下手裡的碗，衝進飯堂。飯堂裡，外公還在大聲喝罵。客人們都站起身來看，不知所措。媽媽和泰來舅坐在椅上發抖。

外婆從地板上抱起祥來舅，一邊搖著拍著哄，一邊走出屋子，上了樓。

外公對客人們說：「家裡吃不好飯，對不起，我們就近找個館子吧！」

三個人推讓：「不必，不必。」

外公說：「走吧，走吧。」四個人一道走出門去了。

外婆把祥來舅放到床上，摟住連聲哄了許久，祥來舅終於停住哭泣，睡著了。外婆躺在他身邊，一手拍著，一手輕輕擦著他臉上的淚痕，自己眼裡的淚也一串串流。

天忽然下起雨來，淅淅瀝瀝。遠處似乎響一兩聲雷。

樓下媽媽和泰來舅自己跑到灶間，把外婆剛撈出來的兩碗麵吃掉，自己洗了臉，刷了牙，換了衣服，上了樓。

外婆聽見媽媽和泰來舅上樓來，便流著眼淚，輕輕走過他們屋裡，幫他們蓋好被，看他們睡覺。突然，聽到隔壁屋裡，祥來舅大叫一聲，外婆馬上跳起來，衝過去。

四十一

一九四〇年陽曆正月初三那天，外公好不容易躲開七十六號的監視，趕到外灘碼頭，以爲可以離開上海了。正在登船客人中間擠，忽然聽到背後有人叫：「陶先生，哪裡去？」

外公渾身冒出一層冷汗，心口往下一沉，慌忙回頭一看，是兩個日本憲兵，瞪眼看著他。

這一剎那間，周圍人群好像有點亂，幾個膀大腰圓的旅客擠來擠去，朝外公身邊挪動。有一人好像無意之中，在前面把媽媽擠過來擠過去，媽媽急得推他，他也不躲開。媽媽只好隔著那人肩膀，大老遠張望外公和那兩個日本憲兵。

一個長了一撮小鬍子的日本憲兵，又用中國話問一遍：「陶先生，哪裡去？」不知爲什麼，這個日本憲兵見過外公的面，認識外公。可外公並不認識他，此刻驚嚇之間，也不知怎樣回答他，只是下意識地搖搖手裡的船票。

兩個日本憲兵手裡，長槍直立面前，明晃晃兩把刺刀在太陽照射下，一閃一閃，燙人眼睛。

外公舉起手，遮住眼睛，擋著刺刀反光，一勁搖頭，不說話。

那日本憲兵好像恍然大悟的樣子，左右看看，放低聲音說：「秘密使命？」

外公點點頭。那日本憲兵又低聲說：「陶先生保重。」

兩個日本憲兵嘰哩咕嚕說了一陣日本話，指著外公，笑笑，招招手，走開了。前後不過幾秒鐘，媽媽只顧緊張，盯著外公，沒想到，自己卻早已被擠出了旅客人群。一直在媽媽身邊亂擠的那條大漢，現在竟然站在她面前不動了。媽媽推他，他也不動。眞討厭，又不像要上船的樣子，在船客人堆裡亂擠，什麼意思！媽媽心裡罵著，又操心外公，顧不上多想，兩腳跳著，從面前那大漢肩上，朝人群裡看外公。

外公擺脫了那兩個日本憲兵，急忙快步擠到登船口，交票驗過，一步跨上舷板。這時，周圍旅客群也好像突然安靜下來，再沒有人亂擠了，女人不叫了，孩子不哭了，輪船汽笛不響了。媽媽正自奇怪，面前那個大漢，也忽然若無其事地走開。媽媽趕緊朝前擠著走過去，看清楚，外公快步走上船去，幾個水手上前，跟他說了幾句話，握握手，擁著他走上甲板，進了艙門。

媽媽忽然覺得心裡酸酸的，空蕩蕩的，不再向前擠。站了片刻，回轉身，拖著兩腿，到了剛才站過的牆角，一屁股坐倒在地上，兩手摟著膝蓋，把臉埋在臂裡，默默無聲，哭起來。

她哭了多久呢？不知道。忽然聽到幾聲尖厲的汽笛。是外公坐的船啓錨了嗎？媽媽趕緊跳起身，眼淚也沒擦，睁大眼睛張望。果然是外公剛登上的那條船，起錨、退出、轉身，沿黃浦江，響著汽笛，向外海開出去了。

望著那船在灰濛濛的霧氣裡駛遠，媽媽心裡說不出是高興，還是悲哀。她高興，外公安安全全上了船，船現在正出海去，一出公海，日本人和汪精衛就捉不到他了。她悲哀，外公走了，可外婆，她和四個舅舅都還在上海，她們一家人什麼時候也能走得脫身呢？什麼時候才能再見到外公呢？媽媽忽然意識到，她與外公有多麼地親近，從小到大，外公是多麼地愛她。離開外公，生活會是一種什麼樣子？她好難過、好難過。

船走遠了，看不見了。碼頭街邊的人都走散了。媽媽也慢慢轉身走，不曉得要去哪裡。剛過一條馬路，身邊忽然有一部小汽車停下來。媽媽心裡一驚，是不是七十六號的人發覺了，到碼頭上來捉人。媽媽怕極了，想也沒想，拔腿就跑，衝進行人堆裡。媽媽急急走過幾個街口，看見馬路上一輛電車剛慢慢起動，離開車站。她驟然拔起腳，追了兩步，跳上電車，拉著門邊的扶手，心還撲通跳。這時，她才敢回頭，向後望望，電車後的街面上空空蕩蕩，並沒有什麼車子或者人在跟蹤她。

電車叮叮咚咚響著鈴，過了幾站。媽媽沒有什麼目的，興之所至，找了一站，跳下電車。站在馬路上一看，才發覺是到了南京路。她們一家三次搬到上海來住，前後加在一起，也有五年多之久，可是外公外婆平時很少帶她們到南京路上來逛。但是媽媽記得，她八歲那年春節，外公帶了全家到南京路來，看見一家書店門外掛大招牌：「陶希聖暢銷書新版」。可店員把外婆叫娘姨，惹得外公大吵一架。媽媽回想著，順街走過去，想再看看那家書店。馬路上人多極了，匆匆走路，橫衝直撞，摩肩接踵。討飯老人走過，散一股惡臭。摩登女郎走過，飄一陣香風。西洋鬼子高高大大，鼻子朝天。東洋鬼子個子矮小，一樣鼻子朝天。一些中國同胞，給洋人作了買辦，鼻子更朝天，比西洋東洋人更翹得高。

書店沒有了，改成一家冰淇淋店。店名洋文媽媽念不出，不是英文。媽媽心裡一陣悵惘，書去樓空，只留一扇店門依然搖擺。媽媽走進去，買了一塊冰淇淋，撥開油紙，咬了一口，一股冰冷從喉頭衝下，直冰到胃腸，冷透前胸後背。媽媽非常想放聲大哭一場，但是眼淚冰凍住了似的，流不出眼眶。

走出店門，媽媽舉著冰淇淋，站在馬路上發呆。一部小汽車端端地在她面前停下，媽媽這次沒有本能地跑開，只是木然地望過去。原來是剛才從飯店送他們去碼頭的那個計程車司機，他從車窗裡伸出頭來，笑嘻嘻地對媽媽說：「真巧，你小姐也剛好在這裡，要不要我送你？」

媽媽點點頭，拉開車門，坐上去，說：「環龍路。」

「是了，小姐。那路上有工程，小姐只好在路口下車，自己走幾步回家。」司機說。

他怎麼曉得自己是要回家呢？媽媽覺得有點奇怪。而且，她早上跟外公一道出門的時候，並沒見到馬路上開了什麼工程。不過此刻，她心裡惦念外公，不去想司機的話，一口一口吃冰淇淋，甚至沒發覺這司機帶她走了幾條不必要的馬路，兜了好幾個大圈子，才到環龍路口，她下車之後，司機卻沒要車錢，急急忙忙開走了。

環龍路上眞的忽然開來幾輛推土車挖土機，好像準備開工修馬路。媽媽自己心事重重，顧不上多想，沿街急走，轉進巷子去。一進巷口，就發現周圍多了許多人，全是密探，穿長衫的、穿西裝的、戴禮帽的、戴便帽的、眼上架墨鏡的、嘴裡叼香煙的，都是一副流氓像。

媽媽加快腳步，邁進家門。外婆大步迎來，伸出手指頭，戳媽媽額頭，大聲罵：「死丫，這麼久不回來！你爸爸發來電報，已經出了吳淞口，你人還沒回家，眞急死人了！」

媽媽兩腳一跳，抱住外婆，使勁地搖，一邊大喊：「爸爸安……」

外婆一手把媽媽嘴捂住，在媽媽耳邊罵：「你要死麼，莫喊叫。」

媽媽還緊抱住外婆，吐一下舌頭，低聲問：「爸爸安全出海了嗎？太好了。」

外婆看著媽媽，只好也笑起來，沒法子生氣。媽媽鬆開手，轉過身，指指門外，小聲對外婆說，「弄堂裡多了許多人。七十六號曉得了？」

外婆說：「自然，接到電報，我就把他寫給汪先生的信，交給他們，送給汪先生了。」

媽媽問：「爸爸給汪先生寫了信？」

外婆說：「當然，他不會不辭而別的。……外衣脫掉，坐下喝湯。嚇壞了沒有？」

媽媽笑起來，說：「真的跟電影裡演的一樣，驚險得很！呵，我想起來，女廁所裡送票的貴婦，飯店大廳裡的閒人，那個汽車司機，所以他送我回來，不跟我要車錢，還有碼頭上亂擠的人，那個死站在我面前的大漢，一定都是杜月笙先生派來保護爸爸出海的人。」

外婆說：「這裡說說就好了，出去不能說。」

媽媽問：「可以說給弟弟們聽麼？」

外婆說：「現在不可以，小的不懂事，萬一說出去，不得了。等我們都到了香港再說。」

媽媽的心一下子提高起來，問：「我們也要走了麼？」

外婆說：「自然要走，總不能我們在這裡住下去。」

「趙媽老李都不在嗎？」媽媽忽然想起，心跳起來，忙問。

外婆笑道：「他們在，我哪裡敢那樣大聲罵你呢！七十六號接到你爸爸的信，早把裡裡外外監視的特務都叫去問話了。趁家裡沒有外人，我們趕緊抓住機會，準備逃出上海。」

媽媽問：「怎樣辦法？」

外婆說：「我去辦事情，你跟我一道去，如果有人跟蹤，我們就分手，甩開他們。」

媽媽樂了，說：「我去看電影。」

外婆說：「莫把眼睛看壞了。」

第二天上午，媽媽跟了外婆一起出門上街，七十六號的特務當然跟著。外婆帶了媽媽，先去買菜，又去買肥皂，走到一個電車站邊，媽媽忽然轉過身，跑起來，鑽進旁邊一條小巷子。身後七十六號的特務一陣忙亂，指手劃腳，分成兩組，一組追趕媽媽，一組跟蹤外婆。趁他們忙亂，外婆在人群裡一轉眼擠上一輛電車，擺脫掉七十六號的特務，到郵電局去取出了存的錢。媽媽則跑了一陣，趕進一家電影院，看電影去了。

第三天，媽媽穿上一件鮮亮的黃色大衣，陪外婆到附近的百貨公司，跑來跑去。人很多，擠擠撞撞，七十六號特務緊盯著媽媽那件黃色大衣，跟了兩個鐘頭，發現只有媽媽一個人，外婆已不知去向。跟媽媽分手以後，外婆趕到十六鋪碼頭，買好了船票。

一月六日，媽媽趴在自己屋床上，翻看一本英國畫報，聽見樓下弄堂裡有摩托車響，趕緊爬起身，本能地趕到窗前，朝下張望。可是她屋子的窗不臨街，對的是後院子。外婆在樓下高聲叫喊：「琴薰，你爸爸的電報！」

「哇哇哇……」舅舅們在各自屋裡都聽到了，一齊歡呼衝出，爭著走廊，衝下樓去。

媽媽突然覺得頭有些昏眩，站立不住，順著窗台坐到地板上，眼淚像泉水一般湧瀉下。她用不著看，她知道外公會寫些什麼，只要電報來了，哪怕沒有一個字，也就夠了。

舅舅們擁在樓梯口上，一個一個地傳看那張電報。電報會寫萬言書嗎？可是每個舅舅好像都要念好幾分鐘才能看完，然後高興得推推搡搡，嘻嘻哈哈。恆生舅跑上樓來，在走廊裡翻跟斗。外婆上樓看見了，也沒罵。晉生舅范生舅一看，外婆不罵，便也一道在地上連連打起滾來。

外婆捏著電報紙，走進媽媽的屋子，看見媽媽坐在窗下抽泣，走去挨著媽媽坐到地板上，把電報遞給媽媽。媽媽接過來，緊緊捏著，並不看，只是流淚。外婆把媽媽的頭摟過去，攬在自己胸口，一手撫著媽媽的頭髮，一手撫著媽媽的後背。母女兩個人這樣相擁而坐，坐了許久。

當天晚上，七十六號派的廚子傭人司機又都回來了，一天到晚盯著一家大小，更加形影不離。外婆媽媽和舅舅們白天若無其事，東逛西蕩。媽媽蕩馬路逛商店，什麼都不買，只是逛，然後去看電影。媽媽覺得，只有在電影院裡，才不會讓人看出有多麼緊張。泰來舅和恆生舅兩個，每天跑一趟無線電商店，買零件裝收音機。晉生范生兩個年小的舅舅，則整天跟著外婆在家裡轉。到晚上，七十六號的人一走，外婆把窗帘一遮起，大大小小就開始忙，收拾各自東西，把要帶的綁起來，看一看，太多太大，又拆開來再挑揀，綁小些。外婆說，這次是逃命，比從北平逃出來那次更危險，所以連被子也不能帶，隨身東西越少越好。

看看五天過去，幾個人的東西都收好了，按買好的船票，一月十三號一早動身。外婆早對媽媽和泰來恆生兩舅講好，他們三人那天各自行動，找法子帶自己的行李，甩掉七十六號跟蹤，獨自繞到十六鋪碼頭去會合上船。外婆一天到晚要想的是，帶著晉生范生兩個舅舅，怎樣從家裡到碼頭去，帶兩個小孩子，要擺脫七十六號的跟蹤監視，不大容易。

還有一天了，一月十二號中午，忽然桌上電話鈴響起。平時只有外公在家，才會有電話打進來。自從外公出走，再沒有聽到過一個電話打進來。愚園路和七十六號的人，一定不會打來電話找外公。外公的那幾個學生，以及朋友們，也都不敢打電話來，怕七十六號查出來問罪。

電話鈴響個不停，可能是誰打的呢？外婆站在屋子中央，垂著雙手，望著電話機，不知該怎麼辦，有些驚慌。媽媽站在外婆身邊，望著外婆。沒有外婆許可，她不敢上前去摘下聽筒。泰來舅下樓看看，又走掉上樓去了。恆生舅跳來跳去，問外婆幾次：「我可不可以接，我可不可以接？」

電話鈴一直響，彷彿越來越響，聽筒像在電話機上跳來跳去。廚房裡的廚子、洗手間裡的傭人，都跑出來看是怎麼回事。可是沒人敢開口，看一看，又回去做事。

這樣大約過了一分鐘，外婆終於說：「琴薰，聽聽是哪個找？」

媽媽走到桌邊，小心翼翼摘下聽筒，好像那聽筒燙手。還沒有把聽筒放到耳邊，就聽到聽筒裡有人大聲喊叫：「喂，喂，有人麼？怎麼不說話？」

「請問你找哪個？」媽媽小聲問，好像喉嚨卡住了似的。

聽筒裡的人說：「是陶太太麼？我找陶太太。」

媽媽問：「請問你是哪一位？」

那人答說：「你是陶小姐麼？請你媽媽講話。我是愚園路。」

「請等一等。」媽媽說完，一手蓋住話筒，對外婆說，「愚園路找你講話。」

廚子老李和傭人趙媽好像都聽到了愚園路三個字，便都跑出來，站在一邊看。

外婆走去接過聽筒，說：「我是陶太太。」說完，便不再作聲。過了一會，輕輕放下電話，在桌邊慢慢坐下。

「什麼事?」媽媽問。

外婆沒講話，坐了一陣，對媽媽說：「我有點頭痛，上樓去躺一躺。」

媽媽扶著外婆，一步一步慢慢走上樓去。廚子老李和傭人趙媽趕過來，站在樓梯口向上看。

媽媽走到半路，回頭說：「趙媽，請你燒點水，開了送上來。老李，麻煩你跑趟路，去買些阿斯匹林來。」

趙媽說：「開水瓶裡有開水，不用燒。」

老李說：「阿斯匹林還要買嗎?我去醫務室討來兩片就好了。」

媽媽到了樓上，回頭喊：「好吧，要快!趙媽把水倒出來涼著，等會兒好吃藥。」

外婆快步進自己臥房，坐到床上，說：「聽他們口氣，已經把高宗武家人捉起來了。」

媽媽發起抖來，說：「所以要來抓我們了。怎樣抓，拿繩子綁嗎?」

外婆說：「他們要我們立刻收拾東西，今天搬進愚園路去。」

四十二

祥來舅不要吃晚飯，要睡覺，在飯桌上哭鬧，挨了打，從椅上跌落，然後抽起瘋來，身子抽搐，眼睛向上翻，嘴裡吐白沫，拍他抱他全無反應，隨即失去知覺。那是一九三〇年夏末。

外婆忙拉過一條被單，把他包好，衝下樓，叫：「琴ㄚ，我送祥ㄚ去紅十字醫院！」

媽媽叫：「姆媽，我也要去！」

「不要，在家看著泰ㄚ，爸爸回來對他講。」外婆喊叫著，抱著祥來舅衝出家門去了。

下著大雨，烏濛濛，一出門便已看不清外婆奔跑的身影，只聽見雨地上劈哩啪啦的腳步聲，輕輕重重遠去了。媽媽關上大門，頂雨跑過天井，回進屋裡，抱著雙手，坐在樓梯上發呆，聽著外面的雨聲，數著秒針的跳躍。泰來舅也走下樓來，不知發生了什麼，不敢問，又瞌睡，靠著媽媽身邊，坐在樓梯上，閉著眼睛，身子一搖一搖打瞌睡。

過一個鐘頭，九點半多，院子大門一響。媽媽跳起來，泰來舅也驚醒，兩人一起從樓梯上站起，衝到門口，高聲叫：「姆媽，姆媽⋯⋯」

但是，回來的不是外婆，是外公，兩臂舉起遮雨，快步跑進屋門。

媽媽撲到外公懷裡大哭，結結巴巴說：「祥丫到醫院去了。」

外公一聽，慌了，問：「怎麼了？祥丫怎麼了？」

「他昏了……」媽媽沒說完，外公轉身就朝門外跑。媽媽急叫：「爸爸，我也去！」

「快，泰丫，都去！」外公站在門外雨地裡，對媽媽和泰來舅招手，叫道。

三個人在雨夜裡光著頭，踩著水，跑到紅十字醫院。醫院不大，外公逢人便問，七轉八轉，衝到急救室。媽媽和泰來舅緊緊跟著跑，三個人身上的水流了醫院一地。前面是急救室，寬寬的走廊裡，靠牆放幾張長椅，兩張活動病床，沒有醫生病人，只外婆一個，坐在一張長椅上，兩手蒙臉，身邊地上積了一團水。

外公突然停住腳步，不敢再向前走，去問外婆，怕聽到一個不幸的回答。

媽媽張著手向外婆跑去，一邊喊叫：「姆媽，姆媽！」她渾身溼透了，頭髮貼在額前，鞋子也灌滿水，在地板上啪答啪答響。泰來舅也向前跑了兩步，又停住，回頭望望外公，然後放慢腳步，隨著外公一步一步走。

外婆把手從臉上放開，眼裡都是淚，轉頭看著跑近的媽媽。媽媽撲進外婆懷裡，大聲哭。

外公走近，甩著兩手的雨水，輕聲問：「怎麼樣了？」

外婆不答話，把媽媽和泰來舅摟進自己懷裡，把自己的臉埋在兩個孩子的頭髮裡。

外公站著，不知該怎麼辦，腦子裡翻江倒海一般，心頭像千萬枚鋼針刺穿，疼痛萬分。他蹲下身，兩手抱著頭，無聲痛哭。身上的雨水和著他的淚，流淌到地板上。他擔憂祥來舅的安危，他覺得對不起祥來舅，對不起全家大小，他恨他自己。

兩個醫生從急救室走出來。外公外婆馬上站起身，盯著醫生看。醫生走到面前，看著外公外婆，嘆口氣，搖搖頭，說：「孩子的腦子跌壞了……我們用了許多辦法，終於回天無術……」

「你說，你說，他…」外公張大嘴巴說不清話。

一個醫生摘下眼鏡，用白大褂擦著，說：「你們準備後事吧……」

「祥丫！丫，我的丫…」外婆大叫著向後仰，倒下去。

兩個醫生手腳快，有經驗，早已準備，馬上伸手扶住外婆，把她放倒在長椅上。外公呆立著，眼前一片空白，什麼都看不見。媽媽哭叫著，要往外婆身上撲，被醫生攔腰抱住。泰來舅坐在外婆腳頭長椅上，望著外婆，流眼淚，沒聲音。一個醫生蹲在長椅旁，從口袋裡掏出一個小瓶子，打開蓋子，在外婆鼻子前搖了幾搖。

外婆醒過來，突然大叫：「我的丫，我的丫…」然後猛地直起身，跳下長椅，張開手臂，呼叫著，衝進急救室去。兩個醫生都沒有把她攔住。

祥來舅那年才四歲。

醫院隔壁一座大樓，隔天要新開張一家飯店，從高高的樓頂到地面，垂掛著許多燈飾，午夜十二點鐘開始，閃閃爍爍，把空中雨絲都照亮，染了色。早上三點鐘，新飯店的主人工人都上了工，忙出忙進，張燈結彩，在雨地裡呼喊歡笑。五點鐘，開始有客人來捧場祝賀，車水馬龍，絡繹不絕。馬路上放起鞭炮，笑聲、呼聲、車聲、鞭炮聲，此起彼伏，天都好像亮得比平時早些。

外婆在祥來舅的病房裡，跪在病床前，拉著他的手，望著他的臉，默默流了一夜淚。外公站在病房窗前，木然站著，呆望窗外，臉上流淚。窗玻璃上反射隔壁飯店的燈光，順著流淌的雨水移動，五顏六色，忽隱忽現。外公流淚的臉，湮沒在這斑斕的燈光雨水後面，模模糊糊，難以辨認。媽媽和泰來舅躺在走廊中的長椅上，半睡半醒，昏昏沉沉。

第二天上午，雨還是不停地下。殯儀館送來一個小棺材，只有三尺長，一個人便扛來了。外婆要給祥來舅換衣服，可是她兩腿發軟，走不回家去給祥來舅拿乾淨衣服。外公默不作聲，跑回家，一捧把祥來舅所有的乾淨衣服都抱了來，放在病床上。

家境不寬裕，外婆過慣了節儉的日子。孩子們的衣服都是她親手做，從來沒有在外面商店買過新衣服。媽媽穿小了的，給泰來舅穿；泰來舅穿不下了，留給祥來舅穿。每件衣服都縫縫補補，接了袖口褲口。外婆在外公抱來的一堆舊衣服裡挑，眼裡淚流不止。外婆不久前開始給祥來舅做一件衣服，準備祥來舅五歲時送去幼兒園那天穿，可是衣服還沒有完工。外婆找到了，一件黃顏色小褂子，外公也抱了來。外婆拿起那件小衣服，兩手抹抹平，從自己衣襟下面取出針線來，動手把那件新衣做完。

外婆靜靜坐在祥來舅的病床邊，一針一線縫衣服。外公站在一邊看，不敢言語。醫生護士走來，看到了，都不說話，又默默走開。殯儀館那人，坐在病房外走廊的長椅上，看著媽媽和泰來舅，也不說話。大家都曉得外婆現在的心情，誰也不願去打擾她。

過了一陣，小衣服縫完了，外婆把外公趕出病房，關了門，誰也不許進。從小外婆就這樣每天早上給祥來舅換衣服，一邊換一邊說話。現在，外婆親手給祥來舅穿上新做的衣服，可是，竟是最後一次服侍祥來舅。祥來舅與生以來，頭一次穿上一件新衣服，竟也是最後一次。

外婆流著淚，嘟嘟囔囔地嘮叨：「祥丫，你乖乖的，姆媽給你穿衣服，姆媽再給你穿一回衣服。祥丫，這是姆媽新做的衣服。祥丫，你從小沒穿過一件新衣服，姆媽今天給你穿，可是：姆媽對不起你，祥丫，姆媽怎麼不早些給你做新衣服，多做幾件新衣服呢……祥丫，你一出世，就沒過一天好日子，姆媽沒奶餵你，你沒吃過姆媽一口奶。你吃罐頭牛奶長大，姆媽心裡一直覺得對不起你。姆媽想能再餵你吃一口自己的奶，祥丫，你醒醒，再吃姆媽一口奶吧！你從小沒吃過多少肉，你倒要吃湯泡飯……從小到大，沒給你買過一件玩具，你只玩泰丫剩下的，那些瓶瓶罐罐，從來不吵。你會走路的時候，一個人走到門口，手扶著紗窗門站著，朝外張望小天井裡的花草蟲鳥，一聲不響。姆媽曉得，你心裡有過很多很多夢想，可是你從來沒跟姆媽要過一件東西。祥丫，不是你不要，是姆媽從來沒時間跟你一起玩，姆媽從來沒問過你。祥丫，姆媽後悔了，姆媽應該常跟你一道玩玩，姆媽應該常跟你講講話，問你心裡要些什麼東西。姆媽曉得，你最高興的時候，是到天井裡去捉蝴蝶，捉螞蟻。祥丫，姆媽對你講過，給你買兩隻蟋蟀，可是姆媽不好，一直沒有給你買。祥丫，你怎麼不跟姆媽吵，不跟姆媽要呢？祥丫，你醒轉來，姆媽今天給你去買蟋蟀，蟋蟀放在小罐罐裡，會打架、會叫，很好聽。祥丫，你醒轉來，姆媽不要你死，姆媽還有好多好多故事要講給你聽，姆媽還要做好多好多好吃的給你吃。祥丫……」

不論怎樣地拖延，怎樣地哭，怎樣地停頓，衣服終於換好了。護士推開門，殯儀館的人把棺材抱進病房，兩人動手，把祥來舅從病床上抱起，放進棺材。外婆連聲大叫，昏倒在祥來舅的棺材上面。護士又手忙腳亂幫忙救醒外婆，扶她在祥來舅的病床上休息。

天上全是灰黑的雲，雨淅瀝嘩啦地下。在雨地裡，祥來舅的棺材下進墓地挖好的墓坑。殯儀館的人默不作聲，操作一切。墓坑旁，外公站著，拉著媽媽和泰來舅兩人的手。沒人打傘，雨水在每人臉上流，攙和著淚，澆到胸前。每個人衣服都淋得透溼，沒人感覺。外婆跪在地上，只一天一夜，外婆好像瘦了一圈，蒼老許多。她從給祥來舅換過衣服，便一句話再沒有講過。

小墳堆起來，小石碑立起，外婆抱著石碑，放聲號啕。幾年前，她曾抱著驪珠姨的石碑，失聲痛哭。驪珠姨是四歲死的，現在祥來舅又四歲上死了，外婆的命怎麼那樣苦！她哭嚎著，昏倒墓邊，醒過來，又哭昏過去。殯儀館的人看著不忍，把外婆救起，默默把一家人送回家。

外公和媽媽一起扶著半昏迷的外婆，拖進屋門，放倒在地板上，然後給外婆換下溼衣服，擦乾身子，換上乾衣服，拖上樓，放在床上。外婆醒來，兩眼望天花板，一句話不說，默默躺著，眼淚也沒有再流，好像呆了。媽媽看著外婆的模樣，嚇壞了，拍著外婆的胳臂，不停聲叫：「姆媽，姆媽，你講話，你講話。」

一家人從昨晚開始，一整天沒有吃飯。外公煮了麵，三人吃了一點。半夜，沒人能睡著覺，媽媽悄悄爬起身，走下樓。從窗戶看見外公跪在雨地裡，朝天舉著雙手，好像在講話。媽媽不敢出去，趴在椅子上看。忽然，天上劃過一道閃電，隨後是一聲悶雷。外公伏到地上，很久很久。媽媽看著，趴在椅上睡著了。

天快亮的時候，外公走回屋裡，房門的響聲驚醒了椅子上的媽媽。睡眼矇矓中，媽媽看見外公溼衣泥腳，頭髮蓬亂，下巴尖削，背躬了、腰彎了、腿曲，步伐也蹣跚了。

一夜之間，外公蒼老了、消瘦了，神志恍惚。媽媽跳下椅子，跟著他，外公沒有覺察。他逕直走上樓去，走進臥房，走到外婆床前，在地板上跪下，對外婆說：「我只求你饒恕我，從今以後，我一生一世，絕不碰孩子們一指頭。我要好好待孩子們，我起誓。」

外公說完，站起來，轉身走出屋，下了樓，走出天井，走出院門，不見了。誰也不曉得他去哪裡，去做什麼。他自己也不曉得，他只是在馬路上走，在人群裡走，沒有目的，沒有感覺。他一直走到下午，兩條腿痲木了、軟綿了，不由自主，在擁擠的人堆之中，癱倒在地上。

半昏迷中，他看到許多青面獠牙、奇形怪狀、五彩斑斕的鬼臉，在眼前旋轉跳躍，張著血盆大口，呲著牙，向他撲過來。有幾個鬼手裡拿著各種各樣的武器，刀槍劍戟、斧鉞鉤叉，一齊向他砍下。外公閉上眼睛，等著那巨口的吞咬和那兵刃的劈殺，昏迷過去。再醒來時，發現自己躺在一個城隍廟裡，周圍全是人，彎腰望著他。人頭上方，站立各種神像泥塑，模模糊糊，天色已經蒼茫。再細看，原來是一個警察把他搖醒，警察的身邊站著媽媽。

外公出門，外婆躺在床上，一動不動，不講話。泰來舅餓，九歲的媽媽到廚房灶前生火，把昨天晚上外公煮的麵，放到火上熱。灶裡火沒有燃著，一會兒就熄滅了。媽媽摸摸鍋，好像溫的，便和泰來舅兩個半冷半溫吃了。到下午，外公還沒回家，泰來舅嚇得哭，媽媽出門去找。

媽媽不知道到哪裡去找，東走兩條馬路，西走兩條馬路，最後走迷了，站在馬路當中大哭。一個警察走過來問，媽媽告訴他找不到外公了。那警察便拉著媽媽的手，在馬路上一邊走一邊問，找到城隍廟來。外公站著，衣衫襤褸，形容枯槁。那警察把外公好罵了一頓，讓他領著媽媽回家去。外公什麼也沒聽清，搖搖擺擺，跟著媽媽回了家。

第三天早上，外婆起了床，默默地洗了臉，換了衣服出門。媽媽跟上，拉住外婆的手。

母女兩人在馬路上走，外婆好像並不曉得她要去哪裡，朝東走了一陣，又朝西走。媽媽跟著，抬頭看外婆，不說話，又跟著走。過一會，又抬頭看外婆，還是不說話，跟著走。最後，外婆站住腳，四周張望一會，低頭問媽媽：「琴丫，我想去祥丫的墳，不記得路。」

媽媽記得路，拉住外婆的手，轉過身，順大馬路朝南走。快到馬路盡頭，向左一轉，就看到那一片墓地。兩人不說話，默默走，媽媽在前領路，外婆在後跌跌撞撞跟著，到祥來舅的墳前。

外婆跪下來，媽媽也跪下來。埋葬祥來舅那天下大雨，晴了兩天之後，墳堆上的土結成硬塊，又裂開，一片一片，像是魚鱗，大大小小，捲著邊緣。但看得出，這是一座新墳，一個很小的新墳。周圍的舊墳上乾裂的土塊都是黑色的，而祥來舅墳堆上裂開的土片是乾鮮的黃色。墳前的小石碑，讓雨水沖刷得乾乾淨淨，好像透明一樣。

外婆跪著，沒有聲音，流著眼淚，伏身到小石碑上摟著，把臉緊貼在碑上，眼淚一串串滴落，順著石碑邊緣流下，滲到墳地裡去。外婆嘴裡不住嘟嘟囔囔地說話，囑咐祥來舅上天之後要記得穿衣吃飯，不要著涼感冒生病，又述說自己作母親的不是，四歲就丟開祥來舅去了。外婆嘟囔了好半天，媽媽跪著，不敢動，也聽不清外婆說些什麼。

時間好像在靜默和悲哀中流逝，又像在思念和悔恨中停滯。外婆從石碑上放開手，跪著，用膝蓋走路，繞著小墳堆，用兩隻手把一片乾裂的土塊掰碎，重新撒回墳頭上去，拿手拍平整，然後又拿起另一片乾裂的土塊。媽媽看到，也跪著，用膝蓋爬到墳前，學著外婆樣子，拿起一片乾裂的土塊，掰碎撒回，拿手拍平。

一雙手指彎曲骨節突起枯乾的大手，一雙幼嫩粉紅的小手，一行一行，一片一片，掰碎土塊，撒回新土，拍整墳頭。晚夏初秋的風好像怕驚擾這一對母女，輕輕吹過，無聲無息。墳場上立著的樹，低著頭，搖曳枝葉，刷刷哭泣，偶爾從葉片上滴落下一兩粒淚珠，在西斜的陽光中閃著亮光。都弄好了，整座墳頭都覆蓋好新土，沒有一片乾裂的土塊。外婆又齊齊把墳頭拍過一遍，才站起來，沒站穩，向前跌了一步，扶住媽媽的肩膀，才沒有倒。然後，媽媽拉住外婆的手，跟著外婆，慢慢走出墳場。樹葉間透下的陽光疏影，散落在一大一小彎曲的脊背上。

外婆沒有回家。她領著媽媽從祥來舅的墓地，一直走到她星期天常去作禮拜的基督教堂。外婆拉著媽媽走進去，跪倒在基督的神龕前，雙手合十，抬眼望著耶穌畫像上憂鬱的面容，默默地祈禱。教堂高大的圓頂上，畫著彩色的圖畫，鑲著金線。兩邊長方形的巨大玻璃窗，鑲拼著五顏六色的玻璃。一排排長木椅，好像都低著頭，跪在神像面前。輕輕的鐘聲，在高大空曠的教堂裡迴盪不已，似乎有悠悠的歌聲從天上降下來。寧靜、親切、安和，彷彿把外婆和媽媽帶著，飛昇起來，融進那一片高遠廣闊的藍天之中。

大約在教堂裡禱告了一個時辰，外婆終於站起身，走上前去，到供桌邊取一根香，在旁邊一支蠟燭火上點燃，再伸過去，用這香火頭點燃另一支蠟燭，嘴裡說：「祥ㄚ，願你在天上過快樂日子。姆媽從今以後，每天爲你祈禱，求上帝保佑你。」

從那以後，外婆一直不大言語。除了像往日一樣，招呼一家人吃喝以外，凡有空閒，她就坐在祥來舅原先睡覺的床邊，做小衣服。外婆許了願，每年做一百件小孩衣服，像祥來舅穿的那麼大小，送給教堂，分給別的小孩子穿。她還在家裡燒水熬粥，到街上擺攤子，給小孩子施粥。每天一百碗，每年施一百天。她要多做好事，超渡祥來舅。她想，祥來舅活著的時候沒多少玩樂，死了以後，在天堂裡，能夠得到一些補償，多得一些玩樂時光。

一個多月，外公每天天一亮就起身出門，到圖書館去，用繁重的勞作，分散他心中的悲傷。他看很多書，整理以前的許多手稿，編成了一部書《西漢經濟史》，送給商務書局出版，稿費送到家裡來。然後外公提個小皮箱，帶了媽媽，悄悄離開了家。

四十三

外公帶媽媽到南京去了，這一次不是回國民政府做事，而是應聘到南京中央大學教書。外公請「新生命」書局南京分局的人幫忙，找了一間房子，在大石橋街邊的一個院子裡。矮矮的小屋，四壁都用舊報紙糊起，窗戶也是報紙糊住，沒有玻璃。後壁是一副春架，用舊報紙糊住。外公把報紙撕掉，把那春架作書架，放上隨身帶來的書。前窗下有一個方桌，外公放好紙筆墨硯。

外公和媽媽掃淨地面和牆壁，在床上支起帳子，然後到街上吃過晚飯，回家睡覺。天一黑，屋一暗，土地上到處是毛毛蟲。外公領媽媽回到屋裡，媽媽開燈一看，嚇得亂叫，三腳兩步跳過去，鑽進床裡不敢動彈。睡到半夜，外公起來，用手一撩帳子，被爬在帳子上一條蜈蚣咬了一口，疼痛萬分。外公左手捉住挨咬的右手，坐在床邊，不敢喊叫，怕吵醒媽媽。這樣強忍著，到天亮雞叫前後，那疼痛才緩解下來。

中大政治法律兩系的學生，星期五一早聽說外公到了南京，馬上派代表來大石橋住地，邀請外公做一次演講。外公帶了媽媽來，本想收拾好了住房，帶媽媽在南京玩幾處名勝古跡。學生代表求了半天，外公只好答應，時間定在當天下午七點。

下午，外公領了媽媽，到法學院院長郭心崧先生家小坐。正好中央大學新任校長朱家驊先生，政治系主任杭立武先生，法律系主任謝冠生先生都在。外公捧著拳頭，一一打躬問好，又把媽媽向各位介紹。外公指著面前這些人，對媽媽說：「這幾位都是中國有名的教授學者。我奮鬥如此多年，到底可以跟他們一道工作了，實在很得意。」

幾個先生聽了，七嘴八舌，搖頭嘆氣：「希聖兄這是何苦？」

安排好媽媽，幾個教授在沙發上坐下。那邊郭太太端了一個錦泰藍茶盤，上面放一個錦泰藍茶壺，五個帶蓋的錦泰藍小茶盅，坐在同色錦泰藍小碟上。

外公讚道：「郭先生家這套茶具實在漂亮。」

朱家驊校長說：「那只是外表，你不知，郭先生家的茶，才最好。」

杭立武主任接口說：「不錯，否則我們怎麼每天來這裡打秋風。」

郭先生笑著擺手，對外公說：「這幾個人來，我一律只用碧籮春招待。」

外公問：「此話怎講？」

郭先生說：「那碧籮春，最具去火消熱之功能。這幾個先生，肝火太盛，內熱攻心，又捨不得吃黃連牛黃，只知我這裡茶喝過以後，會舒服幾天，所以每次一覺得上火，就跑來。」

幾個教授聽了，齊齊搖頭，手指著郭先生，大笑不息。

郭太太在一邊湊趣，說：「我說既然人家是喝了碧籮春，所以不停的來，那麼我們換一樣茶，他們喝過不喜歡了，就不會再來了吧？我家郭先生心裡又不忍，只要人來，一定還要碧籮春招待。我家每月買碧籮春，不論兩，要論斤。」

郭先生說：「怎麼可以換！人家因爲上火，所以跑來這裡喝碧籮春，去火消熱。好了，如果我換一壺蒙古紅茶磚，這幾人喝過一輪，當晚回家流鼻血住醫院，那還了得麼？」

杭先生笑得喘氣，搶說：「他倒不是心疼我們幾個的身體，不過他曉得，起碼我若是喝了他的茶躺倒下來，我的課是一定要他來代，那才怎麼了得！」

教授們說笑間，郭太太早等茶葉泡好，倒出一點，又揭開壺蓋沖回去，壓一壓茶葉，蓋好壺蓋，才提起壺來倒茶，然後蓋好盅蓋，一一端到每個教授手裡。

郭先生說：「喝茶，喝茶。你們還是火氣太大，所以廢話多。」

那茶果然很好，盅蓋一開，香氣撲鼻，喝在嘴裡，味道濃醇，嚥入喉頭，順暢溫暖。教授們喝著、讚著，盅蓋叮叮噹噹的響。

謝主任放下茶盅，轉頭問外公道：「希聖兄房子都安頓好了麼？」

外公也放下茶盅，答說：「陋室一間，有什麼可收拾！」

朱校長說：「陶先生現在只教政治系中國政治思想史和法律系中國法律思想史兩節課，所以每星期要回上海去住四天。希望下學期陶先生可以多教些課，把家搬到南京來。」

郭先生說：「那才好，我們可以多聚聚。」

杭先生說：「看起來，希聖兄不大像肝火盛的人，不必天天來你這裡喝碧籮春。」

外公聽了，笑著說：「郭先生家的碧籮春，不論上不上火，反正是一口不能少喝。」

謝先生說：「哪怕希聖兄只爲了喝心崧兄的茶，願意搬來南京，也是天大的好事。」

杭先生馬上答話：「不錯，如果這樣，心崧兄的茶葉錢我們大家平攤。」

外公忙站起，對幾位教授打躬作揖，說：「各位都是學界泰斗，不要取笑晚生。」

謝先生說：「你陶先生發動的社會史大論戰，把上海灘鬧得雞犬不寧，中大學生讀得很多，早就盼望先生能來講一講。」

外公笑了，坐下來，說：「中大學生倒已經是領教了。我昨晚才到南京，今早就有學生找上門來，逼我今晚作演講。」

郭先生問：「今天麼？星期五？」外公點點頭。

杭先生搖搖頭。外公問：「怎樣？」

謝先生說：「希聖兄初來乍到，自然不知。中大的課外演講一向去聽的學生不多。學生們功課緊，下了課就走了。要他們晚飯後再回到學校聽演講，不容易辦得到。」

郭先生又問：「今天是星期五，希聖兄，實不相瞞，大學裡雖然明文規定一週上六天課，可是星期六很少排什麼正經課，星期五晚上就像週末開始了一樣，學生很多都回家了。」

外公後背有些流汗，結巴著說：「可今早學生代表約定……」

朱校長說：「我想，既然學生們約定今晚演講，他們應該會去聽。希聖兄大可不必多慮。」

郭先生對外公說：「從希聖兄的文章上看，您的演講才能一定很高超。我常常讀《社會與教育》週刊，很佩服希聖兄的文章。」

外公擺手說：「見笑，見笑。」

杭先生也點頭稱是：「不錯，我也很佩服，尤其那一系列舊小說新銓，很精彩。」

謝先生問：「什麼內容？我或許也該找來看看。」

外公笑說：「那跟你法律是風馬牛不相及。我不過以社會的和歷史的方法，解說中國的幾種舊小說。我說《紅樓夢》是描述貴族與豪商的家族生活，《水滸傳》是表現社會各階級破落下來的游民無產者的組合與鬥爭，或者《儒林外史》是士大夫階級的畫像等等。」

謝先生手在大腿上一拍，說：「那我一定要看，我最愛看那些奇談怪論，哈哈……」

杭先生說：「希聖兄文章不板著面孔教訓人，而是趣味諷刺感慨兼而有之，很有意思。」

外公說：「這些短篇不過是隨筆，並非論文。」

朱校長忽然問：「希聖兄，我聽說你是個很有辦法的人。不久前上海復旦中學鬧學潮，你三五句話就平息下來，很了不起。」

郭先生也接著說：「我也聽說了，你應該講給我們聽聽。」

外公不好意思，強笑笑說：「不要取笑。」

朱校長說：「我絕無取笑之意，我是真心學習。現在學生鬧學潮是常有的事，我作校長，自然想學習如何處理，請希聖兄賜教。」

外公看朱校長一臉誠懇之色，不好再推託，就喝一口茶，講起來：「那天復旦中學主任陳望道先生，忽然匆匆跑進歷史教研室找我說：學生起了風潮，要驅逐我這個主任。我已經宣布請假，今天離開。你在商務那樣大公司做管理工作，就代理一下本校主任之職吧！不等我點頭與否，他從口袋裡取出校章和校款存摺，放到我桌上，說一聲：謝謝幫忙，轉身大步走出門去，把我留在桌邊，對著面前校章和存摺發呆，我其實在復旦中學只講一節歷史課而已。」

幾個教授聽得有趣，喝著茶，目不轉睛，望著外公。

外公接著講：「沒有辦法，第二天下午，我只好到主任辦公室坐下。聽說學校布告欄裡已經貼出通告，當日下午三點鐘開學生大會，討論驅趕陳主任的問題。我馬上發通知，把發起學潮的四個學生叫到主任室，對他們說：我不是復旦中學的教師，更不是主任，學生要開大會，與我無關，我沒有意見。不過，下午三點鐘，許多班級還在上課，學生恐怕不願意耽誤學業，不一定會誤課而出席大會，最好換到四點鐘，全體學生都下課以後，再開大會。那四個學生領袖同意了，又貼出布告，把開大會時間推遲一小時，四點鐘召開。這一來，三點鐘放學的學生等不到開會，走掉了。四點鐘放學的班級，看看沒多少人到會，也就都回家了。大會開不成功。」

幾個教授聽到這裡，大聲叫好，連喊添茶。

外公繼續說：「我又把那四個領袖請到主任室，告訴他們：今天會沒開成，沒關係。我決定明天一早八點鐘開學生大會，討論主任問題。幾個領袖高高興興走了。我想，幾個中學生想不出風潮這種事情，他們背後一定有其他人。果然，我隔著窗，看到那幾個學生剛出主任室的門，沒走幾步，就讓幾個復旦大學的學生擋住。那幾人聽過說明之後，大聲罵他們：你們上當了！開大會罷課，必須一鼓作氣，怎麼可以延期！一小時推遲，把大會搞散了。」

朱校長說：「看來我們大學生鬧學潮，更難對付些。」

外公接著說：「第二天上午八點，我召集全校學生大會，首先對全體學生說明：我代理主任，不過是維持你們的學業。關於主任問題，你們自己討論解決，我不參加意見。學生們鼓掌歡迎。我又說：你們討論主任問題之前，先表決是否同意我來維持你們的學業。學生們沒有反對意見，我宣布進行表決，大聲問：反對我維持學校的舉手。會場裡沒有一個人舉手。我就說：全體通過，在解決主任問題之前，由我維持學校。學生們都同意。我又說：既然全體通過，服從我負責，那麼現在我宣布，全校繼續上課，同時大家互相醞釀主任問題的解決，然後適當時候我們再開大會討論。學生們都默默無語。我說：沒有否決，就請執行。五分鐘後，學生們都退出會場，各回教室上課去了。當天晚上，我約全體教職員，在北四川路新有天吃晚飯，請他們推舉一個校務委員會，移交校章和校款存摺，隔日便趕緊跑到南京來。」

謝先生拍手叫好：「精彩，精彩！薑畢竟老的辣。」

朱校長說：「我聽說，復旦大學董事會決定，要聘請希聖兄擔任復旦中學主任。」

郭先生大拇指一翹說：「自然非君莫屬。」

外公擺手道：「我還沒有聽說，不過，我一定不願。」

朱校長奇怪了，歪著頭問：「希聖兄一貫熱心教育，何以……？」

外公忙說：「我是熱愛教書，但我不會當官。」

杭先生搖搖頭說：「希聖兄客氣。這一場學潮，希聖兄幾板斧就斬平了，怎說不會當官？」

外公說：「逼上梁山，不得不做，頗費了些心思去苦想，才做得出此一件。做這種事，並非我天性使然，也非興趣所在。沒有辦法時，勉強學著做一次兩次。要我天天在這些漩渦裡轉，時時刻刻隨機應變，絕計做不成功。讀書、思想、辯論、立說，乃我之所愛也。」

郭先生說：「無怪乎希聖兄幾次從國民政府辭職而去，原來仍是文人傲骨。」

外公說：「哪裡。如果會當官，哪有不當之理。我是不會在政府裡當官。實話說，不想當，不愛當，也不會當。不過偶爾書生論政，論政猶是書生。」

幾個教授相視一笑，心領神會，同時端起茶杯來，連喝了兩口。

外公心裡還惦記著當晚演講的事，請求借用郭先生家電話，給一位學生代表打過去，說是媽媽忽然有些不適，晚間恐要去醫院，當晚演講只好取消，十分抱歉。

可事情並沒有完結。當晚那幾位學生代表又跑到大石橋路破院矮屋來，還給媽媽帶來一盒餅乾，一個菠蘿罐頭。代表們說：「我們挨了同學們的罵，無論如何，請陶先生去講一次。小妹妹明朝身體好些，我們陪她去逛玄武湖，讓陶先生休息。」

外公感動萬分，只好又答應第二天星期六下午七時去講一次。外公對媽媽說：「平日晚間演講很少人去聽，星期五晚上更少來人。那麼星期六晚上，可能根本不會有人來。聽衆太少，學生們也就只有當場宣布撤銷演講。」

媽媽問：「你不喜歡演講嗎？」

外公說：「我喜歡，但是如果沒人聽，有什麼意思！」

星期六上午，兩個學生果然來到，帶了媽媽去遊玩，下午三點鐘才送回家。吃過晚飯，到了七點，外公領著媽媽，來到中央大學化學教室，才進樓道，便發現樓道裡站著許多學生，人擠人才能走進去。大教室裡面，座位都坐滿，許多學生坐在走道上，更多人倚牆站立，人挨人，排隊一樣。外公看了，十分吃驚，也十分感動。招呼站在門外樓道裡的學生，都進教室，坐到講台上來。反正不是演戲，演講人只要能站住腳就好了。

這麼一說，滿場一片笑聲、掌聲、呼聲。坐到台上來的一個女生，笑嘻嘻地讓媽媽坐在她面前抱住，還從口袋裡掏出一捲果丹皮給媽媽。旁邊一個男生看到，笑道：「快謝謝這位姐姐，分給你吃了，她今晚會很難過。」那女學生伸手去搥他，一下子左右一大片人都倒下來，台上台下又是一陣哄鬧。

戰國時期社會演變，本來出神入化，緊張生動。加上歷史觀的分析討論，引入一些當前社會問題的闡述，自然能引起聽衆的興趣和共鳴。外公講到信陵君救趙一節，幾乎像是說書，把手在講桌上拍得啪啪響。滿場鴉雀無聲，直到講完，聽衆才轟然而動，醒來一般，熱烈鼓掌。

走出講堂，在樓門口跟學生們告別之後，外公領著媽媽，在校園裡散步。滿天星斗，一彎殘月，樹影斑駁，花香四溢。外公額頭雖然還流著汗，心裡卻快樂。他對媽媽說：「我早跟你說過，我的思想和研究還在發展之中，所以容易得到讀者和聽衆的共鳴。」

媽媽問：「爸爸，那姐姐給我果丹皮，眞好吃！眞的是只北京才有果丹皮嗎？」

外公猛然間沒有聽懂，說：「什麼？呵，果丹皮，只有北京才有，我們去北京一定買很多。」

媽媽問：「我們什麼時候去？」

「我想，快了吧！」外公說著，忽然提議，「時間還早，我們去逛逛南京夜市吧！今天是星期六，晚上一定很熱鬧。」

兩個人坐了洋車，到城裡鬧市區。果然商店林立，琳琅滿目，人流如潮，燈紅酒綠。外公領著媽媽在人群中走路，沒有目的，只是逛，看滿街的招牌。忽然，外公站住腳，盯著一塊招牌，看了半天，又轉過頭，前後左右，看過幾家的招牌，大叫：「他？難道在南京？」

四十四

外公說：「這些招牌好像是廖書倉的書法，我的一個大學同學，很多年不見了。」

媽媽說：「那個同學怎麼了？可以講給我聽嗎？我愛聽爸爸小時候的故事。」

「好，我們叫部洋車回家，爸爸講。」外公在街邊叫了洋車，父女倆坐上走著，外公講起來：「看見這些字，想起廖書倉，更想起許多往事……」

一九一九年，第一次世界大戰結束。我們中國的代表去法國巴黎參加世界大會，中國也是戰勝國，可是簽訂和平條約的時候，中國受到不平等待遇。西方列強一意要瓜分中國的土地，把戰敗的德國在我們山東的權利轉讓給日本。我們學生得知了，不能答應。那天我們在學生食堂吃過中午飯，那個廖書倉跳上一個桌子，揮著胳膊大聲說：「今天晚上我們在法學院禮堂集會。中國在巴黎和會上失敗，我們要把國家興亡擔在自己的肩上，要麼中國，要麼死！」

大家都認得他，都聽他講話。我覺得渾身有一股熱血在衝騰。那天晚上，北京大學的學生，還有很多別的學校的學生，都聚在我們法學院的禮堂裡。有些同學上台發表演說，我在台下，離得遠，聽不清台上人說些什麼。台上台下，所有人都在喊叫，大家懷著相同的心情。一個同學跳上台，咬破他的手指，把襯衫撕下一塊，寫下四個血字：還我青島。他滿臉是淚，在空中揮舞他的血書。青島是山東的一個地方，巴黎和會把中國的山東割給日本，怎麼不讓我們感到悲憤？見到那血寫的旗子在台上飄，所有的學生都哭了，都拚命吶喊：「還我青島！還我青島！」

第二天一大早，我們和許多大學的學生上街遊行。我們拿著小旗，呼喊口號：「中國的土地不給日本。」「中國人民寧死不低頭。」我們原計畫到天安門南邊外交民巷外國領事館去抗議。警察封鎖了道路，我們就轉向趙家樓。中國政府參加巴黎和會的代表，一個姓曹，一個姓張，住在那裡。他們準備在不平等條約上簽字，我們去那裡示威。我們在門前停下，把小旗隔牆丟進曹家院子裡。有的學生爬樹跳到院子，打開大門，大家便湧進去。我個子太小，怎麼也擠不進，在門外急得要命。一排警察擋在房子門前，想擋住人群，但是做不到。

一個穿學生裝的高個子同學舉著手，大聲問那些警察：「你們是不是中國人？」他從樹上跳進院去的時候受了傷，大股大股鮮血順著他胳膊流下來，滴在地上。那是我生平第一次看見人體流血，腿發軟，可是我不能離開，我得在那兒鬥爭，我得救中國。我也根本離不開，身邊全是人，擠在一起，根本誰也動不了。人群在街上、院裡，擠來擠去，人人臉上是淚，個個喉嚨喊啞。突然，牆角起火了，火苗往空中竄。人喊起來，有人想離開，有人嚷著找水救火，有人叫著要搶救書房裡的書。可是，火燃起來，借著風，一下子就上到房頂。院裡院外的人都慌了，擁擠著往街上跑。帽子、小旗、書包，丟了一地。

新開到大批警察，排橫隊，端長槍，向學生人群逼近。我的身邊有人摔倒，拚命叫救命，有人挺著胸膛要擋住警察的槍，有人在人群裡找哥哥弟弟。警察一路走，見人就用槍托子打，打倒了就銬上手銬逮走。人群四散逃跑，可是沒地方跑。馬路本來窄，人又多，警察堵住馬路兩頭，誰也逃不出去。我擠到馬路邊房簷下，跟一群婦女小孩子躲在一個門洞裡。我個子小，在小孩子堆裡鑽著。警察走來，看見是一群看熱鬧的居民小孩，便走過去。我才算是躲過了。

第二天早上，我們集合在法學院禮堂裡。蔡元培校長來了，穿著黑色長袍，不像平時那樣帶著笑，而是鐵青著臉，走上講台，問：「昨天你們有多少人受傷？」

沒人回答。怎麼數呢，大約每個人都多少受了一點傷。

蔡先生又問：「有多少人被逮捕？」

有人喊：「昨晚我們大概數數，至少有三十多人。」

蔡先生低聲說：「三十多個我的學生，三十多個中國將來的棟樑。他們怎麼能下手……」

禮堂裡靜悄悄的，聽得見一些低低的抽泣聲。

蔡先生靜默了一會兒，又說：「現在，這不再是學生們自己的事了，現在，這是學校的事情，是國家的事情。我做校長，有責任保護我的學生，我要救出這三十幾個學生來。你們現在都回教室，我保證盡我最大的努力！」

大家聽了，都靜靜地走出禮堂，低著頭，沒有人說話，走回教室。蔡先生站在台上，一動不動，直到最後一個學生走出禮堂。

那天我們的法律課沒法子上。張教授是國家檢察院總檢察長，不能繼續講課。學生圍著他，問昨天發生的情況合不合法。張教授說：「我是在職法官。我對昨天的事件，不便發表個人意見。我可以說的，只有八個字：法無可恕，情有可原。」

第二節課是憲法。鍾教授走進教室，把書紙放到講桌上，足足五分鐘，才抬起頭來，說一句：「我們中國……」就停住。教室裡靜極了，鍾教授又抬起頭，說一句：「我們中國……」他的淚水湧出眼眶，滴落在講桌上，再也說不下去。全班同學都聲淚俱下。

那就是有名的五四運動。

外公在中央大學當教授，薪水是每月三百二十元，每週講兩天課，一天備課，其他四天在家寫作。家裡富裕了一些，外公堅持搬家到海寧路，換個環境，房子也寬大許多。

湖北陶盛樓的鄉下人，只看農曆開種收割，曉得過春節清明，不知有洋曆年一說。上海人不一樣，上海是西洋人在中國修造起來的城市，上海人按西洋人的習慣過日子。又過春節，又過元旦。一九三一年一月一日，上海到處張燈結彩，大放其假，吃喝玩樂，熱熱鬧鬧。

媽媽家裡更多一喜，我的一個舅舅在這個元旦當天出生，我叫三舅。元旦生人，大吉大利，外公外婆當然都很高興。那天，住在上海滬西的一位外婆娘家表姐，我稱作表姨婆，來家作客。生兒時刻，有個娘家姐妹在身邊，外婆感到格外安慰，一直請表姨婆在樓上陪她。

表姨公在樓下陪外公坐著說話，問：「南京教書怎樣？」

外公笑了說：「我在南京，除了中大的課，還在司法官訓練所講授親屬法，一星期兩小時。那節課不好講，這司法官訓練所並不是中央大學的部門，而是國民政府中央法院開設的專職訓練班，要請一位講師講授親屬法，看中了我幾年前出版的《親屬法大綱》，先跑到商務書局，又跑到中央大學法學院打聽，才找到我。」

表姨公說：「這樣說，這些人不是學生，將來要擔任法官，當眞的。」

外公說：「是的，那個班裡，我的學生都是候補法官。」

表姨公說：「你膽子有些太大了。自己沒有做過法官，怎麼可以去敎別人如何當法官？」

外公說：「我以前有一段時間，很想當法官，而且一直夢想到杭州去當法官。後來……我改變了想法，所以沒有當成。在司法訓練所敎課，我並不敎他們怎麼當法官，我只敎他們一些社會歷史知識。法官要有許多知識，不光要懂法律，而且要懂社會、懂歷史、懂心理學，否則當不好法官。」

表姨公點頭說：「這也不錯。」

外公說：「有一天我上課，講羅馬法與日耳曼法的親系和親等計算法的區別，又講中國殷商和周族的親系和親等計算法的差異，互相比較和印證。然後評論現行民法親屬篇採取羅馬法的計算法，與中國固有的社會組織及婚姻制度相違反。不料下一節，我開講之前，有個學生站起來，年紀已經不輕，比我小不了兩三歲，自稱是全班推舉的代表，對我說：我們絕計沒有批評和反對先生的意思，我們只是說明，我們的法律課程只講司法實務。先生是親屬法最有權威的老師，我們沒有話講，只是請求先生就法條來解釋，我們在司法實務上才可多些心得。」

表姨公聽了，搖搖頭，說：「果然。」

外公講：「我想了一想，對教室裡的學生說：今天的問題在於現行民法與中國歷史傳統及社會習慣相反。如果你們對這個矛盾不了解，將來審理家族與婚姻的案件時，就會被這個矛盾所困擾。法律解釋學只分析法條，社會法律學就要解剖社會制度，使你們將來在司法實務上，有意識的活用法條以適應歷史傳統及社會習慣。我這一說，候補法官們不講話了。我又補充說：現行中國民法在立法時，採用法國、德國、日本等立法爲例，訂下中國法條。殊不知法德日等國立法中，有不少與中國社會習慣不能適應而變成爲死法律，比如債法的瑕疵擔保，親屬法的夫婦財產制等等。我說法條的活用，就是希望你們將來有意識的把死法律變作活法律。課堂裡靜悄悄的，我說：沒有異議的話，我就按我原計畫接著講授了。」

表姨公說：「你總是有辦法，出口成章。你們何不搬去南京，一家人住在一起？南京自古是都城，也是個好地方。」

外公說：「我在上海也還有許多事做，而且很難說，我會在中大長期教下去。」

表姨公問：「怎麼？你在那裡教書不滿意麼？」

外公說：「當教授要在北京當，才得意……」

「生出來了，生出來了！」樓上醫生喊叫起來，打斷外公和表姨公的談話，接著就聽到嬰兒大聲啼哭。上海沒有男人不許進產房的規矩，外公和表姨公一起上樓，進屋去看望外婆。

外婆躺著，眼裡流著淚，看著醫生歡天喜地，擦洗包裹新生兒。

表姨婆輕聲對外婆說：「這丫出生，怕要過繼出去，才好養大。」

外婆點點頭，說：「我也這樣想。」

表姨婆說：「送給我們，定能保他無病無災，長命百歲。」

外婆招手，讓醫生遞過新生的三舅，抱在手裡，眼淚流到他臉上，過了一會，說：「我把他送給你們，只要保得住他性命。」

三舅在緊緊的包裹裡面，閉著眼，張著嘴，用力嚎哭。

醫生笑著說：「哭聲如此之大，可見身體健康，個性強，意志堅，將來一定成就卓著。」

聽見這話，外婆又哭出聲來。表姨婆陪著流眼淚，一邊不住聲勸。

好一會，外婆止住哭，說：「我沒餵過祥ㄚ一口奶，他死了。這ㄚ，我一定要自己餵他奶。等他長大些，能夠自己吃飯的時候，再送到你家裡去。」

表姨婆點頭，說：「不急，我們只是要幫你保住ㄚ的命。一家人，不分彼此。」

外婆說：「那麼請你們給ㄚ起個名字吧！」

表姨婆看了表姨公一眼，說：「要保住他長命百歲，過了繼，名字也不能再接著按來字輩起，要變動一下，改改命運才好。」

外婆點頭說：「他是你們的兒子，聽你們起名字。」

表姨婆說：「就叫恆生吧！盼他長命。不知你們怎麼想？」

外婆說：「好，就叫恆生。呵，恆ㄚ，恆ㄚ。」

外公一直坐在一邊，一句話沒說。所有一切都由外婆說了算。

恆生舅出生，外婆更忙碌，但也因此分散了她的喪子之痛，家裡慢慢恢復正常。忽然一日，上海警察局一隊警員到家裡來，把外公帶走，對外婆說：「我們奉命檢查新生命書局，不過帶先生去問幾個問題而已，不必著急。」

外公雖然懂得法律，但是走進警局，心裡還是不安。警官倒還客氣，慢慢告訴外公事情緣由。原來有人向上海市黨部報告，說新生命書局出版的一本書，有批判和諷刺三民主義的文句。於是，上海警察局到新生命書局檢查。現在調查清楚，這本書不是外公寫的，但是警局也同時發現，外公在《新生命》雜誌上期期發表文章，有些文字不夠妥貼，也報告給了市黨部。上海市黨部於是向中央黨部報告，說陶希聖有非法言論。外公靜靜聽完，不發一言。

最後警官問：「陶先生沒什麼話要說嗎？」

外公說：「我有什麼可說？你有問題，我才回答。問題是什麼？」

警官舉一個手，摘下警官帽，抓抓頭髮，好像忘記要問什麼問題。

外公說：「如果你的問題是：我是否發表過文章反對三民主義，我的回答是：否。我擁護三民主義。是不是完了呢？」

「呵，完了，完了。陶先生可以走了！」警官一頭汗，掏出手帕擦。

外公走出警官辦公室，看到外婆抱著恆生舅，領著媽媽、泰來舅，並排坐在走廊上等他。一家人見外公被警察帶走，自然怕得要命，馬上跟了來。現在看見外公，便放下心。

外婆問：「麼什？」

外公說：「沒事，不過聊了兩句天。走了，回家。」

外公說著，拉起媽媽的手，朝大門口走，迎面撞在一個人懷裡。兩人同時後退一步，抬頭對視，大叫一聲。

四十五

外公大叫：「趙律師，好久不見，好久不見！」

趙律師說：「陶希聖！當年跟英國領事館打官司的小編輯，當今上海灘上的大名人。走走走，到我那裡去坐坐，聊聊。」

外公轉頭看看外婆，說：「不了，改日再去拜訪吧！」

趙律師說：「你怎麼樣？怎麼到警局來？有什麼事嗎？」

外公說：「上海市黨部告我發表文章，有反對三民主義的言論。」

趙律師說：「我聽說過這件事，中國人，眞可憐，講話也要由黨部警局來管……」

趙律師應：「請等一等。」然後對外公說：「對不起，我要進去了。」

外公說：「再會，我們走了，不多打擾。」

趙律師說：「再會，下次一道吃個飯，還是新雅。」

第二天外公給南京中央大學朱家驊校長寫信辭職，朱校長為此去找教育部次長陳布雷先生和中央宣傳部長劉蘆隱先生。陳次長說：這位陶希聖我認識，他的毛病是鋒芒太露。劉部長說：我不認識這人。只知道同樣的話，一到他口裡就有煽動性；同樣文字一到他筆下，就有刺。最後國民黨中央組織部長陳果夫給外公寫來一封信，說：他自己青年時候，也和外公一樣，喜歡批評和諷刺。後來年紀大了一點，才知道一個問題或一件事情，並不是那樣簡單，他的批評和諷刺，並不是完全正確，年紀大一點以後就會了解這個道理。於是朱校長請外公重新回中大任教。外公剛回到南京，陳立夫先生沒有預先通知，忽然跑到大石橋，汽車停在路口，自己走到破院矮屋來，跟外公海闊天空，聊了兩個鐘頭。大概算是這次事件的最後解決。

雖然外公沒有受到什麼處分，但總覺得上海不大好住。暑假時，外公有意留在中大，參加招生委員會工作。小學也放暑假，媽媽也跟外公住在南京。不料南京連續二十天下雨，成賢街和中山路，到處大水，外公媽媽兩人每天在雨地裡跑。小屋自然也浸泡大水之中，出門一步，也得人力車渡河，而且要腳踩座墊，人坐靠背才可以不碰水。外公和媽媽叫作「頭等車」。

無處可去，兩個人閒時，只有在破屋裡看書寫字。屋裡地下都是水，兩人只好都縮在床上。外公把書桌拉到床邊，盤腿坐在床上俯桌寫文章，媽媽趴在床上畫圖畫。大石橋街角上有個租書店，裡面有很多連環畫書。連環畫書大概三寸長兩寸寬，每頁一幅圖畫，圖畫下面三五行小字說明。通常是歷史故事，像《三國演義》、《西遊記》、《水滸傳》、《聊齋故事》、《三俠五義》、《紅樓夢》等等，畫得都非常精細，關羽、張飛、周瑜、趙雲等魏蜀吳各員大將身上盔甲，都一片一片畫出來，各自不同。他們手裡的刀槍劍戟，也都維妙維肖。

媽媽忽然問：「爸爸，你看過《三國演義》嗎？」

外公說：「當然，大概七八歲吧！不過不是你這樣的小人書，我看的是字書。」

媽媽問：「你七八歲就會看字書了嗎？」

外公說：「我四歲開始讀書，最早一本是《三才略》，有一尺長幾寸厚，天文、地理、科學、歷史，有文字有圖畫，很好看。五歲開始讀《三字經》，那是天下最枯燥的兒童讀物，我不喜歡，沒有好好讀過。六歲讀《詩經》《論語》，爹爹親自管教，我只好認眞讀。爹爹從開封到新野去上任，走一個多月，到處是古跡，《詩經》上的汝墳，《左傳》穎考叔的故里，朱仙鎭的岳廟，更多三國遺跡，爹爹一路講給我聽。後來兩年，我跟著爹爹讀《禮記》，接著是《史記》和《漢書》。爹爹走過北京、太原、西安，對楚漢相爭的地理形勢很熟悉，講起來，描摹分析，好像讓我親眼看到劉邦、項羽兩軍在河南對壘，韓信在河北、山東迂迴作戰的情景。」

媽媽說：「你上小學的老師好嗎？」

外公說：「有的好，有的不好。我從不會寫論。寫論要根據一個論題，發議論，最後點題。我做不來，我不會發議論。可是我寫史寫得好，因爲爹爹講戰國到秦漢，我記得淸淸楚楚。」

媽媽說：「你寫過《三國演義》的史嗎？」

外公說：「寫史論不能寫《三國演義》，要寫《三國誌》才行，這我永遠忘不了。小說演義可以當作歷史故事來了解，但是不能當作歷史事實來引證作論。我小學時，有一次史論題目是：劉備不取荊州而取益州論。平時史論都是三百字一篇，《三國演義》我太熟了，不一會功夫，就寫了一千字。我把龐士元被射死在落鳳坡的故事也寫上去，還得意洋洋批註說：龐統射死落鳳坡，劉備當爲報仇。老師看了，批下來，打零分，把我大大申斥一番，說：《三國演義》所記者不可全信！從此我再不敢用演義故事寫史論。哈哈……」

媽媽雖然沒有完全聽懂，也大概明白幾分，跟著笑。

外公說：「我只會寫史論，不會寫演義。寫小說，要編得出故事來，我沒那本事。」

媽媽說：「我會編故事，我看雲彩，能看出哪個是狼，哪個是熊，牠們怎麼打架。」

外公說：「那好，你長大了可以寫小說，作文學家。」

媽媽說：「我可以寫得跟《三國演義》一樣好嗎？」

外公說：「當然，只要用心努力，勤學苦練，你能寫得跟《三國演義》一樣好。」

門外摩托車聲響著進院子來，接著聽見一聲吼：「陶希聖電報！」

雖然連日下雨，郵電局照常送信。電報局專遞騎了摩托車，冒雨來到大石橋破院。那人一腿支在泥水裡，車不熄火，縮在雨衣袖裡的手，送過溼淋淋一張電報。外公跑出去接了，道了謝，回屋盤腿坐在床上看，是北平師範大學史學系學生會請求外公去當教授。聘請教授，爲什麼是學生會發來電報？不過，總是有機會去北平了。媽媽說：「你給我買果丹皮，你答應的。」

外公說：「去北平，當然給你買果丹皮。」

第二天中午，同一位電報局專遞又騎了摩托車，冒雨來到大石橋破院，送過溼淋淋的一張電報。外公同樣跑出去接了，道謝。這位專遞舉手抹抹臉上的雨水，對外公說：「你家北平親友的事，件件都急。」

外公無話可說，只有連連打躬。回進屋，外公擦乾手，打開電報看，是北京大學法學院周炳琳院長通知，請外公做北京大學法學院教授的聘書已寄出，望查收，速北上。外公將那電報翻來覆去，看了幾次，兩手一舉，大叫：「我要去北京大學教書了！」

他叫完就往門外跑，剛衝出去，一腳踏進門前積水，溼了褲腿，頭上也立時澆滿雨水，脖子裡冰涼。外公來不及轉身，急忙後退，回進屋裡。媽媽剛從床上跳下來向門口衝，兩人撞到一處，雙雙跌倒在屋裡泥水地上。父女兩個也不急著爬起，渾身泥水，舉著四隻泥手，相對大笑。

外公搖著手裡的電報說：「到北平教授大學，心願足矣。回上海，我去買兩口鐵皮箱。」

媽媽說：「你的電報都是泥。」

外公把電報紙甩了甩，站起身，把媽媽也拉起，說：「我們出去洗個澡，順便洗衣服。」洗了澡、洗了衣服，吃了晚飯，回家來，媽媽繼續趴在床上看書，外公盤腿坐床上，在桌上展開紙筆，給朱校長寫信辭職。寫過之後，重讀一讀，搖搖頭，撕掉重寫。如是幾次，終於算是滿意了。然後再給北平師範大學史學系學生會寫信，說明已接受北京大學教職，預定到北平之後，再作討論，或可兼任師大史學系講師。

第二天上午，外公領著媽媽，冒著雨，坐頭等人力車，到郵局把信投出，然後在街上吃午飯，吃的是福建菜館，點紫蓋肉和七星丸。吃過飯，外公又多買一份荷葉八寶飯和一份菠蘿燒骨排帶回家，說下午忙，收拾搬家，退房子，沒時間再出來吃晚飯。下午，外公和媽媽在小屋裡收拾書籍文稿，打包裝箱，忙了半日，晚上六點吃掉燒骨排，又說一會話，就睡了。第二天一早起來，接著捆綁東西，上午十點吃掉八寶飯。中午十二點鐘，一切停當，準備到火車站，回上海。

不想這時朱家驊校長舉著傘跑進外公小屋來，站在門口，把傘摺起，甩動幾下，想把傘上的水甩在門外，說：「好大雨，好大雨！」

外公下床站著說：「這屋裡地下早已全是水，把傘放下也無妨。」

朱校長坐下，用手抹抹頭髮，說：「我剛接到你的信。不能再考慮一下，一定要走麼？」

外公說：「北京大學是我的母校，母校的聘約不可以推辭。」

朱校長嘆口氣，說：「一個大學的風氣，以中國文學及史學兩系爲樞紐。我計畫對中央大學文史兩系加以充實，已經約到顧頡剛教授到史學系來，很希望希聖兄能留下，一起努力。」

外公說：「北京大學也是朱先生的母校，朱先生當爲了母校而讓我去。我的學問還差得很遠，願意回母校力求上進。朱先生的計畫很好，一定成功。希聖很慚愧，不能協助，以觀其成。」

朱校長好一陣不言語，最後嘆一口氣，站起來，伸出手，說：「祝你一路平安。」

外公忙伸兩手，握住朱校長的手，用力搖，不住聲說：「謝謝朱校長，謝謝朱校長。」

朱校長轉身拿起傘，冒著大雨走了。

外公當即領著媽媽，在大雨中告別中央大學，告別南京。爲趕秋季開學，外公一人先於九月之前到了北平，外婆一家慢慢收拾，隨後北遷。卻不料，九月一日開學後十八天，日本軍隊在東北發動進攻，北平忽然很危險。南京、上海一片人心惶惶。外婆連忙帶了兒女趕往北平，去找外公。

四十六

一九四〇年一月十二日，外婆已經買好船票，一家人也收拾好行裝，只等十三日大早，分開幾路，各自取道，直奔十六鋪碼頭上船，神不知鬼不覺離開上海，到香港去會合外公。卻不料，正此時，愚園路打來電話，通知外婆，馬上派人來，把她們一家搬進愚園路去。

媽媽聽到消息，大驚失色，慌不擇言：「到了那裡，我們……」

外婆一把用手捂住媽媽的嘴，然後對上樓來的趙媽叫：「早些吃過飯好搬家，愚園路打來電話，兩個鐘頭以內，就派車子來，把我們搬到愚園路去。」

趙媽喜笑顏開，說：「那裡好，那裡方便，房子也好。」

外婆不理會她，說：「趙媽，你外面衣服都晾好了麼?不晾了，溼衣服用洗衣盆搬走好了。你先把廚房裡盆盆碗碗都拿報紙包起來，不要搬家打碎。」

趙媽說：「就是，那些莽漢搬家，什麼都會打壞。」

外婆說：「我們收拾衣服，要你幫忙的時候，叫你。」

「是，太太只管叫。」趙媽說完，下樓走進廚房。

外婆拉了媽媽舅舅們，一起坐在外婆臥房大床上，垂頭喪氣。

「姆媽，搬過去，我們就跑不掉了。」媽媽壓低著聲音，把剛才說了半句的話說完。

外婆說：「對，他們就是要把我們關起來，跟坐監牢一樣。」

媽媽說：「怎麼辦？我們現在先逃出去躲一躲。」

外婆說：「外面那麼多七十六號的人，怎麼逃得掉？整個上海是日本人天下。」

媽媽急得要哭出來，說：「可是，我們不能去愚園路呀！」

樓下電話鈴忽然又響起來。外婆站起來，走下樓去，拿起聽筒。媽媽跟著下樓，站在一邊，幾個舅舅也跟下來，遠遠站著。廚房門邊，趙媽手裡拿個碗站著，望著外婆。

外婆聽著電話，一個字都沒有說。過了兩分鐘，外婆放下電話，說：「他們來查看我們是不是在收拾東西。他們汽車已經派出來了，盡快搬家。」

趙媽笑著說：「那麼我們要加快收拾才好。」

外婆點頭說：「對，我們加快。你們幾個，都給我上樓，在你們自己屋裡收拾東西去。」

幾個舅舅趕忙跑上樓，回自己屋裡去了。趙媽也轉身回進廚房。

外婆拉媽媽一把，往樓梯上走，小聲說：「我們搬過去再想辦法。」

媽媽急了，壓低聲音說：「進了愚園路，在七十六號眼皮底下，沒辦法可想。」

外婆說：「如果我們現在不答應搬過去，馬上就遭殃。我不能眼看你們……去收拾東西，姆媽無論如何要讓你們幾個活過這道險關。」

媽媽看外婆的臉，像一塊鐵板，發著青亮的光，臉上每一道皺紋，都像刀刻一樣，稜角分明，剛硬冷竣。媽媽只好轉身到各屋裡，告訴舅舅們，開始收拾隨身要用的東西，準備搬家。

舅舅們各自動作起來，乒乒乓乓，拉抽屜，開箱子。媽媽一個人坐在自己屋床上，手拉一條毛巾，不肯動。她知道得很清楚，搬進愚園路，就完了。困在囚籠裡活著，跟死有什麼兩樣嗎？生活的意義就是自由，沒有自由的生，不就是死嗎？媽媽想著，自己打抖，那麼是不是應該現在乾脆死掉算了，反正是一樣。可是，外婆怎麼辦？外婆這一生，爲了兒女，傷透了心。如果媽媽就這樣自己死了，外婆還活得下去嗎？媽媽想著，眼淚落下來。剛過十八歲的姑娘，本來眼前應該都是粉紅色亮麗的彩虹，可是此刻，媽媽眼前卻橫佈著一片黑色陰沉的死亡。而且，她只能注視著那死亡，感受那死亡的威脅，卻不能決然一步跨進那黑色中去，了結這一切恐怖。

時間在喧鬧的寂靜中度過，媽媽一動不動，思緒仍舊在死或者不死之間徘徊。忽然，窗外傳來好幾輛大小汽車引擎聲，轉進弄堂。媽媽站起身走到窗口，她的屋子不臨街，看不到弄堂，可她從來沒有意識到，在自己屋裡，原來可以這樣清楚地聽到弄堂裡的聲響。怎麼辦？

外婆在樓下喊：「琴薰，下來。」

媽媽不動，媽媽不要下樓去。他們要搬這個家，讓他們來搬好了。他們可以把媽媽抬到愚園路去。但是，媽媽絕不自己走過去。

外婆急匆匆跑上樓，一路罵：「琴薰，你死啦，聽不到我叫麼？」

媽媽站在窗前，背對著窗外射進來的陽光，對進門的外婆望著。外婆看不清她的臉，只可以看到她劇烈起伏的雙肩。「我不去。」媽媽說著，背靠牆壁，坐到地板上。

外婆坐到媽媽床上，看著媽媽，過了一會，說：「我要你幫我，給陳璧君打個電話。」

媽媽嚇了一跳，轉過臉說：「給她打電話做什麼？那女人很兇。」

外婆說：「我曉得，我要去見她一面，向他們討命。我一定把你們幾個孩子送出虎口。」

媽媽說：「她會怎樣？」

外婆說：「誰曉得，只要我們可以不必搬去愚園路就好。」

媽媽跟著外婆走下樓，撥通電話，打到汪公館，告訴秘書，陶太太要跟汪夫人講話。廚房裡趙媽聽見，忙跑出來，盯著外婆和媽媽。

外婆從媽媽手裡接過話筒，放在耳邊，等了一會，聽到電話對面有人講話，便說：「請問是汪夫人麼？我是陶希聖的太太，我有事要找你商量。」

陳璧君在那邊回話：「現在就來。」

外婆看了一眼媽媽，說：「我要帶大女兒一道來。」

陳璧君答：「可以。」媽媽不在話筒上，也聽到這句回答。

外婆剛放下電話，門口傳來一陣亂，汽車聲、人聲、敲門聲。外婆忙跟媽媽一道，走出天井，打開大門。一部小汽車停在門外，後面跟著兩部大卡車。幾個膀大腰圓的漢子站在門口，粗聲大氣對外婆說：「我們奉命來給陶太太搬家。」

外婆說：「現在不搬。」

一個領頭的壯漢說：「不搬不可以。我們的命令是，抬也要把太太小姐公子們都抬過去。」

外婆說：「你們打電話去問好了，我們現在不搬。」

那壯漢問：「哪個講的？」

外婆說：「打電話去問汪夫人好了。」

幾個大漢都不說話了。他們曉得外公跟汪先生是多年的朋友，汪先生一直很尊重外公。兩位太太之間有什麼交情，也未可知。可是要他們給汪夫人打電話，萬萬不敢。他們愣在那裡，不知該怎麼辦。前面的壯漢望著外婆身後使眼色。

外婆轉頭一看，趙媽跟著出了門，站在身後。外婆手一指，說：「正好，讓趙媽講吧，我們是不是剛跟汪夫人通過電話，她都聽到。」

趙媽一臉難爲情，說：「是，是，陶太太剛跟汪夫人講電話……」

外婆對面前的壯漢們說：「你們願意在這裡等，就等。我們兩個馬上要去見汪夫人。」

壯漢改了聲調，說：「那麼就便，坐我們的車子去。」

「可以。等一等，我們換件衣服。」外婆說完，拉一把媽媽，退進天井，關上大門。身後面，只聽見門外那幾條大漢大聲發牢騷，爭爭吵吵。先把兩部大卡車倒退出弄堂，讓小汽車倒出去，然後再把大卡車開回來，停在門口，擋住家門。然後又把小汽車開回來，等外婆和媽媽。

外婆媽媽兩人站在客廳門口，聽外面忙亂，手捂嘴，吃吃笑。然後上樓回屋換衣服，安頓舅舅們留在各自屋裡，不許下樓。最後兩個人再出天井，開大門，上車，去愚園路。

雖然從在香港時，便常聽說起愚園路這條街名，到上海的這一個月，家裡更是每天在說愚園路，外公每天到愚園路辦公，可是媽媽卻從來沒有到愚園路來過。這是日本人的地方，汪精衛的地方，下令要殺死外公的地方，媽媽痛恨這地方。在媽媽的想像中，愚園路一定到處站滿荷槍實彈的日本兵，個個面目猙獰，兇狠異常。這裡天空一定永遠陰沉沉，房屋都是黑顏色，樹木都枯死，寸草不生，地獄一般。如果不是萬不得已，就是八抬大轎抬，媽媽也不肯到這裡來一趟。

司機說了一聲：「轉過去，就到了。」

隨著話音，汽車轉進一條馬路。媽媽從車窗看出去，四處竟然完全與自己的想像不同。這裡天空晴朗，風和日麗，路面寬闊，房屋整齊。街上沒有行人，三三兩兩的只有些七十六號的便衣特務巡邏，並不密集，穿著也平常。車子再轉進愚園路一一三六弄，弄堂口兩旁有四個穿制服的中國士兵站崗，身體筆直，長槍上安著刺刀。看見汽車駛入，都立正行禮，面目很莊嚴。

媽媽聽外公說過，這條弄堂口的房子是日本憲兵隊辦公室，她注意從窗口看進去，果然看到兩個小個子的日本人在房子裡面，都穿軍裝、戴軍帽，一個戴圓型眼鏡，一個上唇留塊小鬍子，正伸頭朝外張望。日本憲兵最心狠手毒，殺人不眨眼，媽媽趕緊扭轉頭，不敢多看。

這條弄堂不大，當中有一片草地，周圍種些常青樹木，便是冬季一月，也仍然有深淺不同的綠色，顯出一派春光。左手一座洋樓最大，四五層高，左右兩個半圓角樓，都是玻璃窗組成，樣式別致，裝飾講究。媽媽聽外公講過，那是汪先生住的。右手一座洋樓是陳公博先生住，弄堂底三座洋樓，是周佛海、梅思平和外公，一人住一座。外公早已搬走，陳公博也去了香港。

汽車開進汪先生宅邸，在大門口停下，兩個衛兵不持長槍，腰間掛手槍，見外婆媽媽下車，走上台階，都舉起手敬禮。司機輕輕推開大門，外婆和媽媽不敢斜視，走進門。

門廊地面都是彩色花磚拼出的圓形圖案，擦得發亮，能照出人半個身影。再走進去，過一道玻璃門，便是寬大明亮的客廳。一色淡黃細木地板，打臘發光。正中鋪一塊巨大的真毛地毯，雍容厚重，乳白泛黃的底子，四周一圈寬寬的藍邊，裝飾許多彎曲線條，中心繡一個巨大的藍色圓形花狀圖案。屋頂掛一個水晶大吊燈，成百水晶玻璃墜，一圈一圈鑲著，讓人看去，好像騰雲駕霧。客廳四周擺些講究的紅木座椅，藍瓷瓶罈，葱綠花樹，顯得古色古香，典雅祥和。

「來了嗎？眞是稀客。」汪夫人陳璧君說著話，滿口廣東腔國語，從客廳旁邊一個門裡走出來。她四十八歲年紀，個子不高，身體微微發胖，戴一副寬大的眼鏡，臉形鼻子嘴，看來讓人覺得不像個女人，講話又是命令式口氣，硬梆梆，更像個男人：「你是陶太太？」

外婆應道：「是。」

陳璧君在一張椅上坐下，說：「我去過陶先生家幾次，從來沒有見過你？」

外婆說：「我只做家務事，從來不出面見希聖的朋友。」

陳璧君問：「女兒多大了？」

外婆推一下媽媽，說：「汪夫人問話，自己講。」

媽媽低著頭說：「剛過十八歲。」

陳璧君笑眼瞇瞇，望著媽媽，說：「大姑娘了。定親了嗎？」

外婆答應：「謝汪夫人關心，還沒有。」媽媽害羞地扭過頭。

陳璧君說：「那有什麼可害羞的？我和你母親，像你一樣大時已經出嫁了。讀書麼？」

媽媽嗯了一聲，又說：「現在放寒假，下禮拜開學。」

「是，是，元旦剛過。」陳璧君看外婆一眼，又轉頭接著問媽媽，「爸爸不在，想他麼？」

媽媽沒說話，望望陳璧君，又低下頭去。

陳璧君說：「給他打個電話，叫他回來，好麼？就在我這裡打，現在就打，好麼？我叫副官接通了，你跟爸爸講話。」

外婆忙截住話頭，說：「汪夫人，我家的規矩，大人的事情小孩子不可以插嘴。」

「那麼，我來問你，」陳璧君聽了，臉色沉下來，問，「希聖走，你曉得麼？」

外婆說：「他的事，我不過問。他爲什麼走，我不曉得。」

陳璧君說：「你怎麼會不曉得？他那天帶了女兒，你不答應，他怎麼帶得走女兒？」

外婆和媽媽知道，外公出走，七十六號把媽媽也報告在裡面了。外婆看媽媽一眼，急忙說：「那天他說帶女兒去看朋友。」

陳璧君撇了撇嘴，說：「不要繞圈子，老實講，他走的時候，對你講了些什麼？」

外婆說：「我只曉得他常講要走，還講要走原不是他的本意。」

陳璧君笑笑，嘆口氣，慢悠悠地說：「其實你都是曉得的，也不必再瞞我。許多人都在責備汪先生，說他賣國。其實，他不過提出和平方式解決中日爭端，或許中國人可以少流些血。誰願意流血呢？我想中國人也愛惜自己的性命，不願輕易丟掉。汪先生也是爲中國人民的利益，所以忍辱負重，這樣做法。重慶控制的地盤，汪先生一寸也碰不了，根本沒辦法賣給日本人。他現在要掌管的地盤，全是早已經讓日本人占去了的。如果汪先生不去接管，這些地方全部直接由日本人來管，便眞的都是日本殖民地了。汪先生的意思，他來管，或許還能把這些地方從日本人手裡接過來，早晚回到中國人自己的手裡。我想，陶先生很明白汪先生的心意。」

外婆說：「希聖跟隨汪先生十幾年，對汪先生一直十分欽佩。」

這時間，客廳門外一聲高呼：「報告！」

汪夫人應：「進來。」

一位副官進屋來，穿著筆挺的軍裝，腿上是一雙高筒馬靴，馬刺叮噹響，胸前腰間都紮著皮帶，但是沒有手槍。軍帽在左手裡托著，右手拿個文件袋。他走進客廳立正，伸手把文件袋遞過去。然後舉手敬個禮，一轉身，看見外婆，吃了一驚，卻沒有說話，腳步也並沒有停下。

不料，他這一驚，沒有躲過汪夫人的眼睛。陳璧君厲聲問：「你認識這女人嗎？」

副官嚇了一跳，立刻轉過身，敬了個禮，回答：「報告汪夫人，卑職給陶先生家裡送文件的時候，常見這女人在院裡洗衣服。她是陶先生鄉下的親戚。」

陳璧君一聽，臉色大變，盯住外婆。外婆心裡一沉，有些慌了手腳。

四十七

秋天，外公應聘到北京大學當教授，剛開課十幾天，東北發生九一八事變，華北一片驚慌。外婆急忙帶了媽媽和舅舅們，離開上海，趕到北平，與外公團聚。那是一九三一年。

一家人，加上行李衣箱，雇了五部人力車，從前門火車站往家裡走。外公先前一人在京，與幾個北大同事合住王府井大街，離北大所在的沙灘街很近。接到電報，曉得外婆一家馬上要來，外公便在西城學院胡同租下一座房子。那是一所大宅的邊院，正院裡住一位何姓師長，經常出外帶兵剿匪。同一個大門進去，左方是二門，進何家正院；右手院門，則是通進媽媽家住的小院。

家裡拉洋車的車夫小張，坐在大門口車裡養神，看見外公幾個到了，急忙跳下來，差點跌倒，引得媽媽和泰來舅大笑。外公只有去學校上課或出外演講會客，才坐小張的洋車。今天去車站接人，一個車反正坐不下，外公便沒勞動小張，讓他在家裡等候。

外公笑著對外婆說：「小張去年才娶了個小媳婦，每天晚上要回家去住，不能遲到。」

「陶先生就愛說笑話兒，哪兒的事兒呀！」小張紅著臉，摘下頭上的氈帽擦汗。北平話好聽，捲著舌頭，一口一個兒音。

外公領一家人進了門，走進自家院子。小院裡，正房三間住人。隔著庭院，對面三間房，一間客廳、一間飯廳、一間書房。小院種著四棵花樹，一棵丁香、一棵梨樹、一棵桃樹、一棵夾竹。正是中秋，小院芳菲，葉綠果紅，淸香迎人。廚房和傭人房都在外院。外院有一棵巨大的垂楊柳，幾百年了。北平的傳統四合院眞好，媽媽頭一眼看，就愛上了這個家。

廚子老邢，東北大漢，頭一天就露了一手。外婆幾人剛到，行李沒開，老邢便招呼一家到餐廳坐好，端上一桌用手拉出來的炸醬麵，外婆、媽媽、泰來舅從來沒吃過。恆生舅還太小，不能吃麵條。老邢專門拿了一團麵，站在飯桌邊拉給媽媽和泰來舅看。一團麵在老邢手裡，居然會拋到天上打轉，拍得啪啪響，在他手裡轉圈，扭來扭去，一縷一縷變細變長，終於成爲細細的麵條。他說：「這在北平叫抻麵，你們南方叫拉麵。」

媽媽和泰來舅看得眼花撩亂，驚叫不絕，外公外婆也是目瞪口呆，搖頭不已。只有陪坐的小張，不以爲然，喝他的二鍋頭。

媽媽吃著麵，突然叫出聲：「我要買果丹皮。」

老邢聽見，忙說：「大小姐要吃果丹皮，那還不好辦！我明天出去買菜，帶些回來就是。」

媽媽說：「你指給我看在哪裡買，我自己去買。果丹皮好吃。」

外公笑了，說：「這叫遺傳。」

外婆斜眼看外公一下，暗自笑笑，臉上紅起來。

老邢說：「好吧，明天我帶你去看買果丹皮的地方。」

胡同裡傳來一陣吆喝聲，由遠而近，響亮婉囀，拉著長音，好像歌唱，伴著一串鐵片相擊之聲，鏗鏘有致。媽媽不懂北平話，聽不出吆喝的是什麼，便問：「那是什麼叫聲？賣糖粥麼？」

老邢笑了，說：「那是磨剪子磨刀的，肩上扛個長凳，一頭綁塊磨刀石，我要磨刀，出門招呼一聲，他就坐在門口，給我磨，倆銅子一把，磨得很快。」

媽媽說：「我要去看。」

外婆說：「不許去，正吃飯，朝外跑，什麼規矩！」

老邢說：「你喜歡看這，那好辦，以後我磨刀的時候叫你一聲。」

小張插嘴，說：「明兒有來的，我叫你出來瞧。北京城裡，串胡同叫賣的，太多了。磨刀磨剪的、鋸鍋鋸碗兒的、搖煤球兒的、涮洋鐵壺的、捏麵人兒的、吹糖人兒的、耍猴兒的、演皮影戲的、看洋畫兒的、賣糖炒栗子熱白果的，挑個擔兒，站胡同裡現炒，你準愛吃，仨銅板兒一包，十來個兒白果，五個銅子兒一包糖炒栗子。」

外婆說：「上海也有到弄堂裡來賣栗子白果的，不挑擔，提籃子，不當時炒，籃子上蓋塊小棉被，暖著。」

媽媽說：「上海還有五香茶葉蛋，我最愛吃。」

晚上，恆生舅早早在自己小床上睡著了。媽媽和泰來舅不肯睡，也不願意在自己屋裡，都跑到外公外婆臥房，鑽在大床被裡，聽外公講北平的事。外婆坐在床沿上縫補衣服，也不反對。

外公坐在桌邊椅上，喝著茶，講故事：「我一生只得到一張畢業文憑，就是北京大學的文憑，那是一九二二年。我還沒領到文憑，就去安慶法政專科學校任教。九年以來，我從沒需要過這張文憑。在安慶教書，到上海作編輯，赴武漢任教官，去南京當教授，從來沒有人問我要過文憑，證明學歷。這次到北京大學教書，人家可要我的文憑存檔。我就近到北大教務處，領出我的大學畢業文憑。那文憑在我的學生檔案裡存放了九年，白紙已發黃。」

外婆說：「拿出來以後，又放回去。」

外公笑了，說：「對呀，我這邊從教務處取出，走幾步路，就交到教員人事處去了。」

媽媽說：「莫打岔，還有別的故事麼？」

外公說：「我離開北京大學，已經九年。這一次重新走進北大三院譯學館大門，那門房的老傳達，迎面走出來，看看我，居然高聲叫出來：你是陶希聖，你回來了！我在譯學館上過五年學，先是預科，後是法科，日日從此經過，他自然認得。難得九年以後，他還能辨認得出模樣，叫得出姓名。大概我當年每日早上手裡拿個大燒餅，邊吃邊走進校門的樣子太深刻。」

外婆笑說：「大概全校只你一人那樣進學堂，所以忘不掉。人人都一樣，怎麼會記得。」

「北京大學法學院遷到沙灘紅樓，每位教授有了一間休息室。我的休息室在樓下左首，第一次走進去，發現那打掃房間的，就是我當年學生宿舍的一位工友，沒想到他也還能記得我。或許畢竟是北京大學，耳聞目染，連門房工友也練得好記性。」外公停了話，拿起茶喝一口。

外婆忽然抱怨：「做麼什租這樣大的院子，太貴了。」

外公搖搖頭，說：「北平各大學，經費充足。教授們生活安定。北平宅院，教授住得起的，至少都有兩進，上房五間，兩套廂房，一間客廳，加兩三間下房。教授們除了到校上幾節課，其餘時間，都在寬敞的家裡作學問、過日子。我這樣簡陋，算得什麼！」

外婆說：「還雇傭人。我可以自己做，雇傭人做麼什？你有多少錢，做老爺！」

外公說：「我做北京大學教授，每月薪水四百元。我還在北京師範大學兼一節課，每月一百元。另外還有其他幾間大學，清華大學、中國大學等等，也都在請我兼課，每兼一課就是每月一百元。加上我寫些文章書籍，拿些稿費，每月起碼可以拿回來上千元，錢是夠用。我要跑來跑去講課，或演講，所以要雇洋車。」

外婆說：「最怕你到處去演講惹事。南京託人來告訴我，你快要出事了，我們才急忙趕來。莫忘了在武漢，爲演講，險些被人槍斃。」

外公笑了，說：「哪裡有那樣嚴重。我現在是北京大學教授，有身分有地位的人，他們能把我怎麼樣？不要理會，安心過我們的日子。」

外婆說：「但願能夠長久。日本人不會打到北平麼？」

外公說：「日本人自然一定會往關內打，這狼子野心，已經世人皆知。我的估計，他們會先自瀋陽而錦州，再由榆關而長城，占冀東而後進華北，北平現在是在風雨飄搖之中。不過北大同仁早已拿定主意，只要在北平一日，就當二十年來做。」

外婆問：「日本人眞打過來，怎麼辦？」

外公說：「現在還很難說，只有到那時隨機應變，南下撤退。」

媽媽插嘴問：「明天老邢會帶我去哪裡買果丹皮？」

外公笑了，說：「最近的去處，一定是西單牌樓，那裡商店很多；往南還有西四牌樓、新街口。不過，最好玩的地方，是東單王府井的東安市場，那裡各色小店齊全，天下小吃集錦，逛一天也逛不完。現在是秋天，這個星期日我帶你們去中山公園。下個星期日，我帶你們去北海，北海裡面有個仿膳，可以吃到過去皇宮太后皇上吃的東西，栗子麵的小窩頭。還有天壇、陶然亭、紫竹院、頤和園、故宮，每次一處，玩不夠。十月再帶你們去香山，爬鬼見愁，走櫻桃溝，看卧佛寺，那滿山的楓葉都紅了，整座山都變成紅色。再遠一點，還有潭柘寺、八達嶺長城、明十三陵，八大處，京郊古跡，夠我們逍遙自在，住幾年也逛不夠。」

外婆說：「整天玩麼？琴丫泰丫要上學。」

外公說：「我說是星期天才出去玩，平日我要講課，哪裡可以閒逛？丫們上學的事，我早有安排，明天一早，要小張拉了洋車，送你們去。兩個丫都上口袋兒胡同小學，離家最近。」

「口袋胡同？」媽媽和泰來舅都笑起來。「我們在口袋裡頭上學。大口袋，小口袋。」

外公也笑了，說：「北平地名很有趣，有些很難想像得到，王寡婦斜街，帽兒胡同，一說就記住了。據說口袋兒胡同小學以後要改名叫北平市立第三十五小學，不過現在還沒改。」

媽媽說：「我要叫口袋兒胡同小學，不要改。」

外公從桌子抽屜裡取出幾張紙，說，「報名表都塡好了，交了去就可以開始上課。北京大學教授的孩子，在學校受尊敬。」

外婆說：「那麼了不起！」

外公說：「眞的，大學教授在北平地位之高，全中國難比。琉璃廠的書店，得知哪位教授喜歡哪種類別的書，會隨時按類送書上門，好像不要錢，過兩三個月，逢年過節，才來結帳。北平的書店和圖書館之多之大，古今中外，什麼書都看得到。眼界開得大了，也逼教授們懂得，並不是讀一兩本書，就自以爲是專家。北平每一家有名的菜館，都有固定的教授主顧，有這位教授的特別菜單，他一去，只看自己的菜單，又便宜又可口。你看在北平當教授怎樣？」

外婆斜外公一眼，問：「你的菜館在哪裡？」

外公喝一口茶，慢慢說：「我才來一個多月。北平多少餐館，我還要慢慢一家家吃過去，才能決定哪家最喜歡。」

「我喜歡老邢的抻麵。」媽媽叫，用手比劃學老邢拉麵。

「還有山西刀削麵，頭上頂個盤，麵從盤子邊上流下來，廚子手拿雙刀，麵一邊流，他一邊兩邊砍，削成一片一片，掉進身邊兩口鍋裡煮。」外公一邊說，一邊手比劃。

媽媽和泰來舅兩眼瞪得銅鈴一般，張大嘴，出不了聲。

外婆笑了，說：「你胡說，哪有這等事！那麵和得硬還是軟？硬了流不下，怎能砍？軟了流下來，黏黏糊糊，怎能砍得下片？」

外公說：「我聽人家說，自己沒見過。聽你這樣講，大概那是誇大吧！不過刀削麵是有的，我在餐館裡吃過，廚子站在大鍋邊上，手裡端一大團麵，看起來很硬，拿把刀，從那麵團上一片一片往下削，削下來的麵片，直接飛進開水鍋裡煮。吃的時候，放很多山西老陳醋，咬起來很筋斗。北平話叫筋斗，上海話叫作有咬闆。」

媽媽問：「還有什麼？北平的菜館比上海的菜館更好吃嗎？」

外公說：「吃的東西不一樣，北平人不像上海人那樣炒小菜。北平人吃韭菜餃子，烙合子，大火燒，還有白麵饅頭、葱花餅、東來順的涮羊肉、全聚德的烤鴨、沙鍋居的白肉、前門都一處的燒賣、年糕張的切糕、陝西的羊肉泡饃、天津衛的狗不理包子、六必居的醬菜、鴻賓樓的全席、西單口上曲園的桌羅、恭德林的全素席、東安市場的艾窩窩、麻團、驢打滾……」

「驢打滾，我要吃驢打滾，哈，驢打滾，這麼滾。」媽媽說著，在床上滾起來。

泰來舅也喊：「我要吃狗不理，狗不理，汪汪汪！」

外婆站起身收拾針線，說：「好了，好了，瘋夠了，去睡了。明天還要上學。」

媽媽問：「爸爸，我喜歡北平。我們能一直在北平住嗎？」

外公說：「當然。我在北京大學當教授，可以當一輩子。」

媽媽歡呼起來，在床上跳。

外婆冷冷地說一句：「那也要看日本人會不會打進來。」

是呀，日本人怎麼那麼可惡，非要侵略進來，把好好個中國，好好個北平破壞掉呢？媽媽恨著，想著，回自己屋睡下。

媽媽今年十歲。這十年裡，她跟著外公外婆東跑西跑，很少在一個地方久住。所以媽媽說話，分不清是黃岡話、武昌話、上海話，還是南京話。反正口袋兒胡同小學老師學生聽不出湖北話上海話，只知道媽媽嘴裡講的絕對不是北平話，舌頭沒打捲。不過，像外公說的，北京大學教授的女兒在學校受尊敬，何況她年齡比別人小一兩歲，十歲上到五年級，又聰明又用功，老師喜歡。學校裡沒有人欺侮她，不像在上海的小學裡那樣。

外公並沒有像他說的那樣，每星期帶他們去一個公園。外公其實忙得不得了，回家時間都不多。小張有時抱怨，拉著外公每天跑東跑西，腿要斷了。外公就加錢，還是要他跑。除了在幾間大學裡教課以外，外公又自己開辦一個雜誌，叫作《食貨月刊》，所以在家的時候，都拚命地忙，書房裡滿地都是紙頭。媽媽現在不再幫外公剪報寫文章，現在是鼎來舅和泰來舅幫忙。

翼聖伯公帶了鼎來舅，從武漢到北平來，說是伯公要去廣州設計修建粵漢鐵路，會整年在野外，跟著鐵路進程，不斷搬家，固定不下來。鼎來舅上初中成問題，決定讓他寄居外公家，在北平上學。鼎來舅比媽媽大一歲半，因為是獨生子，整天跟伯公伯婆在一起，所以言談舉止比較老成。他身材不高，圓頭圓臉，頭髮梳得整齊，說話慢騰騰，從不大喊大叫。

幾個月後，媽媽已經會說北平話，能夠跟同學們在街上奔跑，從柳樹上摘柳葉吹哨，從樹上抓吊死鬼拉絲、採咕蔫兒、比勾乾、捉蜻蜓、爬樹摘桑葚兒。或者半夜裡打手電捉蛐蛐，嚼美國泡泡糖放到竹竿頭上黏知了，拿樟腦丸在地上畫圈圈看螞蟻爬，拿大紙盒子養蠶吐絲，晚上在院牆上看蠍里虎子在燈影裡爬。還玩跳皮筋、踢毽子、夾包、跳房子、拍洋畫兒、彈球兒、擠老米、紅燈綠燈、騎馬打仗。更有趣的，是站在街上看磨刀磨剪的、鋸鍋鋸碗的、修鞋釘掌的、搖煤球的、捏麵人的做活，或者看皮影戲、敲鑼耍猴、練把式賣膏藥。媽媽還跟同學去過一次天橋，看人家撂攤變戲法、搖扇子說相聲、敲皮鼓唱單弦、打鐵板兒說快書。

而所有這些樂子裡面，最讓她終身難忘的，是第一次看到下雪。上海冬天常常只是下雨，偶爾會下幾粒冰珠，稱不上雪，連白顏色也看不出來，落到地上就化掉了。在北京，才能看見眞正的雪。

四十八

雪半夜裡開始下起來，悄然無聲。大清早，媽媽在夢中被外婆的驚喜叫聲吵醒，一骨碌爬起來，隔窗朝外一看，也叫出聲來。

北京的雪，多麼美麗。院裡地上鋪著厚厚一層雪，沒有人走過，一個腳印也沒有，看上去像是毛絨絨的一大塊白色地毯。四棵花樹，葉子早落光了，那些禿禿的枝杈在空中四散伸張，每一枝上都搭著雪，就連最細的小枝也裹上了雪，辨不清枝條，只看見相互交叉的一條條雪線，晶瑩透亮，好像用水晶編織的圖案，看去彷彿是一片恍惚飄渺的仙境。屋頂上、房簷上、牆頭上，到處都是三五寸厚的白雪，讓人只看到白色的輪廓線條，注意不到白線下的一切。天還是淡淡的灰色，雪還在飄揚落下，千片萬片小小的雪花，在空中輕輕蕩漾，搖擺飛舞，好像並不急於落地，想在空中多享受片刻自由飛翔的快樂。這世界沒有任何其他的一切了，只剩下這白色，這雪。

媽媽輕輕退回床邊，披上棉袍，踏上拖鞋，又輕輕拉開屋門，小心翼翼走出屋子，默默地站在門廊下。她生怕一點輕微聲響，會打破這一片潔白神聖的世界。在湖北陶盛樓，她還只有一歲多，外婆就對她講，北京會下雪，只有外公見到過下雪。從那時起，媽媽一直夢想看到一次雪。現在，夢想成眞，她看到雪了。她伸手接到一片雪花，手心涼涼的，舉到眼前，可以清楚看見雪花六角形圖案，甚至構成每個角的那些極細的斜線。只一秒鐘，雪花融化，變成一粒極小的水珠，晶瑩透亮。媽媽站著，伸手接天上飄落的雪花，眼裡湧出淚，心裡充滿感動。

旁邊門廊下，站著泰來舅、鼎來舅，外婆手裡抱著恆生舅，都像媽媽一樣，裹著棉袍，呆呆望著天上的雪、屋上的雪、樹上的雪，和地上的雪。外婆又想起她過門到陶家第二天，外公回到家，他們第一次見面談話，就是關於北京的雪。那一天，外公許下願，早晚有一天，他要帶外婆到北京來看下雪。現在她在北京，她看到了。

「哈哈哈，一家人都站在門廊下看雪，好看吧？」老邢端一鍋水走出廚房，看見一家大小這模樣，大聲笑起來，一邊邁著大步，在雪地上走，立刻，毛絨絨的白毯上印出了一溜大腳印。

媽媽大叫起來：「不要，不要！」

老邢嚇了一跳，端著鍋，停住腳步，在院當中站住，望著媽媽，不知怎麼回事。雪花飄下，落在老邢的頭上、肩上、臂上、手裡的鍋上，甚至眉毛上。兩個舅舅看見，樂得拍手大笑。

外婆在一邊叫起來：「沒事沒事，老邢，莫在雪地裡站著，做你的事。琴丫，莫亂喊叫。」

老邢又邁開步走起來，還回頭又看一眼媽媽。

外公聽見院裡熱鬧，也披衣跑出來，一看便曉得是怎麼回事，大聲對媽媽說：「這不過是第一場雪，冬天還要下好幾次呢！這雪或許要下兩三天，今天踩下了腳印，明天一早又都蓋平了。要是碰上星期天下雪，帶你們去北海頤和園看看雪景，那才好看。」

泰來舅問：「雪能玩嗎？」

「當然。堆雪人，打雪仗。我們當年在北京大學，碰上下雪，常打雪仗。」外公說著，幾大步走到院子裡，彎腰伸手，從雪地上捧起兩把雪，用力捏緊，做成一個雪球，舉起掄動，把那雪球投出，打在泰來舅的身上。雪球一打上身，便碎了，落到地上。

媽媽大叫：「啊啊啊，打雪仗啦！」就在雪地裡捏雪球，朝外公投。

泰來舅叫著：「打雪仗，打雪仗！」往院子裡跑，一滑，跌了一跤，卻不疼，也顧不上揉，忙爬起來，兩手做雪球，丟過來打外公。

鼎來舅也叫著，衝進院裡。他不敢拿雪球打外公，所以跟外公一夥，拿雪球打泰來舅。

所有的人都跑到院子裡，拉車的小張、做飯的老邢，都急急忙忙捏雪球，打雪仗，你打我、我打你，大聲笑，大聲叫。外婆抱著恆生舅，站在廊下，竟也挨了幾雪球，笑得喘不上氣。恆生舅離不開外婆的手臂，揮著兩手叫，吶喊助威。

一家人都高興，享受著舒適、安祥而忙碌的生活。外公每天外出演講、辯論、寫作，不亦樂乎。只有外婆，整日替外公擔心。外婆曉得外公的脾氣，聽的人越多，講得越起勁，又是武漢北伐大革命那一套，鬧過頭了，又要遭害。外婆對外公說：「你辯論勝了，又怎樣呢？老老實實教你的書，現在丫大起來，有個安安定定的生活就夠好了。」

外公說：「就是爲了丫們的未來，我才如此努力。我只會讀書作文演講，這是我的戰法。我的武器就是我的思想、我的嘴、我的筆，和我的書。商務印書館要我去上海一趟，商談出版一本新書的事，過了元旦我去幾天。」

沒那麼容易。外公一月二十五日到上海，二十八日夜，日本海軍陸戰隊突然在虹口開戰。日本海軍飛機轟炸閘北，把商務印書館炸毀。北平各大報紙馬上刊出消息，登載閘北斷壁殘垣的照片。還有一家報紙，專門報導商務印書館被炸毀的消息，把外婆和媽媽急壞了。

連續許多天，平滬通信中斷，外公渺無音訊。每日早晨，媽媽起床後第一件事，是跑到街上幾個報攤，把能買到的當日早報或日報全部買回家。吃早飯時，外婆把有關上海戰事的消息，讀給媽媽和泰來舅聽。駐守上海的十九路軍軍長蔡廷鍇，領導上海軍民奮起抵抗，連續擊退日軍進攻。上海一片焦土，軍民傷亡慘重。

第五天頭上，外婆讀到一張報上刊出一份上海各界名流聯署的抗日宣言，上面有外公的署名。外公還活著，媽媽拍手一跳老高，歡呼大叫，外婆眼淚流下來。又一天，外公的信到了，一切平安。只等上海車船交通恢復，啓程北返。本來三五天的旅行，外公在上海困了將近兩個月，最後搭船到天津，再回北平，已是陰曆年除夕。

因爲這一場大變，今年年夜飯特別豐富，老邢說是給外公壓驚。除了炸雞、滷鴨、燒魚、蒸肉、莧菜、豆芽、竹筍、芙蓉蛋八個菜以外，老邢專門點了個火鍋，擺在飯桌中央。銅火鍋擦得明光發亮，能照見人。火鍋裡面點了木炭，燒得通紅，吱吱作響。火鍋頂上套了半截煙筒，拔著火，燒得旺。鍋圈上蓋著銅蓋，蓋下湯水沸騰。桌上擺了一碟油豆腐，一碟切得細細的白菜絲，一碟嫩豆腐條、一碟粉絲、一碟蛋餃，和一大盤薄如蟬羽的肉片。

媽媽幫著老邢準備這些菜，學會了怎麼切那麼薄的肉片。老邢先把肉放在一個筐裡，掛在院子廊檐上凍，一夜就凍硬了。然後拿進屋，稍稍化一化，再切。肉凍硬了，就能切出很薄很薄的片，薄得甚至能看透過去。老邢說，肉不這麼凍一下，無論如何切不出薄片。可是吃火鍋，肉片只在湯裡一涮，就吃，才鮮嫩，不可以放在湯裡爛煮，所以肉片一定要切得極薄。

一家人圍著桌子坐好了，拉車的小張也坐了。外婆忙著安排恆生舅，在椅子上墊枕頭，戴圍嘴。老邢站在桌邊，挨個給大家倒酒。外公、外婆、老邢、小張每人一杯紅葡萄酒，一小盅山西汾酒，一小盅陝西西鳳，一小盅二鍋頭，不必全喝，愛喝什麼喝什麼。鼎來舅、媽媽、泰來舅和恆生舅，每人一小杯紅葡萄酒和一小杯米酒。

媽媽問：「爸爸，我們也喝酒麼？」

外公說：「過年嘛，喝一點也無妨。一年一回而已。」

一家人都站起，大大小小的手舉起，碰了杯，大聲說笑，抿了酒，坐下，動手吃飯。

老邢放下酒杯，又站起來，把火鍋銅蓋一揭，頓時熱氣升騰，衆呼喝采。老邢招呼說：「快動手，用筷子夾菜，隨便什麼，放鍋裡涮。白菜油豆腐粉絲，要稍稍在鍋裡煮一煮，才能撈出來吃。蛋餃和肉片，用筷子夾住，不要放開，在鍋裡只一涮，就撈出來吃，涮久了反倒老了，不好吃。看，就這樣一涮，肉色一變白，就能吃了。別怕，保證熟了。」

外公笑著點頭。他在北京大學時，吃過多次。可是外婆、媽媽和舅舅們可是頭一回。這純粹是北方冷地人的吃法，江南天熱，人哪裡會吃火鍋？可這樣吃法，多熱鬧！外公、外婆、媽媽都動手涮起來，泰來舅和鼎來舅乾脆站著吃。外婆涮了一塊，忙著吹涼，餵進恆生舅嘴裡。

多涮幾次就學會了，越涮越快。火鍋裡涮出來的肉片眞嫩，進嘴就跟融化了一樣。蛋餃新鮮可口，豆腐嫩得簡直夾不起來，只能用湯勺舀起來吃，粉絲白菜都好像比平時好吃許多。老邢一會給火鍋加木炭，一會放煙筒拔火，一會又蓋一塊鐵皮壓火。火鍋裡的湯咕嘟咕嘟響，白菜、粉絲、油豆腐、嫩豆腐、氽肉、蛋餃，各種東西在火鍋裡煮，那湯自然味道鮮美。

一頓飯吃了兩個小時，老邢才滅了火鍋。一家人把火鍋裡的菜肉吃完，又用湯勺把湯都喝乾，才酒足飯飽，坐著養神。老邢收拾桌子，外婆幫忙。小張說：「吃飽了，正好熬夜。」

媽媽問：「什麼叫熬夜？」

小張奇怪的問：「就是夜裡十二點以前不睡覺，過了年才能睡。你們從來沒熬過夜嗎？」

外公說：「沒有。他們都還小，反正也熬不住。」

外婆聽了說：「我們叫守歲。」

小張說：「咱們今年熬吧！咱扎花燈兒，就好熬了。」

老邢說：「扎什麼花燈！咱們包餃子。」

外公說：「小張，快走吧，家裡人等著你吃年夜飯呢！過年好。」

「您過年好，您過年好！」小張戴上他的黑氈帽，走出門。到門口，又回頭說，「我明兒一早來，接您出門兒拜年去。」

「等等，小張，」外婆從廚房走出來，手裡捧個荷葉包，遞給小張，說，「這是一塊年糕，你們一家明天早上蒸了吃，年年高。」

「您這是，這是……」小張連忙捧了荷葉包，不知說什麼好。

外公笑了，說：「明天也不用一早來。熬了夜，明天必定起得晚。你要沒事呢，順腳來看看；有事呢，不用來了。出門可以坐電車。」

外婆說：「一言說定，不用來了。我們自己坐電車出門。過年，陪媳婦出去逛逛。」

「謝謝您二位。我明兒再瞧著辦吧！」小張說著，捧著荷葉包走了。

「得了，你們幾個跟我上廚房包餃子去吧！」老邢招呼媽媽和舅舅們。老邢孤身一人，沒有家，住外公家後院傭人房，所以今夜在這兒包餃子熬夜。

外公說：「你們去吧！我在這兒喝茶。」

廚房裡，老邢早準備好了麵粉、餃子餡，一人又滾皮，又包，一溜一溜把餃子擺在竹笸籮蓋上，一邊包一邊說：「知道嗎？關東人最會包餃子。」

媽媽問：「老邢，你怎麼跑進關來的？」

外婆叫了一聲：「琴丫！」

老邢說：「沒事，太太，已經一年多了，說說關東，也不那麼礙事了。日本人打過來了，我才跑進關。家裡還有人在關東呢，也正過年。我們關東人每年包餃子熬夜，家家戶戶都是一家人圍坐炕上包餃子說笑話。炕燒得暖暖和和，舒服得很！」

媽媽問：「包一夜嗎？那得包多少？」

老邢說：「就是包一夜，包好多好多，包夠一家人加親朋戚友三天吃的。」

外婆問：「放三天不會壞嗎？」

老邢說：「咱關東春節時分，冰天雪地。包好的餃子不煮，生著，一層一層放個大瓦缸裡，擱門外，一會兒，就全凍成冰疙瘩了。甭說三天，擱一個月也壞不了。熬完夜，初一初二初三，沒人做飯，都穿上新衣服出門拜年，你來我家，我上你家，到誰家都是煮餃子。主人家從大瓦缸裡取出一層凍硬的餃子，往開水鍋裡下，煮熟了，拜年的人一塊吃。」

外婆說：「所以那三天，人人都是頓頓吃餃子，走誰家都一樣。」

老邢說：「對了，舒服不過躺著，好吃不過餃子。過年就是天天吃餃子，能吃餃子就是過年。家家都吃餃子，所以有個比，誰家餃子好，誰家餃子賴。」

媽媽神往地說：「眞好玩，我們要是能去關東住兩年就好了。」

老邢說：「現在不行，東三省都讓日本鬼子占了。日本鬼子兇殘得很，殺咱們中國人不眨眼！等以後，把日本鬼子趕走了，我帶你們回我們老家住些時。我帶你們上長白山、挖人參、打貂鼠。長白山，三件寶，人參貂皮烏拉草。」

說著話，包著餃子，聽見客廳牆上大掛鐘敲過十二點。老邢便帶著媽媽舅舅們到院子裡放鞭炮，喊叫一陣，外婆高聲罵，才回屋睡下。

關了燈，外婆問外公：「你聽見了？老邢關東家裡還有人呢！」

外公說：「不知是誰？老婆？孩子？父母親？兄弟姐妹？」

外婆說：「我問過，他不肯說。不管是誰，都一樣，是親人。」

外公說：「明天我跟他說，每月多給他五塊錢。他攢起來，將來可以回家。」

外婆說：「我也這樣想。但願日本人不會打進關來。」

外公說：「早晚的事，日本人不會占了東三省就罷休。他們打上海，就是先兆。」

外婆說：「他們打進關來怎麼辦？」

外公說：「誰曉得，只有走著看。不過我相信，日本人如果占領了整個中國，中國人絕對沒有活路。我北京大學的教授當不成，琴丫幾個好日子也沒有了。」

外婆說：「那怎麼了得！」

外公說：「中國一定要抗日。不能讓日本人占了中國，作亡國奴不會有幸福生活；作日本順民不如死，不如抗日戰死，還光榮。」

外婆說：「說說容易！你要我幾個丫去從軍打仗麼？」

外公笑笑，說：「我沒有那意思，只是這麼個心情。」

四十九

第二年，日軍進了山海關。夜深人靜的時候，在北平有時能聽見遠遠日本飛機飛過的聲音。外公外婆決定全家搬到山西太原去躲一躲。伯公早已來北平，把鼎來舅接回武漢去了。外公一家坐火車到太原，然後外公獨自回北平教書，往返於平晉之間。

外婆帶著媽媽幾個，選租太原天地壇33號一所房子。媽媽和泰來舅上學，外婆在家除照看恆生舅，還做小衣服，送教堂分發小孩子，繼續燒粥在街上擺攤施捨。

媽媽和泰來舅兩人都轉學山西省立第一實驗小學，媽媽讀六年級，泰來舅讀四年級。開學頭一天，媽媽下午跑回家，把書包一摔，大叫：「我在上海北平念的課本，有圖有畫，又好看又好讀，還有法國課本的翻譯。這裡小學，念《三字經》，一句也不懂。爸爸說過，《三字經》是天底下最枯燥的兒童讀物，他從小就不喜歡。」

外婆說：「學校念什麼，你念什麼。」

媽媽說：「這裡學校每節課老師都要打學生手板。兩個住校生，偷出校門買吃食，今天早上，全校早會上打手板、罰跪，嚇死人了！」

外婆說：「學生不聽話，老師當然要管教。」

媽媽說：「我們班上一共只兩個女生。他們說，太原城裡，過了十歲還上學的女生很少，十幾歲的女青年還有許多裹小腳，眞奇怪！」

四五天後，媽媽認識了班上另外那個女生袁敏，十五歲了，總是面帶愁容，低眉順眼，心事重重。課間，兩個小姑娘並肩一處說話。

媽媽問：「你不快活嗎？」袁敏不說話，低著頭。

「我有北平帶來的果丹皮，你吃過嗎？」媽媽又問，袁敏又搖搖頭。

媽媽說：「果丹皮只有北平才有。你嘗一點，用果子做的，放在嘴裡自然就化了。」

袁敏轉過頭，望著媽媽。媽媽撕下一塊果丹皮給袁敏，袁敏接過，放在嘴裡嘗，眼睛亮起來，臉上有了一絲笑容。媽媽問：「好吃嗎？」袁敏點點頭。

「你喜歡，我明天再帶一點來，我從北平帶來好多。」媽媽說。

袁敏說：「我明天給你帶娘做的黃米糕。」

媽媽說：「你明天可以到我家去玩嗎？我有很多好看的書。」

袁敏說：「我不能去，我得幹活。」

媽媽說：「幹什麼活？」

袁敏說：「在家幫娘做活，納鞋底子、縫衣服，還餵豬。娘說，女人要會做，將來好嫁人。」

媽媽說：「你讀書識字，還怕嫁不了人嗎？」

袁敏說：「不做活，爹會打。」媽媽不說話了，看著袁敏，想不出她的父母什麼樣子。

袁敏從書包裡掏出一塊綢子，給媽媽看，一邊說：「這是我自己繡的，好看嗎？」

那是一塊淡藍色的綢子，好像一片晴朗天空。袁敏繡的兩隻鳥在飛翔。鳥身上五顏六色，頭上有鳳冠，黃黃的嘴，黑黑的眼，展開寬寬的翅膀，長長的尾巴打著彎，一隻在前，飛得高，轉回頭來望；後面一隻飛得低，仰著頭追。鳥兒身下橫著一枝樹花，碧綠的葉子，銀白色的花。

媽媽問：「這是什麼花？像半開的小扇子。」

袁敏說：「那叫銀杏。我家後院有一棵，可好看了。我喜歡坐到樹下，望著銀杏花想事。」

媽媽問：「這是什麼鳥？我從來沒見過！」

袁敏說：「沒名。沒有這種鳥，是我自己想出來繡上去的。」

媽媽說：「眞好看！你眞會想，這鳥有一個是你吧？」

袁敏臉紅了，扭著頭不說話。

媽媽問：「另一個呢？是誰？」

「我不知道，我只是憑空裡想的。」袁敏說著，臉更紅了。

媽媽問：「哪一個是你呢？前面的還是後面的？」袁敏快快拿手一指。媽媽沒看淸她指的是前面一個，還是後面一個。也許她想指前面的一個，可是又要指後面的一個。

媽媽說：「你手眞巧，我就不會繡。」

袁敏說：「你喜歡，這個送給你好了。」

媽媽說：「爲什麼？」

袁敏說：「學校裡從來沒有一個人跟我說話。」

媽媽說：「你娘知道了，要罵你。」

袁敏說：「娘不知道，我偷偷繡的。娘只許我照著圖繡，不讓我自己想著繡。」

媽媽說：「你繡了好半天，我不能要。」

袁敏說：「我會繡，以後還可以繡更多。」

媽媽想了想，還是堅決把那塊綢子還到袁敏手裡，說：「我回家問了姆媽再說吧！」

袁敏收起綢子，答應說：「好吧，明天我再給你。我得走了，我還得去幹活。」

媽媽點點頭。袁敏每天要給別班的一個老師鋪床疊被倒痰盂，她說這老師是她的親戚。

第二天，上課的時候，袁敏沒到教室來。媽媽坐在自己座位上，望著袁敏的空桌子發愣。老師走進來，說：「大家上自習，老師有事出去一下。」說完就走掉了。

接著，教室外面亂起來，到處是人聲，同學們都站到窗口張望。醫院救護車開了來，停在校門口，穿白衣的醫生護士跑來跑去。幾個穿黑衣褲的人跑來，站在校園當中跳腳哭罵。校長主任跑出來，把他們拉到辦公室裡。有認識的同學說，那些人裡有袁敏的父母。

媽媽是新轉來的學生，又是女生，沒人跟她說話。幾個年紀大些的男生跑出教室去打聽，又跑回來，擠在一堆擠眉弄眼。媽媽過去問，他們告訴她：袁敏死了，在她那個親戚老師屋裡上吊死了。一個男生又加一句：那個老師把她糟蹋了。班裡同學聽了，都跑出去看。

教室裡空了，只剩媽媽一人，心裡害怕，慢慢走回自己課桌邊坐下。忽然她的手在課桌裡碰到一個小紙包，取出來打開，是昨天袁敏說要送給她的那塊綢子。兩隻夢想出來的鳥兒仍在飛，銀杏樹仍然開著美麗的花。媽媽心裡一陣難過，趴在課桌上哭起來。

不知過了多久，一個男生衝進教室拿書包，對媽媽喊：「學校今天已經放學，還不回家！」

媽媽趕緊把那塊綢子塞在書包裡，走出學校。回到家，把袁敏的事講給外婆聽，又拿綢子給外婆看，哭著嚷：「我不要去學校！我不要再去那個學校！」

第二天第三天，外婆沒有讓媽媽去學校，在家跟外婆學繡綢子。媽媽也想能像袁敏一樣，把夢想繡到綢子上去。第四天，媽媽又上學去了。事情好像全過去了，學校裡一切照常。袁敏的父母沒有再來學校吵鬧，校長老師絕口不提這件事。袁敏的親戚老師仍舊每天拿戒尺打學生。現在班裡只剩媽媽一個女生，她再也找不到人說話。

媽媽只能找泰來舅說話，可是泰來舅一天到晚只說一件事，就是學校的學生鼓號隊。鼓號隊裡都是高高大大的男生，每天課前課後在操場練習，排隊走步，精神抖擻，威武雄壯。媽媽是女生，不能參加。泰來舅說，等到五年級，他也要參加鼓號隊，去打最大的那種鼓。

時間久了，媽媽慢慢適應了太原的學校。上海和北平的學校裡，老師們常常談論國家大事，比如日本人侵略東北，北伐戰爭的意義。太原的學校，每日除了背《三字經》，不做別的什麼。寫作文，同學們只會寫家裡吃了新買的老陳醋，或者爺爺從鄉下進城來過年之類。

媽媽寫了一篇作文，講她在北平，學校老師同學們一塊到街上去撒抗日傳單的情況。老師看了，拿到校刊上發表。那以後，媽媽每篇作文都寫她十年生命中，跟隨外公外婆南北輾轉的經歷，篇篇都在校刊上登出來。只三個月，媽媽在學校裡成了大名人。太原的同學沒人有過那般經歷，都對媽媽十分景仰。老師誇，同學敬，男生們也都找她說話。泰來舅因爲媽媽的名氣，提前參加了鼓號隊，對媽媽千恩萬謝。

四月份北京大學放春假，外公從北平到太原。剛進家門，媽媽和泰來舅也都放學跑回來，圍住外公，爭講學校的事。媽媽拿出校刊，翻到自己文章，指給外公看。泰來舅在堂屋裡學鼓號隊走路，講解鼓號隊各種走法。外公看兩人在學校都不錯，尤其媽媽一副志得意滿的樣子，很高興，說：「後天星期天，我們一家到晉祠去春遊。」

媽媽在學校已經聽好多人說過晉祠，曉得那裡很好玩，便問：「晉祠離太原五十里路。我們不能回來吃中飯，所以要在那裡野餐。」

外公說：「當然。」

媽媽拍手叫：「我們要煮茶燒蛋！我最愛吃茶燒蛋。」

泰來舅也叫：「我要吃叉燒肉。」

外婆揮著手叫喊：「都有，都有。快去做功課，一會吃晚飯。」

太原學校的功課容易，比上海北平學校功課差遠了。媽媽幾筆就做完，然後假裝看書，側著耳朵聽外公外婆在外間屋說話。

「北平還算安靜麼？」外婆問，一邊餵恆生舅吃雞蛋羹。

外公說：「還好。」

外婆說：「我們不在，你自然演講得更多。」

「那還不是要看有沒有人請。沒人請，想講，也沒地方去講。」外公說。

外婆說：「你不要到處惹是生非。ㄚ們都大了，給他們顧點臉面，我肚裡這個又快出世了！屋裡一大群，大的大，小的小。我也沒那麼大氣力管你的事，你要自己當心。」

外公說：「這我自然曉得。什麼時候生？」

外婆說：「大概六七月。」

外公說：「我正好放暑假，可以回來。那時看，如果北平還是這樣子，我們可以回去。」

媽媽聽了，心裡一跳。她今年夏天小學畢業，回到北平，該上中學了。外公說過，一上中學，就給她買一輛腳踏車。她就可以騎車去頤和園看玉蘭花，她最愛看玉蘭花，以後可以每年去看。她也可以騎車到香山去看紅葉，去櫻桃溝看溪水，去卧佛寺看那個短身體大腳掌的卧佛。媽媽恨不能明天就是夏天，明天就能夠回北平去。媽媽想自己心事，漏聽一段外公的談話。

「……哪天收到的？」外婆在問。

外公說：「禮拜一。南京教育部直接發的。我還沒有回覆，跟你商量一下再答覆。不過明天最好先回個電報，如果我本週內不答應到南京去談話，王部長計畫下禮拜專門到北平跟我談。他來了，我不好面辭。」

外婆問：「你不要回湖北？畢竟是老家，我可以在天涯海角流浪，葉落總還是要歸根。」

外公說：「回湖北是一回事，當湖北省教育廳廳長是另一回事。」

外婆說：「翼聖大哥也在湖北當廳長。」

外公說：「他當交通廳長。」

外婆說：「兄弟兩個都在湖北當廳長，要挨罵吧？湖北不是姓陶的天下。」

外公說：「我也想過，也許有這個問題。不過，廣東請大哥去當廣東省交通廳長，開工修築粵漢鐵路，馬上就要走了。其實，就算他不離開，我回去當教育廳長，別人也用不著說三道四，湖北有人比大哥做得更好的麼?誰有本事誰來做，大哥做的土木工程有目共睹。」

外婆說：「用不著弟弟誇哥哥。」

外公說：「要當官，早就當了!幾年前我辭了南京中央政府的官，現在會去當湖北省裡的官麼?我不要當官，也不會當官。學也學不來，還是不當爲是。」

外婆不相信地問：「你會心甘情願當一輩子教授?」

外公說：「在北京大學當系主任，還兼清華、師大幾個大學講座教授，像我這樣的書生，就到極頂了。」

外婆說：「所以我問，你以後怎樣?甘心一輩子這樣麼?」

外公說：「只要兒女們能過好日子，我自然一輩子做下去。我現在就給南京政府回話好了，第一，我不能夠離開母校教席。第二，你要生產，我不能離開，需留太原照料。」

第二天，一家人春遊到晉祠，從中間大門走進去，過水鏡台，經會仙橋，越金人台，走對越坊，穿獻殿，觀鐘鼓樓，而後進聖母殿。這聖母殿是全祠主體，建築雄偉，飛簷流彩，金碧輝煌。殿前有宋代修建的一座古橋，名魚沼飛樑，形狀典雅大方，造型奇特。殿右一棵千年古樹，稱卧龍周柏。聖母殿內，寬大疏朗，內存宋代彩塑侍女像四十三尊，形象逼眞，造型生動，情態各異，栩栩如生。祠的北邊部分，從文昌宮起，有東岳祠、關帝廟、三清祠、唐叔祠、朝陽洞、待鳳軒、三台閣、讀書台，和呂祖閣。這晉祠本在甕懸山下，這一側亭台樓閣，順著地勢一層一層錯綜排列，座落有致。祠的南部則有勝瀛樓、白鶴亭、三聖祠、眞趣亭、難老泉亭、水母樓、公輸子祠。這裡泉水纏繞，清可見人，很有江南風韻。

轉到下午，肚子都餓了，一家人便坐在清清泉水邊的地上吃野餐。外公邊吃邊轉動著頭，張望四周，說：「那邊還有一座十方奉聖禪寺，說是唐代開國大將尉遲恭的別墅，等等我們去看看。還有北面，有個浮屠院，內有舍利生塔一座，也很有名。」

媽媽問：「晉祠是佛教嗎？」

外公笑說：「不是，這晉祠原是爲晉國開國君主姬虞所建，所以有聖母殿。姬虞是周武王的次子，周成王的胞弟，這祠少說也有兩三千年了。由於中國歷史悠久，文化豐富，這樣的古老建築，都會混雜許多宗教文化，比如晉祠裡面建有三清祠，那是道教的廟堂，有所謂禪寺和舍利之稱，便是佛教的去處。再往西南，那天龍山石窟，上有近九公尺之高的釋加牟尼像，才完全是佛教聖地。要說這佛教呢，我倒是仔細研究過的。」

外婆抱了恆生舅，去玩泉水，外公一講宗教文化，便止不住了。

外公果然講起來：「我中學時在河南太家公官府裡住，念過佛教的《愣嚴經》和《大乘起信論》。太家公去世，我在家居喪七七四十九天，誦讀《法華經》、《圓覺經》、《阿彌陀經》、《愣迦經》、《成唯識論》、《中論》、《百論》、《十二門論》、《大智度論》等等，還手抄過《金剛經》……」

媽媽忽然說：「我不要回北平。」

五十

媽媽跟著外公外婆搬回北平，是一九三三年夏末秋初。

外公拒絕了任湖北教育廳長的聘請。六月，我的四舅出生，取名晉生，外公正好在太原。當時北京大學沒有放暑假，可日本人突然打進山海關，天津北平一片驚惶，都怕馬上要打仗，能逃出平津的都逃了，北京大學便也關門放假，各自外逃。到八月中旬，北平安安靜靜，什麼事都沒發生，日本人並沒有要打北平的意思。北京大學秋季又開學，外公外婆一家搬回北平。

還是住學院胡同的房子，還是老邢做炸醬拉麵，還是小張拉洋車。泰來舅進鮑家街小學讀五年級。媽媽沒趕上北平中學會考，只好參加志成中學第四次招生考試，上了志成。發榜當天，媽媽便纏著外公上街去買腳踏車。西四牌樓有個很大的腳踏車店，父女兩人坐小張的洋車，奔去那裡。路上外公說：「琴ㄚ，上中學就不是小孩子了。」

媽媽說：「我曉得，我會用功。」

外公說：「你很聰明，創造力和想像力很強，你可以做一個文學家，寫很多小說。」

媽媽說：「我寫的作文已經在志成中學校刊上發表了。」

外公說：「是嗎？帶回家來我看看。」

媽媽說：「我寫的是太原同學袁敏的事，她很可憐。」

外公說：「我聽姆媽講了！內陸省份，還很落後。你們在上海北平長大，算有福氣。」

媽媽說：「我的文章也可以在你的《食貨》上發表。」

外公笑起來，說：「你的文章不可以在《食貨》上發表，《食貨》發表的文章都是史論，不是文學。不過，你的文章如果寫得好，我可以幫你找到報紙去發表。」

媽媽說：「你答應了的，你記牢呵！」

外公說：「要寫好才可以。我在安慶時，有個朋友叫郁達夫，是個文學家，寫過很多小說。」

媽媽說：「我念過他寫的書。同學有。不過，我要像你一樣當教授，還要寫小說。」

外公說：「那就像謝冰心了，而且她也是女性。」

媽媽說：「我也念過她的文章，念過她的身世。我長大要做她的學生，做她一樣的人。」

外公說：「有志氣！我們一定盡全力支持你。要做謝冰心，早晚要出國一次才好。」

媽媽說：「我想過了，我要出國留學。」

外公說：「爸爸這一生只一件恨事——沒有出過國。」

媽媽說：「現在遲了嗎？」

外公說：「遲了。家裡人一大堆，我年紀也大了。再說，我已經做到北京大學系主任，再出國有什麼意義，回來也仍不過如此而已。我只是抱憾，年輕時沒出過國，總覺缺少一點。」

小張停下洋車，擦著脖頸裡的汗，說：「先生，到了。」

媽媽一蹦跳下車。外公邁腿下洋車，還繼續說：「所以，爸爸希望你、泰丫、恆丫、晉丫幾個，將來都能出國留學。學成之後回國來，到北京大學、清華大學當教授。」

「我一定會。」媽媽站在馬路上答應著，轉身去看那家店。

店不小，大大的玻璃窗上掛著一輛明光閃閃的腳踏車，讓人看了眼紅。走進店去，更是擺滿腳踏車，裡邊幾個架子，全是各種各樣腳踏車零件。兩個人蹲在角落裡，組裝一輛腳踏車。一個年輕店員走來，陪著笑臉問：「先生小姐，想買什麼？」

外公答說：「給小女買部車。」

店員說：「小姐這樣身材，原應騎一部二十四寸的車子，不過再長兩歲呢，就會覺得小了，不免又得買一部大的。所以現在買一部二十六寸，這兩年騎或許略顯大了些，可是過兩年騎上正好，再長大些還可以騎，不一定要買二十八寸。反正女士個子小，二十六寸可以騎一輩子。」

外公說：「你說這些，我們一點不懂，你給我們看看就是。」

店員說：「呵，車子的尺寸按照車箍轆直徑說。眼下車子都是外國進口，所以都按外國尺寸標明，二十四英寸、二十六英寸，或者二十八英寸。樣式很多，小姐當然要騎女式車。這一輛就是女式車，前面大樑是彎的。小姐上下車比較方便，從前面一蹁腿就上去了。騎男式車，大樑直，從前面上不去，非得從後面跨上去，對小姐來說，不夠方便。如果小姐穿條裙子，怎麼能在大街上朝後撩起大腿來呢？要是穿件旗袍，要撩也撩不開。」

「誰穿了旗袍還騎腳踏車?穿旗袍的大概都坐洋車了。」外公笑起來說。

店員說:「那可說不定,小姐學校裡有個什麼活動,非穿旗袍不可。先生的洋車不在家,送先生辦公去了。大街上叫車一時叫不到,小姐的活動到點了,您說怎麼辦?」

「好了,好了,麻煩事全讓她碰到了!」外公笑出了聲。

店員引外公媽媽走到一邊介紹:「這是賽車,箍轆窄點,車把朝下,騎上不頂風。小姐騎著上街不合適,不像大家閨秀。您二位這邊瞧,這兩排車最合適小姐騎,瞧著挑就得了。」

外公問:「什麼牌子好?」

媽媽說:「我知道。」

店員說:「就是,小姐在學校整天看人家騎車,早琢磨上了。這幾輛是英國鳳頭車,那是世界有名的。這裡幾輛是三槍牌,您看這商標,多貴族,也是英國造。這邊是法國車,沒中國名,菲利浦,您聽這發音,外國味兒的,重音得在頭個字菲上,拉長了,您聽,菲利浦,多來勁!您要說重了那個浦字,就砸了,就不像法國話了。」

外公搖搖頭,沒說話,覺得這店員貧得有點過分。

店員指著另外幾輛,說:「那幾輛是本店新到,日本車,是⋯」

外公打斷他說:「日本貨,不買。」

店員忙說:「是,是。先生不喜歡日本東西。這日本東西呢,小巧是小巧,有時候顯得小氣。嗨,島國嘛,彈丸之地,心胸小點,眼界小點,講究插個花兒弄個水兒什麼的,不像咱漢唐大國國民,咱這兒有什麼樣的山水呢⋯⋯」

外公打斷店員的話，轉頭問媽媽：「琴丫，你說要哪個牌子？」

媽媽看了店員一眼，對外公說：「我上中學了，不要再叫丫了，又不是還在陶盛樓。」

外公笑了，答應道：「好吧，我跟姆媽講一聲，丫們一上中學，就不叫丫了。那麼，琴丫……琴薰，你要哪個牌子？」

媽媽樂了，眉飛色舞說：「我要鳳頭。」

那店員忙說：「好眼力，好眼力！鳳頭，聽牌子就適合小姐女士。誰家閨秀愛玩槍，三槍是給小夥子們玩的。小姐要什麼顏色？」

「大紅的太艷，乳白的太素，蛋黃的不好看，這輛不錯。」媽媽挨著個，一輛一輛看。

店員說：「小姐會畫畫吧，懂得配色兒。這種鮮亮的翠綠現在最時髦，不扎眼，可引人，與眾不同，您騎在街上，跟電影明星似的，您就抖去吧！您再看這上面漆得玫瑰紅鳳頭，多少條五彩線，曲裡拐彎，多精緻。車身上配著綠，還有這麼些彩條，多……」

外公說：「好了，買了吧！」

店員說：「小姐再買一副配套的車把套、車座套、車燈、打氣筒，請二位這邊瞧。」

花了半個多鐘頭，總算把一切都買齊了。怎麼拿回家呢？得了，把新車擱洋車上拉著回家，外公媽媽自己搭電車走。那個店員眉開眼笑，幫著把新車包裝好，免得搬運的時候磕著碰著，然後舉著出店門，跟小張兩個，小心翼翼把車放到洋車座位上，拿繩綁結實了。

「回頭見！」小張拉上車，朝外公招著手，跑走了。

外公說：「還早，我們到西單牌樓走走。」

剛過馬路，一輛電車叮鈴咚隆壓著鐵軌開過來，外公和媽媽趕緊跑幾步，拉著車把，跳上去。從西四牌樓到西單牌樓沒幾站就到了。跳下電車，外公左右看看，說：「我記得大木倉口上，有一家上海商業儲蓄銀行。呵，在那邊，看見了嗎？那是一家大銀行，信用好，開銀行還得靠上海人。」

媽媽沒說話，跟著外公走進銀行。裡面廳堂很大，高高的屋頂掛著吊燈。北京不像上海，不鋪木頭地板，都是花磚地，又亮又滑。一邊是些辦公桌，一些沙發，幾個人坐在桌後辦公。另一邊是一排櫃台，上面是玻璃窗，窗上有小洞，窗後站著小姐。

「那邊櫃台是存錢取錢的，我們不去。」外公說著走到一個辦公桌旁。桌後的先生抬起頭，問：「先生要幹什麼？」還是地道北平口音，不是上海人。他穿一件有些舊的藍長衫，兩肘都打了補釘。頭髮在頭頂中間分開，梳到兩邊，戴一副茶色圓形眼鏡。

外公說：「我想開個定期存款。」

「這好辦，請坐！」辦事員站起身，伸著手請外公坐。

三個人都坐下之後，辦事員問，「先生想定期多少年呢？」

外公說：「十年。」

辦事員說：「十年定期的利率最高。先生要存多少？」

外公說：「十年以後，要取到一萬塊。你算一下，按照利率，我現在開戶得存多少？」

「請等一等，」辦事員把手裡的算盤撥得劈劈啪啪響。過了幾分鐘，抬頭笑著對外公說：「按照現在的利率，您先生現在開戶放下三千塊，十年以後就可以取出一萬塊錢了。」

外公低下頭略微想了一想，又抬頭說：「那可以。」

辦事員問：「先生今天就開戶嗎？」

外公說：「我現在手上沒有現款，如果你們能夠從我的銀行裡轉過款來，我今天開戶。轉不過來，我去取了銀行匯票再來開戶。」

辦事員說：「這個……先生請坐，我得去問問。」

外公說：「本來沒想辦這事，走到這裡，順便來問問。」

那辦事員朝外公點點頭，笑笑，走開去。

外公小聲對媽媽說：「這個戶頭是給你開的。你不夠年齡，我們兩個人合開。現在存進去三千塊錢，十年以後，你剛好大學畢業，可以取出一萬塊錢，送給你出國留學。」

媽媽才明白，外公這半天一直想著剛才的談話，所以決定來給媽媽開個存款帳戶。外公把出洋留學的熱情和希望，都放在媽媽身上了。媽媽心裡感動，不知該如何表示。

「先生，非常抱歉，」辦事員回來了，對外公拱著手，說，「敝行現在還沒有能力從別家銀行轉款。先生還得麻煩，先去貴銀行取出匯票送來，才可以給先生開戶。實在抱歉！」

外公說：「我想到的。我也是突發奇想，就走來了。反正圖章也沒有帶，總歸辦不成，沒什麼。我過兩日，拿到匯票再來好了。」

辦事員說：「不過，我可以現在替先生開個虛戶，鎖住今天的利率。您知道，銀行利率每天變動，要是低下來，您就不合算了。」

外公說：「那也好。這樣我必須幾天以內拿匯票來呢？」

辦事員說：「一星期之內都可以。先生請先把這張表塡好，我存起檔來就好了。」

外公一邊接過表格，一邊問：「我是給小女開這個戶，可以用她一個人的名字開嗎？」

辦事員說：「必須要十八歲才可以獨立開戶。您還是父女兩人合開這個戶頭比較好些。」

「我也這樣想。」外公說完，幾下子就把表塡好了，還給辦事員。

辦事員看了看，又把表遞過來，說：「陶小姐也必須在這裡簽個名。這樣呢，陶小姐十八歲以前一個人簽名不能取款，取錢的時候，一定要請您們二位一起來，都簽了名，才能取出錢來。陶小姐十八歲以後，就可以獨自簽名取錢了。」

外公說：「這樣很好。」媽媽接過表，在上面寫好自己的名字。

辦事員又把表看了一遍，拿筆在上面寫了幾行字，又在表格上端貼上一個小號碼，對外公說：「這是您的帳號，請記好，下次送匯票，說這個號碼就可以開戶了。」

外公說：「我哪裡記得住這樣長的號碼，你給我寫個紙條，我帶上好不好？」

「當然，當然。」那辦事員在桌上取個紙條，寫下號碼，遞給外公，一邊還說，「您不記得也沒關係，說您的姓名也查得到。」

外公說：「好了，我一兩天裡再來好了。」

辦事員站起身，跟外公兩個人相對拱手，一邊說：「回頭見，陶先生。敝姓周，下次您來，還是找我最方便。」

外公說：「再見，周先生，謝謝你。」

周先生說：「慢走，慢走。」

外公領著媽媽走出銀行，繼續往南走。外公說：「我還沒跟姆媽商量過。不過我想，這種事，凡爲了你們前途的事，姆媽都是一口答應，沒有二話……」

這樣說著話，不小心迎面撞到人身上。外公後退一步，定睛細看，大喝一聲：「你呀！」

五十一

爲了不搬到愚園路去，外婆只得求見汪精衛夫人陳璧君，說話間，一位副官走進來送文件，看到外婆，大吃一驚，被陳璧君看到。那是一九四〇年一月十二日。

陳璧君眼裡噴火，站起身來，說：「什麼親戚！她是陶太太！」

副官慌了，回答：「報告，每次這……位太太都說是陶先生親戚，怎麼又是陶太太呢？」

陳璧君問：「那麼這位陶小姐見過麼？」

副官看媽媽一眼，回答：「報告汪夫人，這位陶小姐，倒是見過。」

陳璧君揮揮手說：「好了，你去吧！」

「是。」副官又立正敬禮，然後走出客廳，還又回頭望了外婆一眼。

「好了，你講講是怎麼回事吧！」陳璧君慢慢坐回到椅子上，兩手在胸前交叉起來，盯著外婆，嚴厲地問，「你到底是什麼人？你是陶太太，還是陶先生的親戚？」

外婆回答：「我講過了，我是陶太太。」

陳璧君問：「爲什麼你在陶家隱名埋姓？是不是有特別使命，在陶先生家做政治工作？」

外婆答道：「我是個鄉下女人，只知燒飯、洗衣服、養孩子，不懂政治，所以不要參與希聖的工作，不想讓外人曉得。找希聖的人到了，我便躲開；躲不開，就說是親戚，免得多事。」

陳璧君上下打量外婆幾次，相信了外婆的話，說：「好吧，暫且算你說得對。等一會汪先生下樓來，自然認得。汪先生見過陶太太。」

外婆說：「是，在安南的時候，汪先生來，我給汪先生煮麵吃。」

陳璧君點點頭，哼一聲，說：「好了，請坐下講話吧！」

外婆拉媽媽一同坐到旁邊的紅木椅上，邊說：「謝謝汪夫人。」

陳璧君又哼一聲說：「你可曉得，我陳璧君是經過大風大浪的人？」

此話一點不假。陳璧君生於馬來西亞檳榔嶼，父親是新加坡橡膠業華僑富商。一九〇六年汪精衛受孫中山之命，奔走南洋，鼓吹革命。陳璧君對汪精衛一見傾心，投資支持汪精衛在南洋籌辦《中興日報》，隨後加入同盟會，獻身民國革命。一九〇九年陳璧君在日本參加汪精衛刺殺清攝政王活動，並與汪精衛一起赴京舉事。行刺失敗，汪精衛入獄，陳璧君曾幾度要以身相殉。又爲營救汪精衛多方奔走，數次探獄，秘密聯絡。直到民國建立，汪精衛出獄，才到上海與陳璧君結婚，也可謂同生共死幾十年。陳璧君問：「希聖要走到那裡去，如實告訴我。」

外婆說：「他既然已經跟隨汪先生從重慶出來，就不能夠再回重慶。他現在是在香港。」

陳璧君得意地點點頭說：「他當然是在香港，電報已經發到了。」

外婆和媽媽聽了，打個寒噤。外公的通訊聯繫，七十六號也檢查。幸虧他們小心，沒有在信件和電報中講什麼話，否則早死定了。

陳璧君說：「可不可以派他的學生，到香港去找他回來？」

外婆說：「我想，派他的學生去，恐怕做不到。聽說他現在在香港，跟高宗武先生住在一起，還有一位黃先生也住在那裡。他的學生去，可以見到他，但是不能把希聖跟他們兩人分開，所以也不能商量什麼事，更不能想辦法把希聖引出香港。只有我自己去，才可以讓希聖出來，跟我一起住，先分開他們，再慢慢勸他回來。」

陳璧君聽了，說：「你去香港見他這件事，要問汪先生才可以決定，我不能做主。」

外婆說：「謝謝汪夫人通報一聲。」

陳璧君說：「陶太太來了半天，沒喝一口茶，實在怠慢。來人，給陶太太上茶。」

門外人應：「是。」隨即一個女傭低著頭，手捧茶盤走來，放到外婆和媽媽中間的茶几上。

外婆忙站起身，說：「謝謝汪夫人，這樣禮遇，我從來沒有受過，實在不敢當。」

陳璧君笑著說：「汪先生與陶先生幾十年生死與共，不講客氣。陶太太搬來上海以前，陶先生住在隔壁房子裡，每天在我家裡跟汪先生一起共進早餐，幫我們分析天下大事，受益匪淺。陶先生那樣學問好，離開了去，汪先生實在捨不得。」

外婆聽了，不說話。女傭把兩個茶杯放下，倒了茶，香噴噴的。

陳璧君看著女傭做完，說：「你下去吧，陶太太要添茶，再喚你。」

女傭答應一聲：「是，夫人。」仍舊低頭端著茶盤，倒退出去。

陳璧君擺擺手，說：「陶太太，請坐呀！我這可是正宗的龍井，西湖虎跑泉運來的水。」

正說這話，汪精衛走下樓梯來，邊笑說：「什麼貴客呀？在這裡誇我的茶。」

媽媽抬頭一見，不禁一驚。她在武漢見過一次汪精衛。那時汪先生紅光滿面，精神抖擻，穿著北伐軍裝，威風凜凜。眼下汪先生像換了一人，雖然容貌依然俊秀端莊，但臉色蒼老疲倦。頭髮梳得整齊，兩鬢花白。眼裡佈滿血絲，透著無限的憂鬱。他穿著黑灰色的西裝，打著紅色領帶，一雙黑亮的皮鞋在樓梯上答答作響。媽媽不明白，汪先生這樣的英雄豪傑，爲什麼會走到這一步，乃至外公決意離開了他。

汪精衛下樓，看到外婆，笑著說：「哦，陶太太果然來了。」

外婆忙站起來，彎腰道個萬福，說：「汪先生好。」

汪精衛說：「呵，陶小姐也來了。」

外婆拉媽媽一把，說：「快給汪先生請安。」

媽媽低頭站著，說：「汪先生好。」

汪精衛擺擺手，說：「請坐，請坐，不要站著。」

陳璧君說：「剛給陶太太上茶，還沒有喝進嘴，被你打斷。」

汪精衛在一把椅上坐下，說：「龍井茶自然天下第一，自元代始，已經名揚四海。元虞伯生專門爲龍井茶寫了一首詩：烹煎黃金芽，不取谷雨後，同來二三子，三咽不忍漱。乾隆爺幾下江南，愛這龍井茶，下諭把龍井列作貢品。」

陳璧君說：「陶太太不要見怪，汪先生說起茶道，停不下來。」

外婆說：「希聖常在家裡感嘆，汪先生儒生世代，家學深厚，品茶吟詩，令人稱羨。」

陳璧君說：「陶太太讀過書麼？」

外婆忙說：「鄉下婦人，哪裡讀過書？這些都是希聖原話，常在家裡念叨，便記住了，學得不像，讓汪先生汪夫人見笑。」

汪精衛點點頭，接著講：「雖然同稱西湖龍井名茶，實則又細分獅、龍、雲、虎四種，指獅峰、龍井、雲栖和虎跑四地所產之茶。其中以獅峰龍井最爲上乘，色綠、香郁、形美、味甘，人稱四絕。據說清明前後，獅峰龍井一帶，滿山茶樹青翠欲滴，芳香馥郁。加以採茶女子歡歌笑語，出沒茶叢之間，想來眞美景也。」

陳璧君再次說：「人家陶太太來這裡，不是來聽你講茶經的。」

汪精衛這才停下話，轉過頭來，哦哦兩聲。

陳璧君又說：「我和陶太太剛才在商談如何把陶先生請回上海。」

汪精衛聽了，連連點頭，說：「希聖兄一定要回來，一定要回來。」

陳璧君說：「陶太太說，必得她親自去才可以。這事要你決定。」

汪精衛站起身，兩手背在後面，走到外婆面前站住，盯著外婆看了一會，說：「陶太太，你自己去，有把握能勸希聖兄回上海麼？」

外婆忙站起身，答道：「我想，我叫他，他會回來。」

汪精衛好像在思索，站著，沒有說話。

外婆說：「但有幾件事要說明白。」

「什麼條件，我都可以答應——只要他回來。」汪精衛說著，轉身坐回椅上，聽外婆說話。

外婆說：「他提過，他與別人爭執得厲害，不願住愚園路。」

汪精衛立刻手一揮，說：「可以，只要他回上海，就住你公館，或者另找個住宅都可以。」

外婆說：「今天七十六號派了人，要把我們搬到愚園路。現在大卡車還停在我家門口。」

「這是誰下的令？」汪精衛轉頭，看看陳璧君。

陳璧君聳聳肩，表示不知道。汪精衛便高聲叫：「來人！」

門外一聲應：「有。」副官兩步跨進門，望著汪精衛，立正敬禮。

汪精衛說：「傳我的話，陶先生就要回來了，還住環龍路公館，不搬家。查清楚，誰出的主意，要強迫陶太太搬家，回來報告。這樣不尊重陶先生，我要重重處罰。」

「是。」副官答了一聲，又立正敬禮，轉身大步走出。

汪精衛對外婆說：「我對希聖兄一直非常敬重，手下人如有過失，還請陶太太寬諒才好。」

外婆忙說：「汪先生不必過慮，希聖對汪先生多少年一直很崇拜。這點小事，沒什麼。」

汪精衛說：「陶太太請繼續講，還有什麼條件。」

外婆說：「希聖聽說七十六號要殺他，殺了以後再開追悼會。」

汪精衛聽了，有點激動，站起身，白白的臉上泛出紅色，說：「沒有的事，他們不敢！他們怎麼敢對希聖兄下手？你如果不相信，我派親信衛隊保護希聖兄，可以麼？你說需要幾個人？」

外婆好像有些猶豫，一隻手放在茶几上，微微發抖。媽媽坐在旁邊，由不得轉頭看看外婆。

「還有什麼條件，陶太太請儘管提。」陳璧君確實眼力敏銳，看出外婆的不安，慢慢勸說，「只要陶先生能夠回到上海，繼續跟汪先生一道工作，汪先生一定尊重陶先生的意見。」

外婆終於說：「還有一條，他說過他不要簽字，不曉得簽什麼字？」

「這個，」汪精衛有點猶豫，在客廳裡踱步，不走地毯，皮鞋在木地板上答答地響。

陳璧君在一邊插話，說：「只要陶先生回來了，什麼都可以商量。」

「是的，只要希聖兄回來，什麼都好說，好說。」汪精衛停住踱步，點著頭，對外婆說。

外婆看陳璧君一眼。這女人確實不好惹，她對汪精衛有影響力。

這時，門外又聽一聲：「報告。」

汪精衛應：「進來。」

那個副官又走進來，遞給汪精衛一封信，然後敬禮，走出去客廳。

汪精衛打開信，讀過之後臉色大變，急步過來，說：「希聖兄的信，你讀讀。」

外婆不接信，說：「我不識字。」

汪精衛轉身踱步，說：「希聖兄要求我們保護你一家人的安全，否則，他只有走極端。」

外婆問：「怎樣走極端？」

汪精衛走回到外婆面前，站住腳，不眨眼地盯住外婆看，想看明白，外婆是真的不明白，還是在作戲。最後他嘆口氣，轉過身，慢慢踱著步，說：「他會公開講話，說出上海的事情。」

外婆馬上站起身來，說：「如果這樣，事不宜遲，我最好馬上去勸他回來。若是遲幾日，他一句話講出去，收不回來，我去也無用了。」

陳璧君也站起身，正要說什麼，汪精衛先開了口說：「好，我派你馬上出發。到香港後，一個星期內，給我個準信。陶太太，等一等。」

汪精衛說完，快步上樓去了。陳璧君看著外婆問：「你怎樣去法？一家都去嗎？」

外婆看著她，不大明白。

陳璧君看看媽媽，說：「這樣吧，你帶兩個小的一同去。三個大孩子，留在上海上學吧！」

媽媽一聽，頭轟的一響，忙站起來，張嘴說：「學校現在……」

外婆一把拉住媽媽，止住她的話，然後轉臉對陳璧君笑一笑，說：「汪夫人說的是。」

這時，汪精衛又從樓上匆匆走下來，手裡拿了個盒子。

五十二

天色晴朗，艷陽高照。一九三四年秋天，外公給媽媽買了一部腳踏車，正在街上漫步，不期迎面撞上一人，大叫一聲：「是你！」

被撞的人上前，伸手翻開外公眼皮看看，說：「你並沒有全好呀！」

原來那是北京城裡有名的大夫林葆駱先生。他是日本留學的醫生，外公一家大小生病都找他診治。他醫術很高，多半藥到病除。眼前，他站在那裡，對外公微笑，一副紳士派頭。

林醫生說：「你上星期沒有來打針，我以爲你完全好了。」

外公拱著兩手，說：「林醫生，實在抱歉。上星期我去濟南演講，誤了打針。」

林醫生說：「我剛出診回來，寒舍不遠，一道走去，補這一針好了。」

外公隨林醫生走著，說：「自林先生囑咐之後，我幾個月來，一直在北京，很少出外。」

林醫生說：「剛才才說去了一趟濟南做演講，怎麼就忘了？」

外公紅了臉說：「這次濟南實在推不脫，不得不去。」

林醫生說：「不必解釋，我曉得你陶教授何許人也。這次濟南，又講了幾場？」

外公苦笑，說：「像濟南、太原、武昌和開封，都是省會。每個省會，總有至少大學一所，中學多所。每到一地，都要在大學裡演講一次到四次，還要到每所中學去講一次。通常一天裡，上午七點到七點半講一次，八點到九點講一次，十點到十一點講一次，下午兩點到三點講一次。每次回家，筋疲力盡，睡好幾個鐘頭覺，才緩得過來。」

林醫生說：「所以會得病。」

外公說：「從濟南回北平，我坐二等卧車。與我同車廂一位外國人，一路不停用打字機打字。看我一路睡在鋪上，就問我：我看你這位先生老是睡覺，身體不好嗎？我說：我教書、寫書，編兩個月刊，還要到處演講，我搭火車就算休息。我看你先生不停打字，是太忙嗎？他說：我工作習慣了，坐火車也要工作。我無話可說，只有慚愧。」

「你確實有病，爲何不講？」林醫生一邊開寓所的門，一邊說，「到了，請進，小坐稍候，我洗洗手，準備一下。」

演講太多，外公確實講出病來。他前一陣到開封，原定演講五天，因爲第一天碰上開封特有的黃沙霧，滿天滿地都是黃沙，床上、桌上、茶杯裡、飯碗裡、眼睛鼻子，無處不黃，無處不沙，不能出門，所有原本五天的二十一次演講，都壓縮到四天。到第十九個演講，在一所中學面對六百多學生，外公一開口，忽覺眼黑頭暈。他手扶講桌，昏頭昏腦講了四十分鐘下台。中午休息片刻，下午又講一處。第二天上午講過最後一處，趕回北平，一進家門，便昏倒在地。

外婆高聲罵：「好了，講得命也不要了！你睡下來，一家人去喝西北風。」一邊扶外公坐洋車，叫小張拉到林醫生診所。小張跑得快，外婆跟在洋車後面跑，一路嘴裡還不停埋怨。

林醫生聽說外公因爲演講太多而生病，笑起來說：「這可是醫學奇聞，我要好好檢查醫治。也許是醫學史首例，可定名爲陶氏症。」

外公難爲情地說：「人家禮貌相邀，推辭不掉。大學請，該去；省教育廳請，該去。各地中學校長都是北大、高師或師大出身。北大出身的校長來請，說：昨日某中學請你，你答應。今天我請，老師不去，我是北大學生，面子下不去。我只好去。高師出身的校長來請，說：北大學生請老師，老師答應。今天我請老師，老師不答應，是高師學生沒面子。我也只好去。」

林醫生聽過外公心臟，說：「你們當教授的，講稿早在肚裡，多講一兩次有什麼大不了。」

外公說：「哪裡，我在各學校演講，並非拿同一篇講稿。每到一地，夜晚寫稿，白天演講，第二天在當地報紙上發表。我從來沒有兩個學校用過同一篇講稿。」

林醫生檢查外公血壓，沒有用心聽外公說話，信口說：「遊山玩水，自己又不出飯錢，每日三餐有人請客，必是當地名肴，口福不淺。」

外公說：「對於健康最大的負擔，就是這些吃飯。每天中午十二點半，演講完畢，馬上趕去坐首席。一間大廳兩三桌客，都來敬酒，怎麼辦?只好應酬，一兩個鐘頭周旋，眞要老命。」

林醫生點頭笑說：「此話不錯，中國人，好壞都源於一張飯桌。」

外公說：「也有私人邀請演講，我不常去。只有一次，不能不去，那是應馮玉祥將軍之邀。我以前去汾陽演講，與馮將軍小晤一次。他在泰山寄居，忽然想起來，請我去小住些時。我去泰山，住五賢祠，每天到馮玉祥住處，圍繞孔子學說，講一個題目。曲阜孔廟也去了幾次，有兩次專門爲《張猛龍碑》去的，那楷書寫得實在眞是好。」

林醫生說：「能否討教一二？」

外公說起那碑，已自陶醉，不等問及，早說起來：「那是北魏正光三年刻立，至今有一千四百多年。那書法是魏碑中方筆的模範，筆意方竣，勁健雄奇，茂密整練。或有評說：瀟洒古談，奇正相生者。那書法，看拓片印本，與看眞碑刻，還是不同，大不同。」

林醫生說：「泰山曲阜去過，《張猛龍碑》也見過。聽這樣說，下次再去，要看仔細些。」

外公說：「值得，值得。因爲這次去與馮玉祥將軍小住，便認識了許多西北軍的軍官。」

林醫生說：「沒有請你做軍師嗎？羽扇綸巾，運籌帷幄，未出茅廬，先定三分天下。」

外公說：「笑話，哪個敢比孔明先生？只不過一些住在北平的西北軍朋友，現在還常到北大來，旁聽我講課。」

「幾個軍人一到，不把學生嚇跑了，還以爲他們是來抓陶教授的。」林醫生很會講笑話。

外公也笑了，說：「他們當然不穿軍裝來聽講。北大講課，本班本系外班外系學生都來聽，校外也有時有人來聽。我們教授常說：正班不如旁聽，旁聽不如偷聽。正班學生不能不聽，不情願也要聽，自然不用心。旁聽是對那門課有需要，偷聽是對那門課有興趣，所以聽得最用心。偷聽學生寫出來的論文，有時比正班生或旁聽生還好些。」

林醫生收拾起用具，給外公打完一針，說：「你這陶氏症，以後要每星期看一次，打一針。或許要一兩年才會醫好。」

外婆聽了最高興，說：「最好隔一天打一針，他便沒法出去演講。」

林醫生說：「到處走走也未必是壞事。不過，以後要注意勞逸結合，不要過度勞累。」

那次看過病，外公眞在北平休養好一陣，沒有外出，也一直按時打針，直到最近兩個星期，疏懶起來，剛巧今天讓林醫生捉住。

林醫生洗了手出來打針，一邊聊天：「最近政界學界又有什麼新消息，說來聽聽。」

外公說：「我最近更少參加社會活動。今天跟女兒逛街，撞上你。」

「眞是這樣嗎？陶小姐？」林醫生打完針，轉頭問媽媽。

媽媽回答：「是，這些天爸爸從北大一回家，就帶我們出門去玩，雍和宮、鼓樓、地安門，大柵欄、花市、天橋，哪兒都去。」

林醫生看看外公，忽然說：「希聖兄如果眞是不忙，不妨在這裡小飲一杯，聊聊如何？」

不等外公表示意見，林醫生已經離開，幾分鐘後又走回，拿著兩個高腳酒杯、一瓶酒、一碟花生米豆腐乾，放在茶几上，說：「這是前幾天朋友送的一瓶法國紅葡萄酒。」

外公說：「都說法國葡萄酒最好。」

「那是因爲種葡萄的土壤在法國特別合適而已。」林醫生一邊倒酒一邊說，「種葡萄跟種別的水果不同，肥沃土壤不行，賤骨頭。來，嘗嘗。這眞是法國布根地出的香貝坦，名牌。」

外公說：「我對酒不大在行，不過這酒喝起來味道果然不錯。」

林醫生說：「土壤貧瘠，礦物成分多，去水力強，葡萄樹根容易呼吸，才長得好。土壤有差別，葡萄品質不同，造出酒也就不同。法國葡萄酒因產地分四等，等級最嚴，因此最有名。」

外公讚賞說：「不想林醫生對酒那麼有研究。」

林醫生說：「哪裡，不過朋友多些，道聽途說而已。」

外公問：「人說，紅土出紅葡萄，白土出白葡萄，可有道理？」

「此說不錯。不要光說話，吃些花生米，東安市場的。」林醫生說，邀外公再喝，「法國出紅葡萄酒的幾個地方，都是紅土壤。香檳、干邑等地是白土壤，出的白葡萄酒特別有名。」

外公問：「什麼原因呢？」

「那就不是我能知道了。」林醫生喝口酒，笑著說，「我來查查看，如果有土壤學家的病人，下次看病定要問個明白。」

「林醫生自有求學之道，我倒要準備你哪天來討史學上的帳了。」外公說得兩人一齊大笑，喝乾一杯，手指捏起豆腐乾，放在口裡嚼。

林醫生一邊又倒酒一邊說：「還沒有人寫出一本葡萄酒史來呢！」

外公說：「葡萄酒本來不是中國東西。我們有茅台、西鳳，牧童遙指杏花村。」

林醫生說：「不錯，中國東西還是更有詩意。」

「綠罈新醅酒，紅泥小火爐。晚來天欲雪，能飲一杯無。」外公有些興奮，搖頭晃腦，「來來來，老窖陳酒，一醉方休。」

林醫生說：「希聖兄是文人，講意境，不講科學。」

外公問：「此話怎講？」

林醫生說：「你現在喝的，可不是陳酒。法國葡萄酒年份之說，並非陳年老酒的意思，只講用哪年的葡萄造的酒。愛喝酒的必須知道哪年天氣如何。天氣好的年份，葡萄長得好，酒也好。

五百年前造的酒，恰好天氣壞，葡萄差，酒好不了，陳年未必好酒。」

外公說：「所以喝葡萄酒，不必看年代。」

林醫生說：「隨便喝的人，不必講究，當年新酒未必差，十年老酒未必好。」

外公說：「管他怎地，儘管大碗篩來，不過借酒澆愁而已。」

林醫生說：「我看陶先生雖作爽意，胸有鬱悶，所以請你喝兩杯，不妨說出來散散。」

外公又一口把杯底的紅酒飲盡，丟一粒花生米入口，搖搖頭嘆說：「一個老朋友遭了難。」

林醫生忙又給外公倒上酒，問道：「何人，可否一告？」

外公端起酒杯，說一聲：「陳獨秀先生。」然後把酒倒進嘴裡。

林醫生說：「那是共產黨的領袖，不想陶先生跟他也有交情。」

「獨秀先生救過我一命。」外公望著杯裡血色的紅酒，慢慢說，「北伐時期，武漢共產黨左派亂捕濫殺。我到處演講反對，也阻止過許多暴亂行為，他們幾次要治我的罪。幸虧獨秀先生力挽狂瀾，才保住我的性命。哪料到，他卻保護不了他自己的性命，讓同志出賣了。」

林醫生問：「怎麼回事？」

「共黨內部反對陳獨秀的一派，向政府告密，致使獨秀先生在上海被捕入獄。」外公在茶几上捶了一拳，力不太大，酒杯顛了一顛。

林醫生說：「真有此事？」

外公說：「北平各大學近來到處集會，宣講陳獨秀，常常各方激烈爭吵，而後打鬥。許多阿貓阿狗，也都出來評論陳獨秀。獨秀先生是一黨最高領袖，不是黨中央委員，怕跟他見不到面，話也說不上，哪裡夠資格去說三道四。」

林醫生說：「所以陶先生現在閉門不出，不去演講。」

「你是醫生，救死扶傷，是敵是友都要救，才算人道。我不應講些政治黑暗，亂了你的心思。」外公說完，把剩酒一口喝完，站起身，拱拱手，說，「就此別過，下次我還東。」

林醫生說：「陶先生乃性情中人，頗具俠客心腸，眞難得也。有空來坐，恭聽教誨。」

外公走出屋門，說：「林先生過獎，希聖當不起。」

林醫生說：「下周不要誤了打針才好。」

外公說：「我哪裡都不走，不會忘記。」

外公確實哪裡都沒去，許多日凡人不見。中秋節那天，外公帶全家去趕白雲觀廟會。外公一手一個，領了媽媽和泰來舅，外婆推個小車跟在後面，車裡相對坐了恆生、晉生兩個舅舅。

白雲觀前人山人海，擺攤的、推車的、測字的、算命的、賣糕的、烤餅的、牽驢的、趕馬的、磕頭的、打躬的、提鳥籠的、拉風箏的、舉糖葫蘆大風車的、耍槍棍賣膏藥的，男女老幼，穿紅戴綠，摩肩接踵。外公一家幾個，前呼後叫，從人群裡擠到門前。影壁上四個大字「萬古長青」，趙孟頫手書，清雋飄逸，流轉圓潤，舒展自如。

順著人流轉過影壁，便到欞星門牌樓，七層四柱，氣勢雄偉。門上橫額有「洞天勝境」「瓊林閬苑」二塊大匾，字字蒼勁有力。旁邊熟悉的人說：這裡原是觀中道士觀星望氣之地。外公領著家人穿過牌樓，走過一段石板路，兩邊各立華表石獅，迎面山門大開。

白雲觀三道拱形山門，中間大，兩翼小，內圈飾以弧形石雕，彎如蒼窿，都是青砂石的深灰顏色，獨獨石雕左下方有一浮雕石猴，圓滑光亮，玲瓏剔透，逗人喜愛。媽媽看了，跑過去，伸手摸了一摸，笑著說：「眞好玩，像孫悟空，石猴兒。」

泰來舅也跑過去摸。車裡的恆生舅也要摸，外婆只好抱起恆生舅和晉生舅，都過去摸。

旁邊一個白鬍子老者看了，呵呵笑，對外公外婆說：「你們二位也該摸上一摸才好。」

外公忙說：「請問老先生，這裡有什麼講究麼？」

老者一手理著鬍子，說：「這叫摸石猴兒，幾百年的老說法。摸了石猴，有眼病的，可以好起來。沒有眼病的，可以清心明目，不患眼病。你們這幾個兒女，日後一定心明眼亮。」

外公笑了，忙說：「既這樣，我們最好也摸一摸，老了不得花眼。」

外婆在車裡放好恆生舅和晉生舅，說：「如果那麼靈驗，早也沒有眼科醫生了。」雖這樣說著，外婆還是過去把那石猴浮雕摸了一摸，然後笑著，推了車，一起進了白雲觀。

原本一個清清靜靜地方，現在到處是人，燒香的、還願的、哭的、笑的，來來往往。院中左右，立有碑文旗竿，過窩風橋，望望兩邊十方和雲水兩堂，迎面見到靈官殿。

走進殿去，一列供桌，擺著幾個藍色錦泰藍香爐燭台，幾碟供果，幕帳間屏風之前，立著王靈官塑像，全身披掛，威風凜凜，長鬚齊腰，手執金鞭。王靈官是道教護法神。

外公正在供桌邊給媽媽幾個講解，旁邊走來一個道士，在外公身邊一躬，朗聲說：「這位善者，聽來對本道所知多多，敢問尊姓大名？」

五十三

那道人瘦長臉，幾縷白鬚飄飄，鳳眼瞇成一條縫，頭戴道冠，身披道袍，足登圓口鞋，雙手在道袍寬大的袖中統著，合在胸前。

外公忙一面還禮，一面說：「在下姓陶名希聖，北京大學教授。研習史學之間，偶讀一二天道文章，不敢說有所知。子女們尙幼，講講無妨。不期冒犯長老，恕罪恕罪。」

那道人合掌說：「原來如此，善哉善哉。」

外公問：「敢問道長法名？」

那道人答說：「小道法名虛淸，在觀中專司香客執導之職。如蒙不棄，小道願爲引導。」

外公說：「仙道願爲指點，眞是求之不得。」

虛淸道人手一伸，說：「這邊請了。」

媽媽幾人便隨虛淸道長在人群中轉出靈官殿，後面又是一處庭院。虛淸道人手指著，講解：

「此間左有鐘樓，財神殿，右是鼓樓，三官殿。每日供奉財神的信男信女最多，萬善同歸。」

外公笑了一下，又忙收住嘴臉，不敢在觀中放肆。

盧清道人說：「三官殿供奉的是天官、地官、水官。教授先生要不要進去上一柱香？」

外公說：「貴觀層層疊疊，宮殿如林，今日本意帶孩子們走馬觀花，溫習歷史，權且大約走過，改日再來進香，誠心許願。」

「善哉善哉。」盧清道人合掌說，不知什麼意思。不過他也就領著一家六人從殿前走過，不進門去。媽媽探頭往殿裡望望，雕樑畫柱，掛著六角紅穗燈籠。一地跪滿人，磕頭許願。

盧清道人邊走邊講：「本觀乃本教第一叢林，亦是我龍門派祖庭，前身可溯至唐代天長觀。唐玄宗為齋心敬道，特建此觀。本觀現供老君坐像乃唐時所塑。元初，聖祖長春眞人自大雪山東歸，至燕京，賜居於此，時名太極宮，乃命興建，殿宇舍館，煥然一新。三年之後，元太祖聖諭改名長春宮，以尊聖祖。聖祖始創本派龍門，弘揚全眞，功德貫天。聖祖羽化，弟子們在長春宮東側下院，修建處順堂，埋藏聖祖遺蛻。明初重修，改處順堂為中樞，更名白雲觀。」

外公兩手一抱拳，稱謝說：「得聞指教，頓開茅塞。史書言白雲觀襲天長觀、太極宮、長春宮之美譽，百思不得其解。原來如此！」

盧清道人合掌口稱：「善哉善哉。」

經過左右兩個烏龜駝石碑，邁上六級台階，走過一大方坐滿人的石板平台，迎面大殿上端，橫額書「玉皇殿」三字。大紅木格門窗，密密嚴嚴。跨過齊膝門檻，內入廳堂，供桌上擺滿香爐、燭台、供果等物，香煙繚繞，隱約聞得樂音裊裊。大紅垂條幕幔繡滿道經文字，龍飛鳳舞，凡人不識。冥冥之中，玉皇大帝坐像威嚴，令人畏懼。

外公說：「既是見到了玉皇大帝，我們最好燒一柱香。」

「善哉善哉。請這邊走。」道人合掌說完，引他們到供桌前，每人取一隻香點燃，在香爐裡插好，一縷香煙繚繞上升。然後一齊跪在錦墊上，端端正正磕三個頭，說是要在心裡許願。媽媽不知許什麼願，也來不及想，所以只磕了頭，沒有許出願來。站起來後，外公從口袋裡取出幾張紙幣，分給每人一塊錢，走到供桌前，一個接一個，把錢塞進一個香匣。每塞一次錢，虛清道人便在旁邊一個掛鐘上輕輕撞擊一下，發出悶悶的一聲鐘響。

虛清道人又引外公衆人走出玉皇殿，指著後面層層殿宇說：「從此往後，殿堂更爲密集。看這棵老槐樹，已有七百年。那邊是老律堂，也稱七眞殿，內奉本教七位眞人。」

媽媽見虛清道人說著停下來，低眼不語，便問：「哪七個人？」

外公忙對虛清道人拱拱手說：「請恕在下不恭，避開一邊，說與兒女們聽。」

「我去救苦殿點一柱香。」虛清道人點頭說著，走開了。

外公把幾個拉到一起，說：「這些都是道教的聖祖，不可以提名字，他不能講。那七個眞人是馬鈺、譚處瑞、劉處玄、邱處機、王玉陽、郝大通和孫不二。知道就好，不要亂說。」

媽媽幾個都似懂非懂點點頭，他們一時也記不住那麼多姓名，哪裡去說。然後外公又領了衆人，走去救苦殿，找虛清道人。

這裡人更多得不得了，想燒香磕頭都得擠，還有不少人站在門口邊上，排隊等空地方下跪。正對神像，虛清道人站在供桌前面，手捏一根香，青煙直升，低頭閉眼，口中默默有詞。聽到外公幾人走到身邊，他也不睜眼。外公恭恭敬敬站在他身後等著。媽媽張眼細看那一色金塑神像：

太乙眞人橫騎一匹麒麟，左手托杯右手執劍，頭束金冠，鬚垂胸前，眼長鼻直，一意普救衆生。旁邊站兩個年幼童子，一執卷一捧書，聰明恭順，令人憐愛。虛淸道人誦完經，睜眼回頭，不言語，示外公等人退出，不要干擾那些跪在地上許願的人。

一個人倒退出來，碰到媽媽身上，回頭一看，叫出聲來：「陶小姐，你怎麼會在這裡？」

「爸爸帶我來趕白雲觀廟會。我聽陳洞跟我講過許多次，一直想來看看。」媽媽說著，轉過頭，指著那人對外公說，「那是陳洞的父親，陳洞是我的同學，我去過他家。」

外公拱拱手說：「陳先生，你好。」

陳洞父親也拱拱手：「陶先生好。」

虛淸道人微微笑道：「那麼陳道兄可以引導，恕小道不再奉陪了。」

陳洞父親說：「有幸聆聽虛淸道長講解，正是造化，怎可錯過？」

「陳道兄誠心一片，日日來觀上香，對本觀了如指掌，何必客氣。小道告辭，有事請來執事房便可。」虛淸道人拱拱手，悠悠地走了。

陳洞父親說：「聽小兒說，陶先生是北京大學教授，想必對道教也深有研究。」

外公說：「我對道家不過略知一二，此觀頭一次來。陳兄不在意的話，不妨指引爲感。」

陳洞父親說：「那麼恕我班門弄斧了，請這邊走。你們已經看過老律堂，這邊進去，就是邱祖殿，供奉邱眞人像。殿前有長春眞人碑，殿內有眞人木做大瓢，瓢下石座埋著眞人遺蛻。再往後是三淸閣，供奉元始天尊、靈寶天尊、道德天尊，都是明代乾漆夾渲像。」

外公問：「什麼叫乾漆夾渲像？」

陳洞父親說：「我也不知道，只聽道長們這樣講，一定很珍貴。你們去看看就知道了。」

外公看了陳洞父親一眼，遺憾虛清道人離開了。

一夥人邊走邊看，陳洞父親邊解說：「那三清閣樓下就是四御殿，裡面供奉昊天上帝、勾陳上帝、紫微上帝、后土黃帝祇。三清閣東邊是藏經閣，裡面有正統道藏，還有明英宗的賜經碑。三清閣後面是戒台，雲集院和雲集山房，雲集院也稱小蓬萊，假山錯落，回廊仙館，大樹成蔭，清新幽靜。那是道子受戒的地方。唉，我只是丟不下兒子，要不早來受戒爲道了。」

媽媽聽了，看著陳洞父親不說話。

外公說：「我聽說白雲觀有八仙殿、元辰殿很好看。」

陳洞父親說：「那在西路，小孩子們看了一定高興。」

外公說：「時間不早了，我們西路走走，出去好了。」

元辰殿，俗稱六十花甲子殿，金朝建立，清代重修。幾百年來，香火旺盛。祠堂裡供奉龍門第七代宗師王常月像，及歷代龍門律師。左右兩壁有趙孟頫寫的《道德經》和《陰符經》兩副石刻。媽媽看了，說：「白雲觀裡裡外外，到處是趙孟頫寫的字。」

外公笑了，說：「剛才虛清道人講，此觀雖可追溯到唐朝，實在是元代建立。元代書法最有名的就是趙孟頫，他的楷、行、篆書都冠絕一時。這個趙孟頫雖是浙江人，卻自號松雪道人。天下第一道觀有請，他當然要來寫字。他的書法，一改宋人習尙，用筆圓轉，人稱趙體。你們看，撇筆飽滿舒和，捺筆柔長穩健，橫豎點鉤，秀勁生動，墨氣飛潤，酣暢自然，風格獨具。」

陳洞父親聽了，兩手一拍，說：「陶先生原來還是書法家。」

外公說：「那可不敢當，不過四歲起習字，看得多些而已。」

陳洞父親說：「也是，文史學家，哪有不是好書法的。」

外公推媽媽走開，說：「你看，道觀當中，此地立個佛像，八臂如來端坐蓮花之上，弓鈴戟等，一手一物，合掌打手印，雍容大度。」

媽媽仔細看去，那佛像兩側，還立著很多位諸年太歲將軍，神態有異，各具風姿。媽媽看不明白，又聽得門外人喊，趕緊跑出殿門。恆生舅對著十二生肖壁，喊不停聲，指手劃腳，不肯離開，外婆只好等著。泰來舅拉著外公，走到一邊，講二十四孝壁上的故事。

媽媽跟陳洞父親一起站著，問：「您眞的天天來這裡嗎？」

陳洞父親說：「不是天天，常常來就是。求眞人救我們一家。」

媽媽問：「眞人會救你們嗎？」

陳洞父親說：「我想只要心誠，早晚會救吧！」

外公和泰來舅走來，外婆也推著恆生舅過來。陳洞父親便領衆人走去呂祖殿。殿裡有孚佑帝君呂純陽祖師像，都是金的，一張大紅供桌，也跟別的殿堂不一樣。隔過小院，是八仙殿，左右兩個供桌後站著八仙：鍾離權手拿一把大扇，呂洞賓捧著一柄拂塵，張果老托著一個竹筒，藍采和舉著一籃花草，曹國舅身著官服，李鐵拐渾身烏黑，韓湘子吹著仙笛，何仙姑摟著一枝荷花，個個栩栩如生，令人讚歎。

陳洞父親對著何仙姑跪下身去，閉上眼，雙唇急動，默默禱告。

外公見了，匆匆拉媽媽幾個，悄悄退出八仙殿，左轉右轉，快步走出白雲觀。外面還是人山人海，喧聲如雷。媽媽鬧了一陣，外公終於花錢，讓媽媽和泰來舅各自坐小毛驢，走了一圈。恆生舅太小，還坐不成，只好看著喊叫。外公又給每人買了一根糖葫蘆，這才算最後坐到洋車上，一路走，吃著糖葫蘆，還在討論八仙的模樣。

外公問媽媽：「那個陳洞是你的朋友嗎？」

媽媽說：「姜碩賢是我最要好的朋友，陳洞是她的男朋友，所以也算是我的朋友。」

外公說：「那姜碩賢跟你同班嗎？」

媽媽說：「是。」

外公有些驚奇，說：「十四歲就有男朋友了嗎？」

媽媽說：「她比我大三歲，十七了。」

外公說：「怎麼跟你一班呢？」

媽媽說：「上學晚吧！」

外公說：「所以陳洞也起碼十七了。」

媽媽說：「也許吧！」

外公說：「你怎麼跟她是最好的朋友，那個姜碩賢。」

媽媽說：「不知道，跟她有話說。別的同學都是小孩子，什麼也不懂，光說小孩子話。爸爸，我們明天還去聽戲嗎？」

外公看媽媽一眼，說：「爲什麼不去？我又沒有別的事做。」

他們父女兩人，常到報子街去聽崑曲。那地方每天上座不過四成，又便宜又清閒。泡上一壺茶，聽台上人唱戲，倒是省心。媽媽吃瓜子，看戲服的彩色，瞧熱鬧，聽外公說梨園故事。

「我念大學那陣，才是京戲鼎盛時期。可惜譚鑫培讓軍閥害死，要不然，他還會多教出幾個名角來。現在台上的譚小培，是他的孫子，學他爺爺譚鑫培學得好，唱起來幾乎可以亂眞，但是他並不常常上台唱戲。可惜了！那譚鑫培，京戲開山宗師。」外公說。

媽媽問：「京戲是他創造的嗎？」

外公搖頭說：「不是。不過在他之前，京戲也像其他地方戲一樣。譚鑫培的父親是湖北同鄉，有個戲班子，唱湖北花鼓調和楚劇，嗓子很好，人稱『叫天子』。你曉得爲什麼京戲舞台語音以湖廣音爲規範麼？就因爲這，譚鑫培從湖北出身，又是他改造奠定了京戲藝術。」

媽媽笑了說：「因爲是咱湖北人，你才特別捧場。」

外公很認眞地辯解說：「哪裡。太平天國起義，在湖北跟官軍打仗，民不聊生，譚家班只好北上逃難。譚鑫培跟著他父親一路賣唱，背井離鄉，到天津時才六歲。他七歲開始練功，跟父親跑水陸碼頭，十一歲進天津金奎科班，十七歲拜漢派老生余三勝爲師，後來在三慶班演武生。他嗓子也好，人稱『小叫天』。那時京戲只重高亢氣勢，都說時尚黃腔喊似雷。譚鑫培改了，婉轉多姿，有板有眼，慢條斯理，玩味雅調，才有了韻味和藝術。四十四歲上，被清宮選入升平署，慈禧最愛聽他的戲，還賜給他黃馬褂。這樣京戲才成熟起來。這位譚老闆，文戲武戲都唱得出色。我讀大學那幾年，親眼見過譚鑫培在台上唱戲，給他喝過采。」

媽媽問：「現在京戲還有唱得好的嗎？」

「譚鑫培去世那時，余叔岩算譚鑫培傳人，領導戲壇。楊小樓尙在中年，郝壽臣初露頭角；

黃潤甫、龔雲甫、陳德霖老當益壯。科班學生最盛的，是前門大街的廣和樓富連成班。木柵欄慶樂園的科班有尚小雲。白牡丹荀彗生太漂亮，常引起觀眾爭論，一出台，茶室裡就有人對摔茶碗。梅蘭芳沒上過科班，卻異軍突起，與余叔岩齊名。程硯秋則全是憑同仁堂樂十三爺提拔起來……」外公說到這裡，忽然指著台上，說，「那是《打棍出箱》。那年武漢大水，各地湖北同鄉會發起募捐。余叔岩老先生是湖北江夏人，當時已經退休。他先跑到天津，演出四天，拿回三千元作後台花費，在北平大舞台組織義演募捐。他演的就是《打棍出箱》，我去看了，台下人山人海。一些鬚生名角像馬連良，拿草帽遮了臉，坐在台下學戲。」

媽媽說：「我跟余叔岩老先生一起吃過飯。」

外公說：「對，我請余老先生吃過好幾次飯。余老先生有個脾氣，吃飯就吃飯，別煩他說戲唱戲。他說：請我吃飯，我就是客，要聽戲，去園子裡聽。我請他吃飯，只說故事，從不煩他。所以他來吃。我講十幾年前聽譚老闆唱《擊鼓罵曹》的故事。譚老闆當時背對台下，只能看到他雙肩聳動，表現了他的冷笑和鄙笑。余老先生把手一拍，叫聲好，說：一身三百六十個骨節都要練，後背肩膀也得會說話。你甩一下袖子，其實那渾身的骨節都要動才行。現在台上一些名角，連袖子也不會甩了。我又講到《搜孤救孤》。沒說幾句，余老先生把眉頭一皺，搖著頭說：馬連良不懂音韻學。不懂音韻學，一段唱詞，拉長字眼，一定停到啦音上去，聽不得，聽不得！馬連良那樣的名角，到余叔岩口裡，一錢不值了。」

這時，有人走來，在外公肩上拍一記，叫：「希聖兄。」外公抬頭一看，忙站起來。

五十四

那是施存統先生。武漢江輪一別之後，施先生到北平來教書，也在北京大學當教授。外公問：「施先生，請坐，請坐！今天有空聽戲。」

施存統先生邊坐下，邊說：「希聖兄好雅興。」

外公說：「此地世外桃源，施兄應該常來散心才好。琴薰，叫人泡一壺新茶來。」

媽媽答應：「好！」跑開去。

施存統先生搖頭說：「這個時刻，憂心如焚，哪裡還有心思聽戲？」

外公笑了，說：「我這人積習難改，碰上有陶顯亭的彈詞、郝振基的蟠桃會、侯益隆的嫁妹，或者侯永奎的夜奔，那是無論怎麼忙，都一定要聽，不能少。」

施存統先生說：「唉，我來找你，不是來說戲的。」

外公說：「那你到戲園子來做什麼？」

施存統先生說：「這些日子，哪裡也找不到你，一場演講也不做。去府上拜訪，說你每日來此地聽崑曲，所以才找了來。」

外公說：「那麼有什麼指教？」

施存統先生說：「是請你指教呢！」

外公兩手一拱，說：「那太不敢當，什麼事？」

施存統先生說：「有人要我演講，定在明天，講陳獨秀。」

外公剛舉起面前茶杯，喝了口茶，一聽這話，猛又轉頭，把茶吐在桌邊地上，用手背抹抹嘴，說：「這是舊茶，冷了，喝不成。去叫的新茶呢？」

施存統先生看外公一眼，長長嘆了口氣，沒有說話。

外公拿出手絹，擦乾嘴，說：「如果是我，我不會去講。前些時有些人請我，我一概謝絕，我哪裡有資格講陳獨秀？想想那個馬哲民，說他北伐時期在武漢做農民部長，一直反對陳獨秀的機會主義，簡直放屁！他那時跟我一起在軍校做少校教官，在《民國日報》做編輯，何曾做過什麼農民部長，哪裡夠得上給陳獨秀提鞋子。你當時做政治部主任，知道得清清楚楚。現在這些無恥小人，落井下石，滿口謊言，誣蔑獨秀先生，實無可忍。」

施存統先生嘆口氣，說：「現在馬哲民在黨內比我地位高得多了。」

外公搖頭說：「這是你們共產黨的禍根，黨內結黨，排除異己，重用奸佞小人、野心家、兩面派，反過來殘害獨秀先生這樣忠良之士。」

施存統先生說：「所以我還要爭辯，講給人聽聽，總要讓人曉得獨秀先生是怎樣一個人。」

媽媽回來，抱一個茶壺，說：「爸爸，新泡的茶好了。這一個茶杯，給伯伯的。」

施存統先生忽然說：「明天要演講的，還有許德珩和劉侃元。」

外公笑了，說：「這二位明天根本不會出席演講會。他們是老政客，這點經驗還是有的。」

施存統先生不解，問道：「此話怎講？」

外公說：「你與陳獨秀淵源深厚，當然最有資格去講。武漢北伐時期，如非你們二位，陶某也剩不下這條性命。我所以跟你講心裡話，換個別人，許德珩之流，我還懶得費口舌。」

施存統先生急切說：「所以我來找你討教，請，請。」

外公說：「施兄，你有資格講，但是不能講。現在時勢，共黨內部兩派生死相搏，獨秀先生所以才遭難。這種情況下，你去講他的好處，一派要打倒你；你去講他的錯處，另一派也要打倒你。許德珩和劉侃元，不會不懂得這個道理，這時候一定都縮著頭，不言不語。施兄，你別忘了自己當年在武漢怎樣遭遇，識時務者爲俊傑。」

施存統聽了，低著頭，好半天不說話。他曉得，外公說的都是肺腑之言，血淚之述。

外公舉手提茶壺倒茶，說：「施公，你來嘗嘗，這報子街戲園，除了可以聽崑曲，還可以喝到好茶，所以我才常來。這裡最好的是天福綠茶，你品一品，剛沏好的，很夠味。」

施存統強做一絲笑臉，雙手接過外公遞去的一個茶盞，喝了一口，放下，口裡哦哦應了兩聲，說：「果然好茶，果然好茶！」

外公說：「因是產在福建，所以稱作天福茶。福建本是烏龍名茶的產地，當然綠茶都很好。天福綠茶，跟烏龍或者鐵觀音不一樣，茶葉顆粒極爲細小，據說是因爲只採集細嫩芽葉，精工而成。色澤翠綠，香氣持久，回味甘醇，韻味無窮。這裡沏茶，還是老法子，頗爲講究，茶壺和茶杯都要先用開水溫過，然後才放入茶葉，再沖入沸水，過五分鐘後，才送出來飲用。現在外面許多地方，甚至有些茶館，也是胡亂開水澆茶葉，全無講究，把好端端的茶葉都糟蹋了。」

施存統又飲了一口，站起身，打個躬，說：「抱歉打擾，告辭。」

外公招手連聲說：「來來來，再飲一杯，緩啜細品。」

可是施先生走了。外公坐著，一改剛才眉飛色舞論茶的勁頭，沉下臉來，變得心事重重，很不愉快，幾分鐘後連連搖頭，長嘆一聲：「他明天還要去講，一定要受大罪。」

「陶先生，陶先生，」車夫小張忽然跑來，滿頭滿身都是雪，氣喘吁吁，叫外公。

外公轉身，望著小張說：「你怎麼跑了來，出了什麼事麼？」

小張趕到跟前，摘下帽子，說：「太太讓我來傳個話兒。說北京大學文學院長胡適之先生送了信來，請陶先生去馬神廟開會。」

外公問：「我想是北大教授們常聚會的二院教室。幾點鐘？」

小張說：「陶太太說要馬上，所以才讓我來報信。」

外公說：「謝謝你了，我馬上去。只好麻煩你送琴薰回家去了。」

小張說：「那當然，我反正也得回去。可外面下著大雪，陶先生怎麼去馬神廟呢？」

外公說：「外面有的是洋車，叫一輛好了。聚會完了，胡先生會用他的車子送我回家。」

時已初冬，這夜紛紛揚揚下起雪來。看不見天空，只覺鵝毛片似的雪花，從頭頂上無盡的空間落下，不見來處，及到眼前，才看到雪花之大、之乾、之美。路燈昏昏，在飄揚的雪花中這裡那裡透射一兩道短短的光柱，給些許雪片染上些淡淡的黃色。街上很少人，下雪的夜晚，誰上街遊逛？何況局勢緊張，近來軍警加緊巡邏，時聞捕人消息。一整條街上，只有小張拉著媽媽，頂著風雪邁步。車輪壓在積雪的路面，發出嘎喳嘎喳的聲響。

小張給車上支起了棉棚擋雪，媽媽撩起前面的棚帘，不顧雪花迎面，大聲問：「小張，他們說了是什麼緊急的事麼？」

小張邊走著，半回頭說：「沒說，不知道。」

媽媽嘆了口氣，不再說話，放下帘子，坐回座位。北京大學教授們的生活，大都比較散漫輕鬆，節奏很緩和，通知開個會，總要一兩個禮拜，從來沒有這樣急急忙忙過。這一次突如其來，顯得特別嚴重。媽媽回了家，外婆二話不說，立刻逼著換了衣服，洗臉洗腳，躺到床上。媽媽心裡仍然很是牽掛，瞪著兩眼，望著窗外路燈照耀之中飛落的大雪，等待外公回家。

半夜時分，外公回來了，滿身是雪。媽媽聽到外面大門響，披著棉袍跑到前面客廳來。外婆一見，開口罵：「你不要命啦！下雪天熱被窩裡爬出來，滿處跑。」一邊罵一邊把媽媽拉到取暖的爐子邊坐下，又把爐子通一通，讓火著旺些。

外公臉色通紅，氣喘不已，坐在桌前，很緊張地對外婆和媽媽說：「今日北大教授們集會。胡適先生首先報告，駐紮北平的二十九軍軍長宋哲元，請北平各界人士到中南海懷仁堂開會，他要宣布冀察自治的主張。大家聽了之後，都有些意外。傅斯年教授站起來，慷慨激昂，堅決反對冀察自治。胡適先生也表示反對之意。隨後幾個教授都說，北大不搬走一部圖書，不移動一架儀器，堅決留在北平。如果北平淪陷日寇之手，大家就南下，無論到何處，搭一座茅棚，就要講課，所有教授都贊成。局勢不穩，亂子不遠了。」

果不其然，過了幾天，十二月九日，北平各大學的學生，集合到天安門廣場，列隊遊行，反對冀察自治。遊行之後，宋哲元下令搜查北京大學、清華大學和中國大學，逮捕鬧事學生。

外公在家，從無線電廣播中聽說這消息，當即坐下，給蔣夢麟校長寫信。外婆和媽媽很緊張，站在書房裡看他，不敢開口。外婆深知外公的脾氣，這種時刻，他無論如何安靜不下來。信寫好後，外公拿起又讀過一遍之後，點了點頭放下，外婆才開口說：「你不要又去惹是生非。」

外公一邊封信封，一邊說：「我哪裡惹是生非，是非已經鬧起來了，我不過向蔣校長提議：北平各所國立大學，應該聯合與二十九軍調解合作，不要對抗。」

外婆說：「你莫要捲進這些事情。我老五要出生了，家裡安安靜靜的才好。」

外公說：「你們知道嗎？我們北大有三名教授和三十多個學生被捕。當年五四運動，蔡元培校長、張教授、鍾教授，都沒有參與。一旦學生被捕，情況危急，他們挺身而出，把學生當作自己孩子一樣保護。現在我的學生被捕，我不能坐視不救。蔡校長說的，學生是中國的棟樑。」

外婆說：「你是個什麼人物，能管得了？」

「國家興亡，匹夫有責。」外公說完站起身，又說，「形勢緊張，我們要趕在宋哲元說出任何話來之前，把我們的意思先講給他聽。」外婆不作聲，媽媽覺得外公很偉大。

外公向門外走，一邊說：「我請小張送我到胡適之先生家，然後把信送到蔣校長府上。不必等我，今晚我們無論如何要商議個辦法，救出北大的教授和學生。」

第二天一早，外公匆匆回家，換了內衣長衫，坐到桌邊三口兩口吃早飯，對外婆說：「我要趕去北平市府，求見秦德純市長。中午回來吃中飯，就是好消息；不回來，事情就麻煩。」

外婆說：「戴頂皮帽吧，外面冷。」

外公戴上皮帽，提著皮包，匆匆走了。媽媽也出門上學，那一天哪有心思聽課。中午一放學，媽媽急忙趕回家等外公。沒想到，前腳進家門，外公後腳就跟進來，臉上喜氣洋洋，說：「我堅持說，二十九軍官兵跟我們大家一樣，都是愛國的，沒錯吧！我提出三點建議：第一，二十九軍停止搜查各大學。第二，除非另有共黨組織關係的證據，不能逮捕學生。各大學教授有共黨組織關係者，各校校長於學年終了時解聘。第三，被捕的教授立刻開釋。被捕的學生由各校校長保釋。秦市長馬上表示立刻報告宋主席，看來有用。」

第二天，北平各大學搜查停止，被捕教授和學生陸續開釋。

那年元旦，外公特別高興，帶了全家逛天壇。天氣很好，艷陽高照，頗為和暖。天壇是歷代皇帝祭天之處，皇帝們到這裡來，求天恩賜，風調雨順，也到這裡來謝天恩。所以這裡亭台樓閣很多，以祈年殿為中心，高大的圓頂，藍瓦鋪設，象徵天空，周圍九層玉欄，象徵九重天。

外婆有身孕，走得累了，又覺得太晒，要休息。外公領著，到迴音壁牆外，指著一棵柏樹，說：「那是天壇裡唯一的大陰涼處。」

外婆看著那樹，驚訝地說：「這樹好大，總有幾百年了吧？」

外公說：「相傳此樹於明永樂年間栽下，距今已有五百年。你們看，樹幹扭接糾纏，說是九龍盤旋，所以這樹叫作九龍柏。」

樹蔭雖大，樹下還是坐滿人。外公外婆帶著媽媽幾個，圍著樹繞了半圈，找到邊上一角花壇，可以讓外婆坐，便都休息下來。

外公穿一件夾長衫，肩上斜背個包。外婆也穿一件大襟長袍，挺著肚子。媽媽剪的中學生短髮齊肩，穿半截長袍，完全大姑娘模樣。男孩子不怕冷，泰來舅白上衣藍長褲，腰裡繫一條皮帶，少年老成。恆生舅藍上衣藍褲，頭上戴頂黃藍兩色六瓣小帽，跑到一邊，看一個照相師，在大遮陽傘下面擺弄方匣照相機，給人照相。晉生舅坐在四輪小推車裡，自顧自玩。

「難得全家一起來玩，我們也來照一張相。」說完，外公帶著一家大小走過去。

攝影師見他們到來，揮手說：「站那邊，隨便一點。這樣，好了，這位先生，你離別人太遠了一點兒，再往右邊走一步，稍稍靠近一點兒。還是遠了些，不過，如果您先生要這樣。好，這位坐車裡的小弟弟不看鏡頭也沒辦法了。你們幾個大的，看我的手，好，好，得了！」

照片照好了，說要過一禮拜才能送到家裡去，也不知照得好不好。外公塡了一張單子，說聲：「謝謝。」領著全家走了。

過了幾星期，一月二十一日下午學校放學，媽媽回家，才進院門，見一個穿白衣的女人端了盆水在院裡走，媽媽愣了，不知出了什麼事。那護士小姐轉頭看見媽媽，笑著說：「你是陶小姐，恭禧恭禧……」

媽媽一聽，忙問：「是妹妹麼？」

護士笑著答說：「不是妹妹，是弟弟。」

媽媽正要跑進外婆房間，一聽收住腳，站在那裡，望著護士，過幾秒鐘，忽然兩腳一跳，大哭起來。她盼有個妹妹，可以一塊玩，不想又是個弟弟，忍不著大發一頓脾氣。那是我的范生五舅出生。

五十五

農曆大年初二，外公帶媽媽和泰來、恆生兩個舅舅去逛廠甸兒。外婆坐月子剛完，身子弱，又要看護剛出生的范生舅，不能去。外婆不去，晉生舅太小，也不許去。北平初春比冬天還冷，外公穿上新做的棉袍，帶頂禮帽。媽媽也穿新棉袍，手上帶個銀鐲子。泰來舅穿新棉襖新棉褲，好像不會走路了。恆生舅不肯穿新衣服，所以還是他平時穿的一身舊棉襖棉褲，不過沒有補釘。

幾個人坐電車，一出和平門，就是廠甸兒。整條大街不許走車，全是人在馬路當中走，所有人都穿著新衣服，紅紅綠綠。小娃娃們最高興，在人群裡鑽出鑽進，歡聲喊叫。

街兩邊，沿著鉛灰色的磚牆，都是擺攤的，賣什麼的都有。這邊攤上賣凍柿子，又大又黃又軟，攤邊的人稀哩呼嚕吸食如蜜的柿漿。那邊攤上支了泥火爐，賣糖炒栗子，一把大鐵鏟，在鐵鍋裡攪得山搖地動，烏黑的沙子裹著飽滿的大栗子，散發誘人的香氣。許多攤位上，掛了大胖小子或者鯉魚跳龍門的年畫，還有幾尺高彩色繽紛的大風箏。許多攤位上，擺了各色各樣精美的蛐蛐罐兒，大大小小細竹編織的鳥籠。廠甸兒賣的風車特別高大，有的一個架上綁了幾十個大大小小的風車，頂上插著兩三個彩色小紙旗。最讓人吃驚的是大糖葫蘆，好幾尺高，都是小拳頭那麼大的山楂果，其實不蘸糖，只能叫葫蘆，不能叫糖葫蘆，一排排插在攤子上的草捆裡，像旗杆似的。許多逛廠甸兒的人都在肩膀上扛著葫蘆走路，一個葫蘆能吃個把鐘頭。

媽媽不要那東西，大姑娘家扛個大糖葫蘆算什麼樣子！大糖葫蘆讓泰來舅扛著，媽媽只從上面一個一個揪山楂果下來吃。風車是小孩子玩的，媽媽不要，恆生舅舉了一個。媽媽這個攤轉轉，那個攤看看，只看些小玩藝、小擺設、小手飾，偶爾也看看中國年畫，一樣沒買。外公什麼也不看，只跟著三個兒女瞎逛。走一陣，就到了琉璃廠，他們信步走進街去。春節廠甸兒算廟會，琉璃廠的古玩字畫店，也都在門前街邊擺攤位，展示各種稀奇玩物。外公順著走，停在榮寶齋門前。紅柱綠窗，掛滿字畫軸卷，旁邊一溜桌子擺滿紙墨筆硯。

一個店員走過來招呼，四十幾歲年紀，穿綢棉袍，頂瓜皮帽，戴圓片茶鏡，兩手打拱，微微笑，說：「您先生要買字畫，還是文房四寶？本店新進一批上好的宣紙端硯，這邊看。」

外公拱拱手，說：「我們逛廠甸兒，隨便走走。」

店員依然笑著，手一指：「請看那邊，新進一幅王大令《洛陽賦》，先生一定愛看。」

外公點頭，走去看那幅字，三國曹植文，王獻之書。王獻之跟他父親王羲之，都是晉代大書法家，史稱二王。王獻之曾官至中書令，所以稱王大令。《洛陽賦》乃十三行小楷，又稱玉版十三行，虛和簡靜，寬綽靈秀，飄逸多姿。外公看了，不由讚出聲來：「眞小楷之極品。」

媽媽在一邊問：「爸爸，要給我買字帖嗎？」

外公轉過身，說：「你有柳公權和顏眞卿，夠你學了。」

旁邊那店員聽到，插嘴說：「小姐公子在習字，不妨看看這裡新出的歐陽詢《九成宮醴泉銘》，乃是歷代學楷者必臨之帖。」

外公點頭說：「楷書四大家，顏柳歐趙，我家裡都有。小女不過才剛習字，還是臨顏柳二公，稍微簡單些。歐公率更體，唐楷之冠，險勁瘦硬，法度森嚴，意態精密，小姑娘學不容易。」

那店員忙彎腰點頭說：「先生是行家，適才班門弄斧，不勝惶恐。」

外公說：「哪裡，你在這裡見多識廣，還望指教。我們今日不過閒步，不多打擾了。」

媽媽忽然說：「我們去前門吧，我要去買本書。」

外公問：「大柵欄不過幾站路，可以走去。你想買什麼書？」

媽媽說：「買一本曹禺的《雷雨》。」

外公沉下臉，說：「這些左翼作家，郭沫若、茅盾，我老早認識，曉得他們半斤八兩。」

媽媽說：「學校老師同學都說曹禺的書好。」

外公說：「你們學校老師同學懂得什麼，胡適先生說他的東西不好。」

媽媽賭氣問：「胡適先生說不好就不好麼？」

外公說：「胡適先生不會亂說，他有根據。」

媽媽聽外公這樣講了一通，沒話可說，站在那裡發一陣愣，又覺得下不來台，仍然賭氣，連聲說：「我就要讀，就要讀！」

外公終於也動了氣，大聲說：「我們哪兒也不去了，回家。」

媽媽暴跳起來，大叫：「你不去，我自己去，我不要回家。」

街上都是大聲喊叫的人，沒人注意他們。外公不理媽媽，一手拉泰來舅，一手拉恆生舅，大步朝前走。兩個舅舅一人舉著大風車，一人扛著大糖葫蘆，不住回頭望媽媽。

媽媽獨自一人站著不動，看外公三人在人群裡不見了，放聲大哭。才哭一兩聲，意識到自己站在大街上，哭鬧沒有意思，只好收住嚎聲，流著淚，轉身朝東，不管什麼街名，鑽進一條胡同向前走。她知道，前門在和平門東邊。走過一個交叉胡同口，已經出了廠甸兒區域，人立刻少了。再走兩個路口，不再見人，只有小胡同住戶偶然出門。媽媽心裡不安起來，她從來沒有這樣獨自一人在陌生地方走過路，萬一走丟了怎麼辦。她放慢腳步在這小胡同裡蹭，最後停下來，轉過身朝來路張望，已經看不見廠甸兒。又轉過身朝前張望，還看不見前門，前後左右只是這條小胡同，灰房灰牆，也不知道這小胡同是不是通到前門。要問問胡同裡的住戶吧，媽媽又不敢。這裡住的都是窮人，過年也不穿新衣服，臉上髒髒的，走路低著頭，看見媽媽，都用一種奇怪的眼光盯住她望一會。媽媽從來沒接觸過這種人，心裡發毛。

最後，媽媽跺了跺腳，轉過身，慢慢地順著來路，又走回廠甸兒。然後，順著大街走進和平門，到六部口。走在長安街上，她才像醒過來。她委屈、害怕，又憤怒。外公外婆從來沒有這樣把她丟開不管過。她不願意回家，便轉路走到朋友姜碩賢家去。她想坐電車，可是身上沒有錢，只好走路。

到姜碩賢家，天已經蒙蒙黑了。媽媽肚又餓，腿又痛，氣消完了，只剩委屈。一見門裡驚訝的姜碩賢，媽媽便抱住朋友大哭起來。姜碩賢忙把媽媽拉進屋坐下，給她倒一杯開水，把姜伯母叫出來。媽媽這才停住哭，抽著氣，斷斷續續把一天經過說給姜碩賢娘兒倆聽。

「爸爸不要我了！」媽媽說完，又哭，「我怎麼辦，我沒有家了！」

姜碩賢陪著掉眼淚，說：「你可以住我家。」

「瞎說！」姜伯母想笑又不能笑，嗔著臉對兩個女孩子說，「哪有親生父母不愛自己孩子的，不過一時生氣就是了。我看，還是你的不對，眞是大小姐，脾氣太大了些。你爸爸不過要罰你一下，哪裡就不要你了！你不回家，父母早不知已經急成什麼樣子了。」

「他們才不急，他們不要我了。」媽媽說，口氣已經完全軟了。

「再胡說，我也要生氣了。可憐天下父母心，把你拉扯這麼大，不是件容易事。」姜伯母說著站起身，對兩個女孩說，「肚子餓了呢，就先吃一口飯，再送你回家。我這裡只有兩塊烙餅，沒有什麼好吃的。不要吃呢，我現在就送你回家去。」

媽媽坐著不說話，她想回家，又說不出口。

姜伯母說：「快走吧，天晚了，我送你回家。」

姜碩賢說：「我認得路，我也去。」

「那還少得了。」姜伯母說著，拉開房門，先走出去。

媽媽和姜碩賢跟著，走出門，隨著姜伯母。一路上，媽媽低頭不說話，姜碩賢見了，也只好不吭聲。轉進學院胡同，遠遠看見自家院門口有個人影，模模糊糊。媽媽一眼認出，那是外婆。

「姆媽——」媽媽大聲叫著，張開手衝過去，撲在外婆懷裡大哭。

「回來了，回來了！」外婆摟著媽媽，摸著媽媽的頭髮。過一分鐘，外婆又突然把媽媽從懷裡推開，大聲罵，「你長大了，是不是？脾氣大了，是不是？敢頂嘴，還敢一個人跑，是不是？你曉得，你把一家人急死了！越長大越不懂事，大年初一，你發什麼……」

看見姜碩賢母女走到跟前站住，外婆停住罵，抬頭看。

姜伯母說：「我們家碩賢是陶小姐的同學。陶小姐鬧氣，跑到我們家去哭。我說一定是陶小姐惹大人生氣，才有這事。她跑掉了，家裡大人一定急死，趕緊把她送回來。」

「啊呀，實在不好意思，麻煩你們了。」外婆趕忙放開媽媽，朝姜伯母致謝，又說，「快請進屋，大冷天，煩你們摸黑跑這麼遠路。」

姜伯母說：「也沒什麼，只要陶小姐平安就好了。您過年好。」

「過年好，過年好。快請進屋，還沒吃晚飯吧，一定坐下吃一點。」外婆一邊說，一邊拉姜伯母走進院子，朝廚房叫，「老邢，熱一桌晚飯來，有客。」

老邢在廚房大聲應了。

姜伯母推讓著說：「您別那麼客氣，我們都已經吃過晚飯了。」

媽媽說：「她們家就兩塊烙餅，沒有晚飯。」

「我曉得，我曉得。」外婆一邊說，一邊把姜伯母、姜碩賢拉進飯廳坐下。

外婆看媽媽一眼，說，「餓死了吧？自己害自己。」

姜伯母說：「到這個年紀，小孩子都會鬧一陣子，您老也不必在意。像您家這……咳，有錢人家大小姐嘛，脾氣總大一點。」

老邢端進茶水來，笑著說：「先喝點熱茶，暖暖身，飯馬上就得。」

姜伯母說：「眞的，您可別張羅，兩手空空的來，眞是不敢當。」
外婆說：「你把女兒給我送回來了，我該給你磕頭呢！以後叫姜小姐常來玩。」
姜伯母說：「您可別把我們家女兒叫小姐，窮人家孩子，成天跟著做工，哪裡有小姐命。」
外婆說：「哪裡像你說的，姜小姐長得體體面面，將來能嫁個好人家，好日子就有了。」
姜伯母說：「託您的吉言，但願能這樣。」
老邢端個托盤進來，一碗一碟把飯菜放到桌上。一碗粉蒸肉、一條紅燒魚、一碟香酥鴨、一盤油菜、一盆水餃、一罐雞湯、一鍋米飯、一大塊年糕，還有三個飯碗、三雙筷子、三把調羹。
姜伯母驚得站起身，連聲說：「這…這…太多了，太多了！」
外婆臉紅著說：「請莫客氣，沒什麼好的，並不是特別做的，都是剩菜。不好意思，過年拿剩菜招待客人，實在來不及現做，別嫌棄。」
姜伯母重新坐下，說：「一回生，二回熟。鄉裡鄉親的，其實陶小姐常去我家玩，在我家粗茶淡飯，吃過一兩次。」
媽媽嘴裡塞滿了飯，說：「她家飯好吃。」
老邢假裝不滿意說：「比我老邢的飯還好吃嗎？」
姜伯母說：「飯當然總是別人家的好吃。」
大家都笑了。老邢說：「所以你們母女也要多吃我老邢燒的飯。」
姜碩賢母女沒法再推辭，只好拿起碗筷，開始吃飯。
「爸爸呢？」媽媽半天不見外公，以爲外公還在生氣，不肯出來，心裡害怕，抖著膽子問。

「天都黑了，還不見你回家，又回廠甸找你去了呀，你……」外婆說，聽那口氣，又要罵，礙著姜家母女，忍了下來。媽媽不說話，低下頭，眼淚落進手中的碗裡。

姜伯母忽然問：「聽說您要搬家了？陶小姐還念志成中學麼？」

外婆說：「我剛添了個兒子，又雇了傭人，這裡住不下了，只好搬。離得不遠，琴薰還念志成，不轉學。姜小姐常來我們新家玩呀！」

西直門內南草廠的大乘巷，原名大丞相，門牌一號恐怕原是丞相府，房子很大，一副官宅氣派。紅漆大門洞前立了石獅子，飛簷砌著刻花青磚，一尺高的大紅門檻。按風水八卦，大門不在院子正中，而在東南角上。進了大門，便是一面大影壁。外院不大，東西各有兩間廂房，老邢和新雇的傭人周媽各住一間，另一間小張沒事坐著喝喝茶、下下棋。還有一間，空著，堆堆東西。再進去，過垂花門，便是正院，東南西三面一圈抄手游廊，正房七間，兩側廂房各三間。外公外婆和三個年幼的舅舅住在這裡，還有外公的書房、客廳、飯廳、廚房。院裡青磚鋪地，雖沒有學院胡同家裡那麼多花樹，卻有一棵幾百年的老槐樹，樹冠巨大，給整個院子遮了陰涼。後院一進，四間屋子，只有媽媽和泰來舅兩個人住。院裡有一口水井，一棵柳樹。

媽媽高興得跳腳，大喊：「泰ㄚ，我們可以從井裡提水，冬天在院子裡潑水凍冰，我們不用去北海，在家裡就可以滑冰。」

外婆聽見，大聲說：「不許，誰家院裡凍冰場。」

媽媽說：「我們在後院裡凍，你們又不到後院來，不礙你們事。」

外婆說：「把人家院子弄壞了。」

外公說：「算了，算了，才到春天，離冬天還遠呢，何必現在就吵。琴薰，先不要想冬天的事，想想春天的事情吧！」

媽媽又大喊大叫：「我早想好了。從西直門騎腳踏車去頤和園香山近多了，我和姜碩賢陳洞，要騎車子去春遊。」

外公說：「又去頤和園嗎？去過許多次了吧！唉，現在的人可憐，習俗日衰，雅趣全無了。史書上說，明清盛世，每逢春天，北京的紳士淑女，相約出城，到法源寺去賞丁香，到崇效寺去賞牡丹，到豐台去賞芍藥。那是何等情景。」

媽媽說：「我到頤和園去賞玉蘭花，雅趣也不低。」

外婆不滿意，又罵：「從大到小，整天只想玩，這樣玩、那樣玩，不想多做些功課。」

媽媽說：「學校功課我全是一百分，全班第一名，老師又不能打一百二十分，怎麼辦？」

外公笑了，說：「去吧，不過回來要寫一篇遊記我看。書香門第，讀書人當有賞花之趣。」

媽媽聽了，兩腳一跳，說：「寫好了，你還送到晚報上去發表。」

外公說：「只有寫得好，我才會送給人家，寫得不好，誰要看。」

媽媽說：「我用心寫，當然寫得好。」

外婆說：「帶了泰ㄚ一道去。」

五十六

汪精衛答應讓外婆到香港會外公，可陳璧君卻只許外婆帶晉生范生兩舅同行。那是一九四〇年一月十二日。陳璧君說：「三個大孩子留在上海，你放心，我會照料他們。」

外婆笑著說，「汪夫人說得對，孩子們確實不能耽誤功課。」

媽媽眼裡含滿了淚，噘著嘴，低下頭，不再出聲。

這時候，汪精衛從樓上下來，快步走到外婆跟前，伸出手，遞給外婆一個信封，說：「這是兩千塊錢，你拿去買船票。快去快回。」

「謝謝汪先生。」外婆說。

陳璧君對汪精衛說：「一來一去用不了幾天。陶太太說了，她的三個大孩子不跟去，留在上海讀書，我照應他們。」

汪精衛說：「好，好，我們自然會好好照顧。陶太太放心，也請轉告希聖兄放心。」

外婆說：「有汪先生汪夫人照料，哪裡有不放心的？我們走了。」

汪精衛忽然又問：「陶太太一人上路，是否要帶個勤務兵？」
陳璧君點頭說：「此話有理，我們應該派兩個人路上照顧一下。」
外婆忙說：「希聖有許多學生，他不在家的時候，總是他們幫忙，孩子們都熟。我找個學生幫忙就好了，汪先生公務繁忙，不好打擾。」
陳璧君說：「那有什麼打擾，不是汪先生自己去。我來派兩個人……」
外婆說：「我一個人去，可以租個屋，把希聖接出來單獨住，勸說他。汪先生派了人一起去，樹大招風，香港人人曉得了，還做得到機密麼?說不定，事情反倒不好弄。」
汪精衛聽了，點點頭，兩手倒背，踱了十幾步，滿屋人誰也不吭氣。陳璧君坐到椅上，喝起茶來。最後，汪精衛走到外婆面前，說：「陶太太此話有理。我聽說希聖兄教學多年，桃李滿天下，學生們都很欽佩他。那麼請陶太太找兩個學生隨行，所有旅費，回來以後一起報銷。」
外婆忙彎腰道謝，說：「謝謝汪先生。」
陳璧君站起來，說：「你們什麼時候走呢？」
外婆說：「事不宜遲，如果可能，明天就走。」
陳璧君說：「我派人去給你們弄明天船票。」
外婆說：「謝謝汪夫人關照。不過這事要機密，不要讓香港方面得知是汪先生派我去。最好還是我自己去買船票。」
汪精衛說：「對，我下令，讓司機現在送陶太太去十六鋪。」
外婆說：「我們還是先回家去，那幾部幫忙搬家的車子還停在門口，我要去打發掉才好。」

汪精衛忽然高叫一聲：「來人！」

「有。」門外副官應一聲，大步走進來，對汪精衛敬禮，等候吩咐。

汪精衛說：「傳我的話，陶先生不搬家，讓他們給我馬上撤走，通通撤走。陶太太回到家的時候，如果還能看見一個人，我就把他們一夥都槍斃。」

那副官面無表情，應一聲：「是。」敬禮轉身，走出屋子。

外婆說：「汪先生不必生氣，他們也是好心。」

汪精衛說：「我對希聖很佩服，誰對他不恭敬，我對誰不客氣。」

陳璧君說：「不要耽誤了，陶先生回來後，我們再長談。陶太太趕緊去辦事，明天上路。」

汪精衛朝門口走著，又喊：「來人哪，招呼陶太太上車回家。」

門外一片答應之聲，外婆走出屋門，媽媽拉著外婆的手緊隨。汪精衛夫婦一直送到門口，看著外婆兩人坐進車裡，才轉身回屋。

坐在車裡，媽媽悶聲不響。外婆在郵電局門口停了一停，給外公發出一封電報，報告將去香港會面的消息。然後回到環龍路，弄堂裡果然早已空無一人，連平時在弄堂裡監視的人，也一個不見。走進屋，廚子老李和傭人趙媽也不在，大概也在火頭上躲開了。外婆和媽媽不說話，直接上樓，進了外婆的屋子。幾個舅舅也都馬上跟了進來，站在一邊看。關上房門，外婆才把媽媽摟進懷裡，眼裡流淚，說：「我們不能跟他們爭，引起疑心，我們一個都走不脫。」媽媽在外婆懷裡點頭。母女兩人抱在一起哭了一陣，才慢慢靜下來。

外婆嘆口氣，說：「我們只好走掉一個算一個。」

媽媽抬起臉，擦著雙頰上的淚，說：「反正爸爸媽媽走了，兩個弟弟走了，也是好事。」

外婆說：「你在上海，好好照看泰來恆生兩個。」

媽媽點點頭，說：「我會。」

外婆轉過頭，望著幾個舅舅，說：「我帶晉丫范丫兩個，去香港找爸爸，明天就走。琴薰帶著泰來恆生兩個，留在這裡。你們兩個聽姐姐的話，不許吵。我們到了香港，自會想辦法，把你們都救出去。家裡外面，講話小心，莫提我們去香港的事。什麼都當作不曉得，聽到麼？」

泰來舅低著頭，答說：「聽到了。」

恆生舅嘟著嘴，問：「姆媽什麼時候接我們去香港？」

「不會久，爸爸和我會馬上想辦法。」外婆說著，站起來，又說，「我要去一趟十六鋪。」

媽媽說：「姆媽，你真去買船票嗎？船票早買好了。」

「我曉得，可是不能讓愚園路發現我們已經買好了票，那司機還在外面等。我去一趟十六鋪，不買票，把你們三張票退掉。」外婆這一說，媽媽又哭起來。

外婆說：「莫哭，幫我給曾資生打個電話，請他路上幫忙。」媽媽答應了，外婆便出門。

晚上，誰也吃不下飯，所有的碗盤怎麼端出來，又都怎麼端回廚房。愚園路來電話，問清外婆第二天班船時間準備派車。

第二天一早，愚園路派兩輛汽車來，接媽媽一家到十六鋪碼頭。他們剛上車坐好，老李和趙媽匆匆跑來，一個坐進外婆那輛，一個坐進媽媽這輛。看來是接到七十六號命令，加緊監視。

天陰沉沉，鉛灰的空中，團團烏雲緩慢蠕動，好像要掉到人頭上來。寒風扎臉刺骨，在人睫毛上黏掛冰珠。路邊枯樹赤裸著枝幹，像一隊隊精靈，張牙舞爪。黃浦江上過往輪船，嗚嗚響著汽笛。江面的浪，衝撞泊在碼頭上外婆坐的那條船，發出通通的聲響，震得人耳朵痛。

外婆一手領范生舅，一手提個手提包，慢慢走上船。晉生舅背個書包，低著頭，跟在後面走，不住回頭看岸上的姐姐哥哥。

四個愚園路派來監視的人，兩個司機，加上老李和趙媽，看見媽媽和泰來恆生兩舅老老實實站在岸上，沒有偷登上船的意思，便放了心，遠遠站在後面說閒話，望著船上船下的人。

外婆到了船上，扶著欄杆，望著岸上的媽媽和舅舅們，默默垂淚。晉生舅站在外婆腿邊，揮著手，朝岸上叫：「姐姐、大哥、三哥……」范生舅兩手抱著外婆的右腿，也喊叫：「姐姐、大哥、三哥……」

媽媽站在碼頭上，放聲大哭，眼淚洶湧而出，擦也擦不乾。透過蒙眼的淚，什麼也看不清，只有烏濛濛一片，好像是世界的盡頭。泰來恆生二舅，站在媽媽兩邊，都低著頭，不去張望船上的外婆和兩個舅舅，咬著牙，忍著眼淚。生離乎？死別乎？無從逆料，悲傷莫名。

沒有多少人乘這條船，除非特准，日本人不許上海人去香港。水手們船上船下四處吆喝，跑過來跑過去，乒乒乓乓丟東西。三三五五，一隊一隊日本憲兵在碼頭上巡邏，大皮靴踏著地，卡喳卡喳響，都穿著長長的土黃色軍呢大衣，腰裡紮皮帶，胸前掛子彈帶。肩上背的長槍都上著刺刀，在冷風中閃著陰森森的光。衣領上兩塊紅領章，像凝固的鮮血，刺得人眼睛疼。

船終於走了，帶著外婆、晉生舅和范生舅，走掉了，把媽媽、泰來舅和恆生舅留在上海。過了一會，那兩個司機和老李趙媽走過來，把媽媽和兩個舅舅死拉活拽拖進汽車，送回環龍路。一路上沒有人說話……

進了家門，幾個人還是都沒聲響，老李和趙媽在廚房嘰嘰咕咕幾句，走出來，說：「我們去買小菜。」說完便匆匆走了。

泰來舅獨自一個坐在大沙發上發呆，身上的棉大衣也不脫。他平時很愛乾淨，此刻棉鞋上的泥水流到地毯上，也沒有感覺到。恆生舅一個人走進外公書房，關上門，站在裡面，望著牆上外公外婆的合影相片。他從小自認是條硬漢子，從不肯在任何人面前表現軟弱，此刻望了一陣照片，終於忍不住痛哭流涕，剛才在碼頭上硬忍的委屈一瀉而出。媽媽急急跑上樓，關在自己屋裡，拿被子蒙住頭，哭一陣、想一陣，想一陣、哭一陣。

等待總是炎熱的。雖然是陽曆一月，陰天冷風，媽媽和泰來恆生兩個舅舅，卻整日焦躁不安，心如火燎。外婆走後兩天，高中開學了。媽媽去學校上課，暫時得以轉換一些注意力，每天有一會兒放鬆。初中和小學還沒開學，泰來舅和恆生舅只好在家裡，每天各自安裝礦石收音機。到了夜深人靜，他們便把幾台收音機同時打開，各機調到不同頻道，同時監聽各地所有新聞。媽媽和兩個舅舅伸著耳朵細聽，害怕聽到有關外公的任何消息。如果外公在香港公開露面說話，批評汪先生，那就糟了。汪精衛陳璧君便一定饒不過外公，他們三姊弟在上海，也必死無疑。

環龍路住家附近，這幾日又多了不少閒蕩人物。老李趙媽，一天到晚，言行詭異，時刻跟著媽媽三人，寸步不離。媽媽發脾氣，罵他們，讓他們走開。

趙媽笑著答說：「汪夫人專門囑咐，要好好照顧小姐公子，照顧不好，要吃罪的。」

老李忽然被調走，換了個新廚子叫老魏。媽媽和舅舅們很怕老魏會在飯菜裡下毒，頭一天每次吃飯樣樣飯菜都先給家裡養的小貓吃一口，見那小貓沒有中毒，才敢自己吃。這動作讓老魏看到，很生氣，說：「我會在菜裡面放毒嗎？陶先生不幾天就回來了。我怎麼交代？」

媽媽想想也對，不過每頓吃飯，老魏總在桌邊轉來轉去，也是討厭，他們三人不能說話。

第五天頭上，汪公館專門打電話通知媽媽：外婆已有電報發到愚園路，他們母子三人安抵香港，見到外公，外公已同意儘快隨外婆回上海來。汪先生夫婦接到此信之後，很覺安慰，已於當天啓程，去青島公幹，周佛海先生也同去。以後這幾天，媽媽有事，找汪先生秘書。

又過了兩天，曾資生忽然獨自從香港回到上海。他沒有到家裡來，神不知鬼不覺，到媽媽的學校，趁著學生做早操的時候，在校園裡找到媽媽，對她說：「老師師母在香港很好。他們現在什麼話都不會說出去，一切要等把你們三人救出上海以後再辦。」

媽媽聽了，眼淚流了一通。

曾資生又說：「重慶政府很關心這件事，專門派人到香港，請求杜月笙先生搭救你們三個。杜先生已經秘密指派萬墨林先生，安排搭救你們。杜先生和萬先生在上海有很大的勢力，一定有辦法。你們三個要靜待安排，悄悄準備些隨身物件，以便隨時行動。有指示，我會再來這裡找你聯絡。在家裡，行動要小心，不要讓七十六號的人發現。」

媽媽答說：「這我們早都懂了。」

曾資生點點頭，說一聲：「保重。」便匆匆走了。

媽媽當天在學校裡想了一天，因爲這，她算術課小考，一道題都做不出，交了白卷。老師看到大吃一驚，連聲問：「陶小姐是否身體不適？要不要回家休息？」

媽媽稍一猶豫，眼睛一轉，答說：「頭有些痛。可是司機要到放學時間才來接。」算術老師便讓媽媽坐在教室後排，趴在桌上休息，不必做功課，而且寫了一個便條，留給隨後幾個任課老師，囑咐他們給予媽媽照顧。於是媽媽別無旁顧，可以安心想自己的計策。

吃晚飯前後，曾資生打來個短短的電話，只說是個朋友，問他們好，然後說聲明朝會，急忙掛掉。媽媽曉得是曾資生通知她明天在學校見面。

那一夜，媽媽睡得不好，翻來翻去，心裡七上八下。因爲外公脫逃成功，上海碼頭警備更加森嚴，七十六號的監視也加倍嚴密。只怕萬墨林先生看事情難辦，撒手不管了，那怎麼辦？

媽媽胡思亂想一夜，第二天起床，頭昏眼沉，不想上學，但又一定要去學校見曾資生，所以她掙扎著到了學校。今天是眞不舒服，媽媽第一節課跟老師說明，得到許可，到學校會客室大沙發上，趴著休息，不必上課。十點鐘上早操，媽媽到校園裡活動一下，清醒一些，又在後操場邊見到曾資生。兩個人蹲在牆腳，躲在一棵樹的後面。

曾資生問：「陶小姐，你臉色這麼不好，生病了嗎？」

媽媽說：「沒有，昨晚沒睡好。就怕太難，人家不會來救我們。」

曾資生說：「你放心，杜先生和萬先生是有名望有地位的人，他們說要救你們，一定做得到。他們什麼樣難關都過來了，總有辦法。而且聽說，這件事是蔣委員長親自下了命令。」

媽媽說：「爸爸得罪了蔣委員長，他們不會管我們了。」

曾資生說：「誰說的？杜先生爲這事，親自坐飛機從香港到重慶去了一趟，討論這件事。蔣委員長親口拜託杜先生，一定盡力救你們一家出去。那不會錯，杜先生親口對陶老師說的。」

媽媽聽了，心裡暖暖的，沒說話。

曾資生說：「杜先生從重慶回香港，中途突然遇到日本空軍阻截，用機槍猛烈掃射。幸虧機師沉著鎮靜，技術高明，把飛機一路昇高，甩掉日機。可是飛到八千尺高空，空氣稀薄，杜先生呼吸困難，幾乎窒息。機師給香港機場打電話，準備醫生擔架。杜先生下飛機，被擔架抬回家去，由醫生急救。他剛一喘過氣，躺在床上，便開始安排援救你們的計畫。」

媽媽聽著，一會兒心提到嗓子眼，一會兒心裡酸酸的，眼淚在眼眶裡打轉。她說：「我回到香港，一定去給杜先生磕頭道謝。」

曾資生說：「所以，你們三個一定能夠逃出去。汪精衛夫婦到青島去了，愚園路的人都懶散起來，正是展開行動的好時機。昨天萬先生到環龍路附近觀察，發現那地段正修馬路，壓路機震天作響，正好利用。萬先生也打聽出來，師母在滬西有個娘家表妹，開一座煤球工廠。」

媽媽說：「我叫表姨，恆生本是過繼給他們的。」

曾資生說：「好，你們今天下午開始，聽仔細這樣行動。」

五十七

天很暖和，陽光明媚，媽媽、姜碩賢、陳洞、泰來舅，四個少男少女，在大街上騎著車，大聲說笑，引得路人忍不住看他們。那是一九三七年春天。

姜碩賢瘦小苗條，穿件灰布大襟短上衣，長褲，戴副白邊眼鏡。媽媽穿件淡藍小黃花的旗袍，腳穿黑皮鞋，大聲說話，大聲笑。姜碩賢的男友陳洞，一身短衣，戴個布帽，不多說話，個子不低，模樣平平。泰來舅年紀小一點，穿一身學生裝，不聲不響，只有跟著的份兒。

過了白石橋往西北去，就是鄉下，全是土路，路上來回跑馬車驢車，到處是一攤一攤的驢馬糞。魏公村、雙榆樹，不過是兩個小村鎮，四周都是莊稼地。海淀鎮上還算有條街有名字，叫蘇州街，挺好聽的，可跟蘇州沒一點相同的地方。蘇州街上，不過有幾個小店鋪。當年慈禧太后走這條路去頤和園，就算坐轎子，顛三十里路，也夠受的。

進了頤和園威武豪華的三開大門，他們便先到樂壽堂玉蘭院。玉蘭花是媽媽最喜歡的花，可惜北平天冷，極少見玉蘭花，所以每年玉蘭開花，媽媽必來頤和園賞看。這裡兩棵玉蘭花樹並不大，每棵不過幾個枝杈，葉子不多。兩棵兩色，一白一紫。白樹上玉蘭花沒謝，紫樹上花剛開，花都很大，每一瓣都飽滿，在空中展現柔軟的曲線。偶爾一兩瓣玉蘭花瓣脫落下來，躺在地上，媽媽輕輕拾起，夾在隨身帶的書裡。那玉蘭花香，就是花瓣乾黃了，也還不消散。

看夠玉蘭花，媽媽再無所求，跟著瞎逛。四個人上了長廊，一節一節看長廊上畫的故事。走到排雲殿，國花台大叢牡丹還沒有開，只有些蓓蕾；抬頭可以看見半山樹影中的銅亭。佛香閣是頤和園的中心建築。爬上百級石台階，人人站著喘氣。靠著琉璃瓦矮牆遠望，腳下昆明湖波光搖曳，西堤彎彎像一條曲線，拱橋如月，倒映水裡，畫出一個圓。遠處四野田地，幾處樹叢密集，房屋錯落，炊煙繚繞。

回到家，已經天黑，媽媽和泰來舅肚子都餓扁。家裡人早都吃過晚飯，各行其事，媽媽和泰來舅坐在飯廳裡，老邢熱菜上飯。媽媽塞了一嘴饅頭，忽然回頭，隔著門，大聲說：「爸爸，燕京大學進進出出的學生，穿西裝的比你們北京大學的多多了，個個都那麼氣派。」

外公聽了，放下書，走出書房，笑呵呵地說：「當然，北京大學的學生都是穿藍灰色長衫短衣，西裝少見。北大窮，燕大闊，清華俊，師大老。我在這四間大學都任教，當然最曉得。」

媽媽說：「燕京大學的門也比你們沙灘北京大學氣派得多，雕樑畫棟，金碧輝煌。」

外公有點驚訝，說：「你居然會用這樣的字詞？」

外婆正走出屋門，搭了一句：「有其父必有其女。」

外公點頭，笑了，說：「自然，我的女兒，當然有文采。」

媽媽又說：「每次去頤和園，經過圓明園，總會覺得難過。原本那麼豪華高大的廳堂館殿，現在只剩齊腰野草，一些巨大的白色石樑石柱，站立的、傾倒的，還有些不整的台階。」

外公說：「是啊，英法俄德等八國聯軍放火燒完了。頤和園一九〇〇年也曾遭西方八國聯軍洗劫過，裡面許多珍奇玩物都讓洋鬼子們偷走搶走了，我們中華民族讓外國人侵略的血淚歷史啊！現在，日本人又來了，又要來毀滅北京了……」

媽媽問：「爸爸，你說，我們中國那麼大，日本那麼小，爲什麼我們總要受日本欺侮呢？」

外公說：「這個問題太複雜，一下子說不清。你好好學習歷史，才會明白。」

媽媽低下頭悶聲吃飯，想外公的話。

外公說：「看看頤和園，你就想得到，爲什麼中日甲午海戰，中國水師會全軍覆沒。」

滿清政府撥款建設海軍，水師拿了錢，造頤和園，討好慈禧太后，造一座石舫，鑲著彩色玻璃窗，停在昆明湖裡，請慈禧太后坐在石舫上，檢閱水師官兵。如此腐朽的政府，豈能不敗？

泰來舅放下碗，說：「我吃好了。」說完便走出去，回後院自己房。

外公還在飯廳裡踱步，說：「這一次，我相信，中國人一定要勝利，我們再也不能屈服於日本人的侵略了……」

外婆在屋裡幫兩個年小舅舅收拾乾淨睡下，跑回前面餐廳，對外公說，「看看幾點鐘了，還在這裡演講。去吧，新泡的漢宮烏龍，喝你的茶，看你的書。」

外公走回書房，在書桌邊站著，彎著腰，揭開茶盅蓋細看。茶色明豔橙紅，飄蕩出一股天然獨特的香味，小飲一口，只覺齒頰留香，久不散去。外公點點頭，放下茶盅，坐到籐椅上，翹起一條腿，伸手從書桌上拿起書，嘴裡哼著皮黃，即生即旦，搖頭晃腦。

媽媽在廚房洗碗，聽見外公唱戲聲音，笑著從門裡探出頭，故意挑逗說：「爸爸，你今晚是寫文章打架？還是看之乎者也取樂？」

外婆在身邊小聲罵：「你又去招惹，開了講，你去聽麼？」

外公在書房裡說：「我在北大經濟史研究所忙了兩年，收輯資料，編成《唐代經濟史料》八冊，北京大學已經出版。那幾個學生親兵連士升、鞠清遠、沈巨塵實在不錯，出了很大力。」

媽媽手裡洗著碗，吐了一下舌頭。外婆瞪她一眼，兩人都不吭聲。

外公還在書房裡接著說：「我自己把中國政治思想史和中國社會史兩課講義編寫增修，又出版一套四冊《中國政治思想史》，七十萬字，闡述中國社會發展五階段理論，算是我這五年多研究中國社會史的總結。從一九三一年到今年，我與共產黨人論戰，一日無停，可謂嘔心瀝血。近幾日看到報章，日本學界有人稱這一段中國社會史論戰時期為陶希聖時代，哈！」

媽媽剛擦乾手裡的碗盤，放到一邊，聽見外公發笑，忙走出門來。不料外公只乾笑了一聲，便無音訊。門裡望去，他正端著茶盅，細品那漢宮烏龍。

媽媽走進書房問：「爸爸，茶要添水麼？」

外公放下茶盅，點頭說：「要的，要很多！今晚要寫文章。」

媽媽端著茶盅走出書房，說：「又要趕夜工嗎？」

外公嘆口氣，說：「眼下社會動盪，時局緊張。一方面日寇蓄意進攻華北，危機日緊，國難當頭，迫切需要萬眾一心。一方面共產黨宣傳日強，干擾民心，分散抗日凝聚力。這種局面，我不能坐視不問。近些日子，我在北平天津各地報刊上，已經連續發表了四十多篇文章，右則反對胡適先生否定中華傳統全面西化的主張，左則痛揭共產黨人的封建獨裁恐怖思想……」

媽媽把添好水的茶盅又端進書房，放到外公的書桌上。

外公還在說：「……我告訴共產黨人，一黨爲主不是民主……」

外婆從書房裡拿出字紙簍，準備倒掉，忽然問：「這裡一堆信，兩三天的，都丟掉麼？」

外公頭也不回，說：「都丟了。」

外婆說：「你連拆都沒拆，就丟掉麼？」

外公說：「就因爲我這樣左右開弓，已經許多日子，北平幾間大學許多左派教授看到我，都悻悻然不予理睬。批判辱罵我的文字信件也越來越多，我懶得去看。」

外婆說：「萬一裡面有要緊的信呢？」

外公說：「那麼你翻一翻，你覺得要緊，就留給我看一看。」

外婆放下紙簍，翻看信封，說：「這裡一封，是北平農學院總務處吳先生發來的。」

外公抬起頭來，說：「農學院？我認識北平城裡許多教授，但是從來沒跟農學院的人打過交道，更不認識總務處的科員。難道我的文章有益養豬種瓜，或者干擾修理桌椅？拿來我看。」

外婆抬頭看見媽媽，便叫：「琴薰，把這信拿給爸爸去。」

媽媽跑來，把外婆遞過的信拿進書房，遞給外公。

外公拆信看一眼，說：「這位吳先生約我後天到他家小坐，會見一位凱豐先生。」

外婆問：「哪個是凱豐？」

外公笑了一笑，說：「前幾日收到過一封信，連寄信人地址都沒有寫，只有凱豐二字。我不記得在哪裡見過這個名字，所以看了一看。他說他願意出面調停這場大論戰，哈，何許人也，口氣未免過大。那信我順手丟掉了。不料那位凱豐先生竟已經來……字紙簍拿過來，快！」

媽媽忙跑過去，從外婆身邊，把字紙簍拿進書房。

外公不及說話，彎下腰，到字紙簍裡翻，一個腦袋險些扎進簍裡去。一會兒，他直起身，舉著一張信紙，說：「在這裡，這位凱豐先生的親筆信。」

外婆手裡還抓著一把信，走到書房門邊，問：「你要怎樣？」

外公說：「欣然前往。」

外婆說：「不許去，北平城裡講道理的人，你大都認得。這兩個人，你不認得，誰知道是什麼人。」

外公說：「那還用猜麼？只可能是共產黨。其他任何黨派的人，要跟我談話，寫信來一定會寫地址，何至於如此神祕。」

外婆說：「怕的就是共產黨，你自己曉得他們的厲害。萬一眞是個共產黨，你怎麼辦法？」

外公說：「共黨裡面有些人，也不都是個個青面獠牙。我認識不少老共產黨：陳獨秀、惲代英、施存統幾個，人都很好。他們要來見我，去談一談，未嘗不可。他既寫信來約，我有了準備，他便不至動粗。這裡白紙黑字留了底，此去不歸，你當晚去報警就是。」

外婆想了一想，說：「我要琴薰跟你一起去。」

外公「呵？」了一聲，說：「不可以。冒險不冒險，我可以去走一遭，她不可以。」

媽媽生氣，虎著臉，提高聲音：「我就要去！」

外公說：「後天你要上學。」

媽媽說：「我請假。」

外公說：「我不給你寫假條。」

外婆接口說：「我給她寫，我要她跟著你去。」媽媽樂了。

外公看看外婆媽媽兩個，嘆口氣說：「你們贏，你們贏，我帶你去就是。」

媽媽說：「什麼時候？」

外公說：「下午五點。」

「下午五點，早放學了，還說我要上課。」媽媽說著轉身走出書房。

外公笑一笑，外婆也笑一笑。

五十八

外公帶了媽媽，如約前去會見那位神祕的凱豐先生。外公決定稍微早些到，先在吳先生家外面四周看看情況，到時間再進去。吳先生家住北海後街，媽媽跟去，但不進吳家。

西直門到什剎海，經新街口、護國寺、平安里、廠橋，就到了，不太遠。小張腿快，沒多大一會兒，就到了吳先生家。那是一個典型的北京小雜院，從外頭看進去，那院裡住了好幾戶人家，平平常常。外公和媽媽坐在洋車上，慢慢繞著那胡同走了幾分鐘，覺得沒什麼異樣，也沒有多少人在附近走動。回到胡同口，外公和媽媽下了車。

小張樂呵呵地說：「得了，您二位要上哪兒溜躂，就上哪溜躂去。我呢，把車擱這兒，往上這麼一坐，一翹腿兒，打個盹兒。您什麼時候完事兒，咱什麼時候走，甭著急。」

外公說：「這樣不合適。咱們早說好了的，你這就回家去……」

小張說：「躺車上也是歇著，還小不溜的看著點兒，有個情況兒，能給您通個信兒。」

外公說：「你這可……」

「得了，您二位就走吧，上北海裡頭遛遛彎兒。拉車的，大街上睡，不新鮮，沒人留神。得，陶先生，回見。」小張在車上，把黑氈帽蓋在眼睛上，翹起個腿，不說話，睡了。

外公只好說：「那就辛苦你了。」然後拉著媽媽，過大街，進北海。

北海像個鴨梨形狀，裡頭熱鬧地方，都在前門，鴨梨大頭一邊，主要是個人造湖，湖中有個瓊島，是座人造小山，挖湖的泥堆成。山上種許多樹，蒼翠叢綠之中，顯現一些紅牆黃瓦。山頂修了一座高大渾圓的白塔，緬印樣式，據說塔裡埋著佛經和舍利子，誰也沒見過。從北海後門進去，就在鴨梨的尖底一頭，除了湖，什麼都沒有，離前門挺遠，也沒橋可以通上瓊島。只有順湖邊一溜大垂楊柳，很好看。樹幹多朝湖水傾斜下去，搖曳柔軟的柳枝都臨湖垂下，柳梢觸入水面，風一吹，柳枝擺動，撥出水面圈圈不盡的漣漪。時值初秋，柳條上碧葉豐滿，時而散落一二，悠悠入水。柳葉細長，落在水面上，像片片小舟，翹著兩端，久久不沉，漂浮蕩漾。遠處清清湖水，倒映瓊島上綠樹叢中紅牆白塔，實在一幅風景畫。

外公和媽媽進了後門，並不走遠，坐在湖邊一條長椅上，望著藍綠的湖水，湖邊的垂柳，水面的柳梢，和水中的倒影。媽媽說：「放假了，我要來畫這幅畫。」

「大好河山，景色如畫。」外公說，眼光憂鬱，「何以非得槍炮相加，毀於戰火。唉……」

媽媽問：「你說日本人嗎？」

外公沒有答，默默坐著，嘆口氣。過了一會問：「學校裡功課怎樣？」

媽媽說：「爸爸，我們下學期開始要學外文，我學英文，還是法文？」

外公說：「這兩種語言，我在大學都學過。英文常常要用，至今還記得，我主張學英文。」

媽媽說：「對，將來還可以到英國去留學。」

外公問：「爲什麼到英國？不去美國嗎？」

媽媽說：「美國只有電影，英國才有文學。我喜歡英國文學。」

「呵，說起學法文。我倒想起個好笑的事。」外公還沒說，自己先笑起來，「我們那時做學生，沒有錢，坐火車坐三等，一上車就搶座位，一人占一條三人坐的長椅，可以躺下睡覺，人來了也不讓。那年，我們湖北老鄉夏安修和張濟民兩個，從武漢坐三等火車回北京。我上大學的時候，北平還叫北京，不叫北平。好了，這二人各躺一條長椅，走了半路。到了信陽，上來一個人，穿西服戴呢帽，一手抱大衣，一手提皮箱，模樣精幹。他找不到座位，便請求夏張二位讓一讓。這兩人看看他說：你這樣整齊的西裝，應該去坐頭等二等，何必來要我們三等座位，不讓。那人說：那麼讓我把東西放一放，輕鬆些，去找座位。夏張二位也不肯。那人硬把大衣皮箱放下，走開了。過了一會，他回來說：找到座位了，來拿東西。他的皮箱還在原處，大衣可溜到痰盂上去了。那人很生氣，臉都紅了，可還是很客氣，一聲不響走了。到了北京，各走各路。北大開學，第一天上法文課，教授走進來，原來是火車上那位穿西裝戴呢帽的精幹先生。那一年，夏張兩位的法文課，總是不及格。」

媽媽大笑起來，拍著手叫：「這叫善有善報，惡有惡報，活該！」

「所以呀，做人還是厚道一點才好。」外公看看手錶，說：「呀，差不多到了，走吧！」

兩個人走出北海後門，來到吳先生家的胡同。小張還坐在洋車上打盹，氈帽扣在眼上。他們走近，小張忽地坐起，拿下氈帽，對他們一笑，說：「這半天，沒一個人走過，瞧著挺靜。」

外公說：「那好，我就進去了。琴薰，你回北海裡頭去等著好了。一個鐘頭爲限，在這裡會合。我早出來了呢，也到北海去等。」

媽媽說：「你一個鐘頭不出來，我就去敲門。」

外公點點頭，又看看錶，邁步到吳先生家院門口，走進去了。

小張說：「小姐站這兒幹麼？先生說了……」

媽媽說：「我在這兒等，不去北海。」

小張跳下車，戴好氈帽，說：「別啫，別啫。你大小姐，站在當街，算是怎麼回事兒。這麼著吧，這兒離地安門鼓樓就幾步路，我拉你去那兒逛逛。過不了一鐘頭，咱們就回來。」

媽媽高興了，說：「行。」

小張拉上媽媽，一溜小跑，上地安門，逛鼓樓去了。媽媽心裡有事，哪兒也不想多待，整一個鐘頭，他們便回到北海後街。不想外公倒已經在那兒等著，倒背著手踱步。

小張忙問：「不是說早出來了，您去北海等嗎？幹麼在街上站著？」

外公擺擺手說：「才出來幾分鐘，也沒必要去北海了。」

小張說：「得，那您上車吧！還去哪兒轉轉嗎？」

外公抬腿上車，說：「不了，直接回家。」

小張說：「您坐穩，起身了。」車跑起來，迎著涼風，很覺爽快。

外公說：「我說沒事就沒事，和和平平，聊會子天而已。」

媽媽問：「那個凱豐是什麼人？」

外公說：「我進了吳先生家，一共就我們三人。吳先生是個嘍囉，坐在一邊，話也不敢說。凱豐一看就知大有來頭。讓茶之後，凱豐說明，他從延安專程來北平跟我面談。我聽了，有些吃驚，不知該憂該喜。延安是共產黨中央的所在地，顯然這凱豐是共產黨的頭頭。」

媽媽看著外公，問：「他來找你做什麼？」

外公瞇著眼，慢慢說：「他說延安的共產黨中央，已經決定聽從蔣委員長指揮，參加國民政府領導的全國抗戰。北平各大學裡的左派教授，多年反對國民黨和國民政府，現在忽然要他們接受三民主義和統帥命令，不大容易。我聽了講不出話來。凱豐說，他這次來北平，是想調停我同他們之間的這場鬥爭。我說：鬥爭的動力不在我。左派要分裂中國，我反對分裂中國。凱豐說：我們會動員左派教授們停止攻擊國民政府，也請先生不要再攻擊共產黨和那些左派教授們了。我當然不相信。不過，如果那些攻擊我的人眞能停下來，倒也是幸事。這樣中國可以集中力量抗日了。」

果然，沒過幾天，北平的左派教授們便都安靜下來，一場轟轟烈烈的中國社會史大論戰就此淡出，過不久，漸漸銷聲匿跡。外公雖覺輕鬆一些，卻又很不安。社會史論戰沒有辯論清楚，實際給共產黨宣傳留下了生存的空間，可是外公沒有別的辦法，還是團結抗戰要緊。

一九三七年夏初，外公接到南京國民政府的請帖，請他到廬山牯嶺，出席中央政治會議。北平秦德純市長又邀出席牯嶺會議的人士吃一次宴席，設在中南海乾隆皇帝的書房。乾隆皇帝在滿清歷史上最有力量，學識也最淵博，他的書房也最豪華，滿屋都用玻璃裝飾。席後，秦市長請大家到陽台吃茶。夜空晴朗，玉兎高懸，一二細雲劃月而過，如畫一般。園中湖水，倒映月影，漣漪起處，便有千萬絲銀光閃耀。外公不免多喝了兩杯，告辭時很有些醉意。

回家路上，外公搖搖晃晃，走在中南海高牆下面的林間小徑上，忽然聽見背後有人叫他。外公轉身一看，大叫：「啊呀，是光人兄！」

張光人兩手打拱，說：「一別多年，希聖兄仍然記得我。」

「當然，當然，我至今還代存著你幾封信呢！」外公兩手抱拳，覺得臉紅起來。

「那些信沒有用了。」張先生張開兩臂，邀請外公：「找個地方坐，聊聊。喜相逢茶館吧，怎樣？」

沒有幾步，一出府右街，拐角就到。二人進店，坐定下來。店小二舉手托一個茶盤，送來一把茶壺，兩個茶碗，普通茉莉花茶。外公爲兩人倒著茶，問：「張兄別來無恙？」

張光人說：「上海一別，小弟去日本兩年。我現在用筆名胡風。」

外公說：「我的天，老兄即胡風。大名鼎鼎，大作家，嘿嘿，大……」

胡風說：「不要嘲笑，這是你我之間，何必……」

外公說：「這樣正好，我一直想找個眞正的左派文化人談談。這多年來，那些整天在報上罵我的人，我發現其實大多算不上文化人，完全沒有文化。你老兄自然不同，大文化人。」

胡風說：「希聖兄，有話直說，何必取笑。」

「啊，我是該稱乎你光人兄呢，還是胡風兄？」外公問完，也不等回答，自己回答說，「我看還是稱光人兄吧！從武漢起就這樣慣了，一時改起來也彆扭，老朋友，怎麼樣？」

胡風說：「這樣，我心裡舒服。我沒有拿你北大名教授，社會大名流來說笑一句。」

「哪裡，哪裡，不過多做幾場演講而已。」外公有些不好意思。

胡風說：「希聖兄剛才說，有什麼話要小弟領教？」

「呵，哪裡。」外公笑笑說，「共產黨裡能有光人兄這樣的人領導，事情不至於太糟。」

胡風一時語塞，道：「此話怎講？」

外公說：「我在北京大學講課，常對我的學生說，只要自己去讀一讀馬克思的原著，就再也不會相信中共了。中共搞的這一套，實在跟馬克思主義差之千里。」

胡風嘆了口氣，說：「我是共產黨，可我也是文化人。我有我自己的思想，你該了解我，我心裡常有許多矛盾，許多苦悶。」

外公說：「你保持自己的頭腦，日後會有難過的日子。據我所知，貴黨不容忍獨立思維。」

「我有時也這樣想，不過那好像還很遙遠，現在想，徒增煩惱。」胡風突然壓低聲音說，「好在眼下，這個矛盾有了解決。」

外公看他神色有異，放低聲音問：「怎樣？」

胡風說：「這幾年中國需要全國抗戰。我們黨一直只講階級鬥爭。我心裡常苦惱，是參加階級鬥爭，還是參加全國抗戰。現在解決了。共產黨中央已經決定參加全國抗戰，服從蔣委員長指揮，紅軍編爲八路軍。兩種鬥爭成爲一個，就沒矛盾了。」

「我自然曉得。」外公喝一口茶，說，「不過，你確定他們是眞心的麼？」

胡風問：「什麼意思？」

外公說：「你相信延安貴黨中央會誠心參加全國抗戰，會眞心聽從國民政府指揮麼？」

胡風喝著茶，許久沒有作聲。

外公又慢慢地說：「他們或許可能暫做一時，你覺得舒服。但我想，他們會在全國抗戰陣營內部，繼續發動階級鬥爭，干擾全國抗戰。即便他們現在不這樣做，將來抗戰勝利，在中國重建成功之前，一定會把中國重新帶入戰亂。你可能聽來不舒服，不過但願老兄好自爲之。」

胡風仍然只喝茶不說話，二人靜坐片刻。

外公放下茶杯，笑笑說：「我們現在只作朋友，不作黨派之爭。談談別的吧。結婚沒有？」

胡風也放下茶杯，放鬆道：「從日本回國第二年結的。」

「恭喜了。」外公說，低下頭盯著自己的茶杯。

胡風見外公不說話，看看手錶，說：「十一點了，冰如嫂一定生氣了。我們就此別過。」

外公說：「不要取笑。老友相逢，怎可匆匆。」

胡風說：「我也要休息，明天去武漢。我出一本雜誌叫作《七月》。有便到武漢一聚。」

「當然，當然。一定，一定。」兩人起身，相互拱手作別，走出茶館，分頭而去。

外公回到家，外婆坐在燈下給孩子縫補衣褲。一盆洗臉水放在門邊小凳上，已經涼了。

外公說：「你曉得我今天跟誰一起喝茶？」

外婆放下活計，站起提熱水瓶，往臉盆裡倒開水，說：「你朋友遍天下，誰曉得哪一位！」

外公說：「張光人，現在是大名鼎鼎的胡風。」

外婆說：「呀，他怎樣？你攪壞人家一門親事，還好意思去喝茶。」

「慚愧，慚愧。」外公彎下腰洗臉，又說，「他已經結婚了。」

外婆說：「飯一吃，會一開，衆人一爭論，你決定要去廬山了。」

外公扭著毛巾，說：「我想，我應該去。」

外婆說：「下半年休假遊西南各省的計畫又作廢。」

外公擦著臉，說：「不一定。對日作戰，估計最早在九月左右發動。牯嶺會議不過幾天而已，會後我們還是可以休假。」

外婆說：「你這一去，又參加政府公務，由得你麼？」

外公把臉盆裡的水倒進洗腳盆，坐下脫鞋子，沒有回答。

外婆接著說：「我們又要終日不寧，東跑西顛。」

外公一邊洗腳，一邊說：「那不是因爲我參加政府公務，那是因爲中國到了生死存亡的關頭。如果日本人打進北平，我們能有平安日子嗎？如果中國滅亡了，我們怎能苟且偷生？」

外婆不言語。現在無論願意不願意，爲公爲私，別無選擇。外公只好去幫南京政府一把。

突然聽到遠遠響起一陣槍炮聲。外公外婆都停住手，靜靜地聽。好一陣後，外公才開口：

「好像北平附近在開戰。今天幾號？」

外婆說：「七月七日。打起仗來，你還走得出北平麼？」

五十九

第二天才知道日本人在蘆溝橋突然發動軍變，向北平駐軍進攻。那就是七七事變。

外公立刻放下報紙，對外婆說：「馬上收拾行李，我們今天離開北平。」

外婆說：「丫們都上學去了，怎麼走法，總要等他們回來。」

外公站起來，說：「我現在去火車站買車票，你收拾東西，中午丫們回家，我們就動身。」

外婆說：「你快去，只怕一開戰，火車走不通。」

外公不說話，抬腳出門，趕到西直門火車站。果然，站上賣票的人告訴他，眼下往南開的火車離不開北平。日本軍隊一夜之間已經把北平包圍起來，封鎖了北平外圍的三條鐵路幹道。賣票的人說：「要南下，你只有自己想辦法。」

外公說：「你們火車不開，我自己怎麼想辦法？」

那人問：「您先生南下要去哪裡？」

外公說：「或者南京，或者武漢。我是要到九江，去廬山。」

那人說：「那麼先生也是要去廬山開會的了？」

外公問：「你怎麼曉得？」

那人說：「前幾日來了幾批人，都是買票南下到廬山去。您先生也是北京大學的教授麼？」

外公說：「是。那些人都走了麼？」

那人說：「昨天走的人，都走了。有人像先生一樣，今天要走，當然走不了。先生去廬山開會，政府公幹，不妨去找找市府，他們或許可以用車子送一段，只要出了北平，火車就通。」

外公嘆口氣，說：「若是我一個人走，當然可以，拖家帶口，怎麼向秦市長開口。」

那人說：「算啦，一個人，也許還可以想辦法，帶家小，這種情況下，一定走不成。」

外公垂頭喪氣，出了車站，讓小張拉車，直奔北平市政府。快到門口，還沒有停下，外公又讓小張轉頭回家，把情況對外婆一說。外婆便指著他說：「你呀，眞是！既然到了市府，爲什麼又不進去。不去求，當然人家幫不了你的忙。去找了，萬一人家有辦法呢？」

外公說：「你想想，昨夜日軍剛剛發動軍變，市政府此刻一定是驚惶失措，手忙腳亂。秦市長現在一定在宋哲元那裡商討大計，找不到人。就算找到了，這當口，他大概也無計可施。」

外婆說：「你怎麼曉得？」

外公說：「再說，我怎麼對他們講，我一家大小七口人要走。」

外婆數落他說：「你怎麼那麼死心眼？他們只能送你一人，你一人走好了。我們娘兒幾個，住在北平，沒什麼了不起，只是你心裡急，要去廬山開會。算了，還是我去打探。」

外公說：「去也沒用，沒有火車。」

「晉丫范丫兩個在睡覺，丫們回來莫吵。平常他們都要睡兩三個鐘頭，周媽會服侍，你不用管。」外婆一邊換衣服，一邊對外公說。

外公說：「你不吃中飯了嗎？已經中午了，丫們就要回來了。」

外婆說：「回來再吃，早去早回。」說完匆匆跑出了門。

不幾分鐘，媽媽、泰來舅和恆生舅都放學回家。老邢把午飯擺到桌上，每人一碗雞蛋炒飯、一碗菠菜湯。泰來舅很高興，邊吃，不住聲對外公講學校的事。恆生舅大概餓極了，只顧吃，不說話。外公突然說：「吃過中飯，我們到外面去散散步，好麼？」

媽媽望著外公說：「下午要上課。」

泰來舅跟著說：「我也要上課。」

恆生舅跳起來，說：「我下午不上課，我跟爸爸去散步。」

外公說：「今天特別，我給老師寫請假條好了。」

大家放下碗，老邢收進廚房去洗。外公一手拉恆生舅，四個人一齊出門，朝新街口走。

走了一陣，外公忽然說：「我們在北平住了六年……今天我給你們每人買一件東西留著，好不好？每人想好要買什麼。琴薰先說。」

媽媽說：「我要想一想，讓他們說吧！」

外公說：「好吧，都想一想，想好了，琴薰先說。」

過了片刻，媽媽說：「我要一套水彩顏色和畫筆。我喜歡畫畫，我先要畫北海裡的柳樹。」

外公說：「很好很好，北平那麼漂亮，可以畫很多畫出來。」

媽媽一邊蹦跳一邊說：「我能記住北平所有的地方，不用看，就可以畫出來。」
外公看看媽媽，說：「好，好。永遠記住北平，泰來，你也已經上初一，能記住北平了。」
恆生舅搶著說：「爸爸，我上小學了，也能永遠記住北平。」
泰來舅說：「我能記住，爸爸。我有一本北平的書，常看。」
外公說：「把那本書永遠保存好，以後可以講給弟弟們聽。」
泰來舅說：「我會。我還會告訴他們我去過的地方。」
「好孩子。」外公停了停，又問，「那麼，泰來，你要爸爸給你買什麼呢？」
泰來舅說：「我要一根電筆，可以測電。」
外公說：「當然，當然。你是電子工程師。」
泰來舅很興奮地說：「我已經裝好三個礦石收音機，都能聽，晚上我常在床上聽收音機。」
外公說：「對，以後天涯海角，可以用你的收音機聽到中國的聲音。恆丫，你要什麼？」
恆生舅說：「我也要裝收音機。大哥做好了，不給我聽。我長大了，自己也裝一個。」
外公說：「你們兄弟長大做科學家，一定能讓中國富強起來，你們都是好孩子。爸爸只希望你們一件事，長大以後，永遠做個中國人，誠實的、有思想的中國人。能保證嗎？」
媽媽望著外公，說：「我保證，爸爸。」
泰來舅說：「我保證。」
恆生舅說：「我也保證。」他那時七歲。
北平城，好像很祥和。天很晴很藍，像一大塊純色絲綢，一片雲彩都沒有。明麗的陽光裡，街邊那些灰磚房屋院牆，也顯得乾淨，磚縫裡的陰影都看得到。街邊一溜楊槐，高高大大，葉茂影疏，在輕風中微微晃動。石子鋪的街面，走在上面刷刷作響。街中央有軌電車噹啷噹啷地開過。洋車夫光著腳片跑，啪答啪答響。前後左右，北京人悠閒地邁著方步溜躂。穿長衫的、穿短袖的、穿西裝的、穿花裙的，形形色色。熟人見面，陪著笑臉，拱著雙手，捲著舌頭，拉著長音兒兒的聊天，客客氣氣，平平靜靜，透著滿足和快樂。

下午回家，媽媽坐在院裡大槐樹下，用新買的顏料畫畫。恆生舅鑽在後院泰來舅屋裡，安裝收音機。外婆在前面照看晉生范生兩個舅舅，一邊做針線。外公在自己屋裡，整理行裝。周媽在院子角落水管子邊洗衣服。老邢在廚房做晚飯。小張在院子裡弄花草。

吃過晚飯，晉生范生兩個舅舅睡下，外婆給他們講《西遊記》故事。媽媽、泰來舅和恆生舅三個，老老實實坐在客廳大桌邊，各自做學校功課。外公坐在書房裡喝茶，行裝都放在腳邊。

媽媽聽見外公嘆氣，走進書房，說：「爸爸，姆媽說你明天能走，你一定走得了。」

外公說：「你功課做完了嗎？」

媽媽說：「早做完了，下午沒上課，明天跟老師要來補做。爸爸，你不用擔心。」

外公說：「我沒有擔心明天走得了走不了。我可惜明天走了，錯過一台好戲。」

媽媽說：「誰呀，譚門還是余門？」

外公說：「你猜對了，譚門第四代。不是譚門，有什麼可惜。」

媽媽問：「那不是譚小培嗎？」

外公說：「不，是他的兒子譚富英。聽說爲了培養譚富英，譚小培決定自己不登台，專門伺候兒子。先把名師一個一個請來家裡教戲，然後把譚富英送進富連成科班。出科之後，又送到余叔岩門下。據說譚富英果然出息，可惜我還沒有聽過。說他嗓音淋漓酣暢，扮相更有王者之風。今天報上登，譚富英要演三場戲，後天一場《失街亭》，譚富英扮孔明，一定好。可惜錯過，我看不上了。日本人眞是可惡，存心破壞我們的正常生活和樂趣，連戲也看不成。」

媽媽說：「日本人不來，你明天去盧山開會，還是看不成這場戲。」

外公說：「日本人不來，我到盧山去開什麼會！日本人不來，我哪兒也不去，在北平教書，聽譚富英的《失街亭》。人說，他的戲，票價一塊錢，他出台一亮相，已經就值八毛……」

外婆剛好走到客廳裡來，聽見外公在書房裡說京戲，眉頭一皺，走過來，揮著手，說：「什麼時候，還講戲。明天要上路，曉得麼？」

媽媽說：「我要洗澡，明天學校有朗誦比賽，我朗誦我寫的詩。」

外公說：「你寫的詩嗎？我沒看過。」

媽媽說：「你聽過，我給你念過，好幾天以前。」

外婆催媽媽，說：「他只顧忙他的，記不得了。快去，快去，洗了澡去睡。」

媽媽走了，兩個舅舅也洗臉洗腳，上床睡覺。

書房裡只剩下外公外婆坐在桌邊燈下。外婆中午到火車站打聽清楚：西直門站的環城火車還通。坐環城火車到城西南二十五里豐台站，能夠換一列南下火車。這列火車不進北平，在豐台繞道去天津，所以日本人不管。可是要在豐台換車，並不容易。這列火車一天只一趟，錯過了就得等一天。通常沒人在那兒上下，那列車只停兩分鐘。換車的人必須行動迅速，拖拉五個孩子決計不行。而且下環城火車後，要跨越鐵路，到對面站台上等南下火車。只有晚上跨越鐵道，才不易被日本人發現，帶五個小孩也斷然做不到。夜裡過了鐵道，要在小站上等一夜，第二天又要等幾乎一天，南下列車下午三點四十分左右才在豐台停。帶五個孩子荒天野地等一天一夜，也難辦。所以外婆決定，外公一人走，明天中午坐環城火車到豐台。

一個人走，沒有什麼可收拾。在西直門上環城火車，也不能帶太多行李。到豐台跨鐵道，也得方便，所以外公只帶一個背包，一個小提箱。他喝著茶，在書架上挑了一本《唐代寺院經濟》，準備路上翻看。然後坐著，問：「做什麼針線？」

外婆手不停，頭不抬，說：「泰丫的。同學們都穿西式衣服上學。泰丫要了幾個月，前兩天一個同學來玩。我手量了量尺寸。做一套給泰丫，他明天可以穿了上學。」

外公把手裡的書塞進背包，說：「用不著連夜趕。」外婆沒說話，也沒停手。

「琴薰說過，上了中學，不要叫她琴丫。」外公說，「泰來也上了初一，不要叫泰丫。」

外婆說：「慣了，一時改不過來，我記著了。」

外公停了話。過一會兒，又問：「小的都好麼？」

外婆聲音很低，說：「都好。晉丫鼻子常常不通氣。」

外公說：「到上海以後，給他找個好醫生看看。」

外婆說：「去找石藹玉醫生。多虧她醫好琴薰的氣管炎。石美玉醫術也高明得很。」

外公說：「對，我們找她。石藹玉是中國第一個留美醫生。」

片刻停頓，外公忽然又說：「你一個帶五個丫上路，很辛苦。」

外婆說：「琴薰會幫我。」
外公說：「她很懂事。」
外婆說：「她聽話，就是脾氣暴些。」
外公說：「生活太優越，也不好。她小時候受許多苦，沒有脾氣，這幾年慣成大小姐了。」
外婆說：「這樣脾氣，將來要受罪。」
屋子裡又靜下來。電燈好像發著一點細微的絲絲聲響。牆上的鬧鐘滴答滴答地跳動。
外公忽然說：「恆丫可以自己走路。」
外婆停手，抬頭看他一會，說：「恆丫自己走，七歲了。晉丫也可以自己走，琴薰領著。」
外公說：「幾個丫都是好孩子。」
外婆說：「我手上抱范丫一個。只是天太熱，丫不舒服。」
外公說：「我在南京等你們。」
外婆不說話，加快手裡的針線。好一會兒，她說一聲：「好了，完工。」站起身，把剛做好的衣服放到椅子上，用手撫平針腳，一邊對外公說：「你要不要睡一會兒，明天會很累。」
外公說：「天就快亮了，還睡什麼！我可以在火車上睡。他們起來，我送他們上學去。」
外婆說：「在門口說聲再會就好。戶警告訴我，他們盯你盯得緊，莫到外面去多露面。」
外公說：「那麼就在門口說再會。」
媽媽、泰來舅、恆生舅早都習慣外公出門旅行，吃過早飯，在門口說過再會，就跑掉了；泰來舅等不及讓同學看他的新制服。到中午，晉生舅和范生舅睡了。外婆安頓老邢招呼媽媽三個放學吃中飯，然後送外公到西直門火車站。

七月天氣，外婆穿件半截袖大襟上衣，一雙自己手納的布鞋。外公仍舊穿他常穿的淺灰色長衫，大襟領上別枝鋼筆。腳上穿雙褪色棕皮鞋，背包斜跨肩上，提小黃色皮箱。上了站台，人亂烘烘，臭氣熏天。兩人並肩站著，都不說話，也不相看，只望著火車進站的方向。不一會兒，火車來了，站台上的人都奔跑起來，大呼小叫，往車門邊擁。外公說：「我在南京等你們。」

外婆點點頭，說：「我們會到。吃正經飯，莫總是吃餅乾。」

火車響起一聲汽笛，列車員們都在車門邊喊叫起來，準備關車門。押車員也在車尾處揮動起小紅旗，一邊吹著哨子。外公說：「我走了……又都交給你了！」

外婆說：「到了發電報來，小心行事，莫去惹是生非！」

火車慢慢走起來，離開站台。外公在車門裡，一直對外婆搖手。

「一路平安。」外婆嘟囔一句，靜靜站著，沒有搖手，望著火車遠去，直至再看不到它冒出的煙。她說不準，外公能不能平安到達南京。她更不曉得，一家人何時才能逃出北平？

六十

一星期後，收到外公電報，他已安抵廬山。七月底宋哲元帶著二十九軍，突然無聲無息離開北平。八月二號，日軍進駐市區，北平失守。第二天，北平各火車站發出通告：北平開往天津的火車恢復通行。八月十日，外婆帶著兒女們離開北平，上路南下。那年媽媽十六歲，泰來舅十三歲，恆生舅七歲，晉生舅三歲，范生舅只一歲。

外婆一手抱范生舅，一手拉晉生舅。媽媽背個背包，裝兩條浴巾、幾件外婆和她自己的衣服，還有外公給她買的畫圖顏料。她一手拉恆生舅，一手提網籃，裡面是范生舅的奶瓶、奶粉、水罐，全家人的牙刷、牙膏、臉巾、腳巾、擦臉油、兩個搪瓷杯、兩個搪瓷碗、一個手電筒。泰來舅背一卷行李，兩條薄被裹一些舅舅們的衣服。恆生舅背個小背包，是兩個舅舅的收音機零件和電筆，以及晉生舅幾個小玩具。

街上很少行人車輛，只有一列列日本軍車不時駛過，車頭飄著太陽旗，車頂架著機關槍。日本憲兵荷槍實彈，一隊一隊，大街小巷，各處巡邏，盤查行人。還有的日本兵，砸開門窗，闖入民宅，搶劫財物。胡同裡外，雞飛狗跳，童哭婦嚎。

火車站前，滿是身穿土黃軍裝的日本兵，手裡端著上了刺刀的長槍，兇神惡煞，盯著每個過路的人。外婆幾人，婦女兒童，都是鄉下人打扮，不招惹日本兵疑心，沒有受到多少阻攔盤查。

去天津的火車擠滿人，都是恐懼萬分，瑟瑟發抖。外婆帶五個孩子，擠進車廂，已算大幸，沒可能到處跑找座位，只在門裡通道，找空站穩。外婆一手拉著頭頂上的行李架，一手抱著范生舅。媽媽抱著晉生舅，坐在外婆身後地板上。泰來舅坐在旁邊，兩手摟住幾個行李背包。恆生舅躺在外婆腳邊。車上人來來往往不停，挨過外婆身邊，都對恆生舅瞪一眼，然後抬腳從他身上跨過去。外婆見一個說一聲，不住哀求：「做做好事，莫踏到我兒子，莫踏到我兒子……」

黃昏時分，火車開動以後，人們慢慢穩定，不再多走動。沒一個鐘頭，火車突然急煞車，車廂裡燈光忽明忽暗，滿車人搖搖晃晃，喊聲連天，不知發生了什麼事。最後火車終於停穩，車廂裡黃黃的燈光又亮起來。媽媽、泰來舅和恆生舅都站起，從窗裡望出去，迷濛的傍晚天色，火車停在荒野當中。車廂旁鐵軌邊，突然開來兩輛日軍卡車，幾盞大燈明晃晃對著火車，照得窗邊的人睜不開眼。車前飄著白底紅膏藥旗。車頭架著機關槍，對準火車車窗，槍後趴個日本兵，隨時準備掃射。

車廂門拉開，幾個日本兵從鐵軌旁邊爬上車來。車上人群立時亂作一團，你推我搡。婦女孩童嚎哭尖叫，響成一片。外婆把媽媽擠到自己身後，縮在燈光陰影裡，把范生舅橫過來抱，擋在媽媽臉前，又拉過泰來、恆生、晉生三個，一字排開，站在身邊，遮蓋住媽媽。

上車來的日本兵，像一群狼，衣領上一對紅領章，像兩團血跡。軍帽後面掛一塊布，像鄉間小孩的屁股帘。腳下大黃皮靴通通的響，見什麼踩什麼。昏暗之中，恆生舅忽然看到地板上自己的背包，眼見要被日本兵踩扁，便奮不顧身，猛衝到通道上，從那些大皮靴踐踏之下，搶過自己裝著收音機玩具的背包，抱在懷裡。日本兵走到面前，刺刀閃著寒光，槍拴嘩嘩作響。

外婆把范生舅抱高一些，擋在肩頭上面。站在她身邊的三個舅舅，都睜大眼睛，盯住那些發亮的刺刀。一個日本兵，個子很矮，還不及外婆肩膀，上唇留一塊小鬍子，胸前交叉掛子彈帶。他惡狠狠地端著長槍，盯外婆一眼，又看看她身上腳下的孩子，扭頭走過，踢開媽媽提的網籃，奶瓶水罐都打碎。泰來舅剛要叫出聲，被外婆一手捂住嘴巴，只好翻翻眼睛，把驚叫嚥回肚去。

小個子日本兵後面，跟一名個子稍大些的日本兵，長臉上戴副圓眼鏡。八月天氣，還穿一件長長的軍呢大衣，滿臉流汗，敞著衣釦，大衣裡面腰帶上掛兩皮匣子彈。他的槍背在一個肩上，刺刀朝天。兩個日本兵走到車廂中部，小個子忽然伸手抓住旁邊座位上一個婦女，大笑著，哇哇叫，往外拖拉。兩旁人都驚恐萬分，站起讓路。

那女人慘叫著，披頭散髮，躺倒在地上，雙手亂搖，突然拉住座位椅腳不肯動。小個子日本兵拿起長槍托，朝她雙手猛擊兩下。那女人兩臂兩手馬上鮮血淋漓，疼得慘叫，鬆開了手。這小個日軍把自己長槍背到肩上，兩手拉住女人頭髮，從座位間的通道，拖至車門邊。那女人拚命嚎叫，尖利嘶裂，慘不忍聽。恆生、晉生兩舅都用雙手捂住耳朵，閉住眼睛，范生舅放聲大哭。

後面一個車廂，另外幾個日本兵也拖出來一個女人。那女人在車門口，死死拉住車門把手不鬆，不肯下車。那個戴眼鏡高個日本兵，剛從外婆面前走過，從肩上取下長槍一砍，長長的刺刀把那女人幾個手指砍斷。她身子馬上倒下來，旁邊一個日本兵，抬腳把她踢下車門去。媽媽和泰來舅都閉起眼睛，不忍再看。

又幾個日本兵走進來，左看右看，抓住第三個女人。她身邊的男人站起，擋住日本兵，指著女人，哆哆嗦嗦地求：「是我老婆，肚子裡懷著六個月的孩子，求你們饒了她母子兩口吧！」一個日本兵舉起槍，橫過槍托一揮，打到那男人頭上。那人大叫一聲，仰面倒地，額角臉面到處是血，不省人事。那日本兵拿腳把男人踢開，另外兩個日軍大笑著，拖起那孕婦下車。前前後後車廂裡的日本兵們，鬧過一陣，都下了車，把抓下車拚命嚎哭的幾個婦女丟上卡車。過片刻，黑暗的原野上，兩輛日本軍卡車開走了，車輪後的煙塵瀰漫，遮天蓋日。

不久，火車重新開動。車廂裡一片寂靜，沒人說話，沒人走動，站著的、坐著的，都像死了一樣。那挨了打臉上流血的男人醒過來，痛哭不已。

火車在黑夜裡緩慢地走，一路不敢拉響汽笛，彷彿害怕一點聲息會再招惹日本兵劫車一樣。午夜之後，列車發著沉重的嘆息，進入天津。這是列車終點站，所有的乘客都下車了，推搡簇擁，從月台走進候車室，然後在候車室裡排隊出站門。

燈光很暗淡，迎面看不清人臉。外婆一手抱范生舅，一手拿個扇子給他搧。抱了一路，天熱，車廂裡人多更熱，范生舅兩股腿上的肉皮紅腫潰爛，發炎流黃水。媽媽背著晉生舅，恆生舅拉著外婆的衣角走。本來幾個人分背的背包網籃行李，現在都交由泰來舅一人拖。一家人在人群裡東倒西歪，一步一步向前蹭。好不容易，出了候車室大門。雖然還排著隊，不能快走，到了室外，起碼空氣新鮮一點，呼吸順暢許多，覺得舒服一些。

出站要經過一座鐵橋，橋頭上是個檢查站。旁邊圍鐵絲網，堆幾個沙包，沙包上立一挺機關槍。三個日本兵，都是矮個子，小短腿，帶著軍帽，長槍背在肩上，上著刺刀，挨個搜查剛下車的旅客行李。媽媽看見，不免想起火車上搶劫的日本兵，眼裡冒淚，心裡憤恨。

昏黃的燈光下，他們漸漸移到日軍檢查站前。外婆站在人群裡，繼續搖扇子，給范生舅搧涼，一不小心，扇子搖去，碰到旁邊日本兵肩上。那兵正在翻行李，突然後背遭碰，大吃一驚，轉身從肩上抓過長槍，端在手裡，對外婆大叫：「你的，八格亞魯，這邊！」

外婆臉色慘白，不敢作聲，跨步站到他身後。那日本兵看她並無進犯意圖，便重新背好長槍，轉身，繼續搜查別人的行李。媽媽和幾個舅舅，都盯著那日本兵，悄悄挪過去，站在外婆身後。

外婆眼睛不離前面那日本兵，低著頭，小聲說：「琴薰、泰來，你們大了。仔細聽我的話，記住！如果那日本鬼子要抓，我一個人去。你們誰也不許跟著，聽懂沒有？琴薰抱上范丫，泰丫背上晉丫。行李背包都不要了，都丟掉。恆丫自己走，拉緊姐姐衣服，跟好了走，不許亂跑。你們五個跑出去，轉火車到南京，去找爸爸。你們幾個自己去，路上小心，聽清沒有？」

媽媽抽抽答答，點頭答應。

外婆又說：「到了南京，問國民政府，他們找得到爸爸。記住了？這是路費，琴薰管好，莫丟了，省著用，要買車票，還要吃飯。」媽媽抹一下眼淚，又點點頭。

外婆從自己衣襟底下摸出一個小布袋，暗暗塞進媽媽懷裡。那是一家人南下的全部盤纏。

媽媽手捂著自己衣服，忍不著痛哭出聲。外婆伸手按住媽媽的嘴巴，扭頭對幾個舅舅說：「你們都聽清楚沒有？一路聽姐姐的話，聽見嗎？誰也不許跟姐姐吵，乖乖跟著姐姐走。」

泰來舅、恆生舅都點頭，晉生舅、范生舅看著外婆不出聲。一家大小站在黑暗之中，默不作聲，盯著日本兵的後背，等待死亡時刻來臨。天漸漸有了些微亮，車站上的燈一下子都關掉了，四周好像突然暗下許多。又有火車到達，人群一批一批湧到檢查口來，人多了，吵鬧聲大起來。幾個日本兵，除了翻檢行李，也不得不時時攔截行人，維持秩序，外婆前面那日本兵，也時不時走開一下，累得滿頭大汗，根本顧不得身後外婆幾個。

外婆忽然不知哪裡來一股膽子，推推媽媽舅舅，悄聲說：「快走，跟著我，莫出聲。」他們本已站在檢查口邊的沙包邊上，一轉身，便邁過檢查口邊界，大大小小匆匆擠上鐵橋頭，夾在驚惶失措的人群裡，悶頭走路，一口氣奔過鐵橋。外婆抱范生舅，媽媽背晉生舅。兩個年幼舅舅很爭氣，一路不作聲。恆生舅拉緊外婆衣角，緊跟著，呼赤呼赤奔跑。泰來舅一路疾走，仍然抱著那幾件行李網籃，一件不丟。

下得橋來，幾個人仍不停步，不辨東西南北，只顧繼續狂奔，一氣跑出好幾條街，才停住腳。外婆坐到街邊一棵樹下，把范生舅放下地，敞開褲腿，給他兩條大腿搧扇子。媽媽也坐下來，解下綁在背上的晉生舅，放到地上。泰來舅一屁股坐倒，兩手一撒，把行李網籃丟開，散了一地。恆生舅躺在地上，攤開手腳，大口喘氣。

外婆從泰來舅身邊拖過一個網籃，解開繩索，取出一團棉花，給范生舅擦拭腿上的膿水。范生舅這才痛得大聲哭起。一聽到哭聲，晉生舅也跟著哭起來。恆生舅也翻個身趴著，手蒙著臉，伏在地上，抽泣不止。泰來舅用手揉眼窩，兩個眼紅了一陣，終於沒有流下淚來。媽媽替晉生舅擦掉臉上的淚，自己的淚卻又無聲地滴落下來。

一家人坐在樹下，不言不語，哭了好一陣，把一路的委屈、恐懼、緊張、驚慌、和勞累，都從眼淚裡倒出來，心裡才好受一點。媽媽從懷裡取出外婆剛才交付的路費布袋，還給外婆。外婆沒有被日本兵捉走，能一路領著他們到南京去，到底還是天大的高興事。

天大亮了，重新上路。外婆到車站賣票口一問，天津火車只去東北，南下列車還是不通。外婆急得團團轉，到處打聽，得知只有一條路：在塘沽坐輪船到煙台，再坐長途汽車到濟南，那裡通火車南下。於是外婆帶著大小五個，找到長途汽車站，不顧疲勞，在站外小攤上，買了幾個燒餅，每人啃著，當時進站，買好車票，上車趕往塘沽。

一個多鐘頭以後，半晌午間，到了塘沽。汽車在大沽口碼頭有一站，外婆催動一家，拖著行李下汽車，當即在碼頭買好船票，先坐駁船出港，登太古輪船公司貨輪「恆生」號。幾件背包行李網籃實在累贅，可泰來舅不肯丟，一直拖著。登上輪船，外婆領著一家，在統艙裡找鋪位，這才安頓下來。已是下午一點，輪船起錨出海。

外婆喘了口氣，拿一個大搪瓷杯，找茶房討來一杯清水，又給茶房一塊錢，買五客統艙飯。然後回到鋪位把范生舅解開，清洗腿股傷口。過一陣，飯送來了。媽媽一時吃不下，坐著發愣。泰來舅、恆生舅、晉生舅三個餓壞了，坐在鋪位上，狼吞虎嚥，哪裡曉得是什麼滋味。轉眼吃完，嘴巴一抹，倒下頭來都睡了。

船行很慢，從大沽口過勃海到煙台，地圖上不過一指距離，恆生號輪船不知怎麼走法，也許躲日本人，繞圈子開，足足走了十三個鐘頭。媽媽和舅舅們倒沒覺得慢，在船上一直大睡不醒，連晚飯也是外婆打著叫起，迷迷糊糊吃了幾口，又接著睡。

拂曉時分，恆生號輪終於靠上碼頭。媽媽和舅舅們也都睡醒，開始有說有笑，下船背著那幾件行李背包也走得快些。出了碼頭，看見兩邊都是賣蘋果的攤子。外婆走去一個攤，買了一筐煙台蘋果。外婆一邊掏錢付帳，一邊對媽媽說：「煙台蘋果有名，買來嘗嘗。」

正說話，一個穿黑制服的警察走過來，揮著哭喪棒，對那幾個擺攤的人大聲罵：「都滾，都滾！在這兒擺攤，聚集人衆，日本飛機來轟炸，死了人你們償命嗎？」

小販們急忙捲起攤子奔命，躲避警察棒打。賣給外婆蘋果的小販，一邊跑一邊回頭張望。外婆錢還捏在手裡，沒有能夠付給他。外婆把錢遞給泰來舅，說：「泰來，追過去給他。」

泰來舅放下背上行李，接過外婆遞的一塊錢，快步跑去，追上小販，把錢交給他。那小販遠遠地彎腰抱拳，朝外婆打拱又鞠躬。媽媽笑了，順手把新買的那筐蘋果塞進自己的背包。

外婆走去問警察：「老總先生，去濟南的長途車站遠不遠？」

「那邊，不遠。」警察手一指，說，「從煙台沒有直接去濟南的汽車，只到濰縣。」

還是不能到，外婆問：「我們要去濟南，到了濰縣，還有多遠？我們怎麼走？」

警察說：「到濰縣就有火車了，上火車三個鐘頭就到濟南。」

外婆說：「謝謝老總先生，我們就去長途汽車站。」

「走不到，走不到。坐車，坐車。」那警察看看眼前這一群婦女幼童，說了一聲，又舉起哭喪棒，喊叫碼頭邊上的人力車，「過來，過來，送這一家去長途汽車站。快走，快走。」

於是外婆、媽媽、舅舅一家，坐兩輛人力車，跑到煙台長途汽車站，剛是吃早飯時間。外婆進站一問，去濰縣頭班車過十分鐘就發車。外婆急著趕路，當即買了車票，帶一家人進站上車。

那車司機已安頓好了客人行李，準備開車，看見又來一堆人，老大不高興，不問三七二十一，站在車門口，一件件把各人的背包行李搶過去，也不說話，都甩手丟到車頂上。外婆幾人便提了一個網籃，擠進車去，還沒坐穩，車便開動。雖然搖晃一陣，外婆反覺鬆了口氣。

媽媽領頭，搖搖擺擺走到車尾，找到兩排空座位。外婆讓媽媽緊靠窗，坐在裡面，把晉生舅提起，放到媽媽腿上。然後自己抱著范生舅坐在媽媽外側座位上。恆生舅和泰來舅坐在前面一排座位上。都坐好了，外婆用手在車窗邊抹擦幾下，沾下些塵土骯髒，擦到媽媽臉上。看一看，好像還不夠，又伸手下到座位下面去摸，沾更多塵土骯髒，再擦到媽媽臉上，滿意了，才住手。

車子沿著海岸公路，顛顛簸簸，走了好一陣，恆生舅終於忍不住，回頭來看著外婆，眼裡含著淚，說：「姆媽，我……肚子痛……」

外婆這才驟然想起，只顧趕路，誤了早飯，幾個舅舅一定都餓壞了。可是媽媽的背包被司機丟到車頂上去了，在煙台買的蘋果都在那背包裡面。外婆口袋裡，只留了四個小蘋果，原是挑出來準備餵范生晉生兩個舅舅。外婆馬上掏出那四幾個蘋果，遞給恆生舅和泰來舅。手邊沒有水，無法洗蘋果。外婆帶了酒精棉花，也都在媽媽的背包裡，丟在車頂上，拿不到。兩個舅舅顧不了許多，髒手髒果，抓過就吃。

路遠車慢，一家人半睡半醒，過了兩個鐘頭，第一站停車。泰來舅馬上爬到車頂，取下媽媽的背包，隨後全家一路吃煙台蘋果充饑。每停一站，泰來舅和恆生舅便下車，大嘔一番。媽媽和晉生舅，除非上廁所，不准下車。到濰縣時，又近晚飯，幾個人都筋疲力盡，連站也站不起來。外婆一家人，挪到火車站，坐在門外。外婆進候車室，看過火車時刻，出來問：「我曉得你們都餓死了，也累死了。到濟南今晚還有一班火車，我們是今晚趕到濟南？還是明天再去？」

舅舅們都不說話。媽媽說：「不要夜長夢多，我們還是今晚就走。」

恆生舅忍不住，說：「可以吃了飯再趕路嗎？還是今晚就走。」

外婆說：「好，我們現在買火車票，六點十五分開，還有一個鐘頭。我們去路對面那間飯館吃飯，吃好了上車，到了濟南以後再住店。」

據恆生舅後來說：那晚在濰縣火車站前小館子吃的飯，是他這輩子所吃過的飯菜裡面，最好吃的一餐飯，媽媽和泰來舅也表示同意。吃過以後，上了從濰縣去濟南的火車，三個鐘頭的旅途，媽媽、泰來舅、恆生舅三個，一直不停，談論那一頓晚飯。高莊饅頭又筋又香，大鍋盔又酥又脆，雞蛋湯都與衆不同。小店裡還有山東傳統菜把子肉，熱呼呼地吃起來，又香又美。都吃完了，外婆看舅舅們好像餘興未盡，又加了一個濟寧麵筋丸子，麵筋軟嫩且韌，味美可口。

到了濟南，外婆先在車站買好明早去南京的火車票，然後領了全家，在車站附近找一家小店住下。外婆在旅店門口櫃台付了錢，拉大抱小，正往自己的房間走。還沒到門口，突然一個警察衝進店門，大聲吆喝：「空襲，空襲！都起來，都起來，趕快出去，進火車站。」

一家大小，連床邊還沒沾著，便又跑出旅店，隨著人群，在黑暗裡，跑進火車站候車室，鑽到長條凳下面去躲日機空襲。剛幾分鐘，聽到飛機衝過來，一路丟下炸彈。遠遠近近，到處是爆炸聲、飛機俯衝的尖嘯聲。火光在車站窗上一亮一亮，通紅閃耀。候車室裡擠滿人，個個屏住呼吸，不敢出聲。外婆他們躲在一個角落裡，晉生舅和恆生舅兩手捂著耳朵，范生舅哭起來。

有人喊：「不能讓他哭！」「不許哭，日本人會聽到。」「我們大家就都完了。」「把他嘴堵起來，不許出聲。」「掐死他，掐死他！」……

外婆兩臂發抖，流著淚，望著懷裡剛週歲的兒子，范生舅哭聲更大。人們更加憤怒，高呼：「掐死他，聽到沒有？」「你下不了手，我們可要動手了！」

突然間，媽媽跳起，對外婆說：「姆媽，范丫給我！我帶他出去。我們不能讓大家受累。」

整個候車室裡都安靜下來。人們從長凳下面伸出頭來，所有的眼睛都望著媽媽。

「姆媽，我會把范丫帶回來。」媽媽說著，抱過范生舅，跑過長椅，衝出候車室大門。候車室裡，幾百人倒吸一口涼氣。外婆抱住三個舅舅，嘶裂嗓子叫：「琴薰！啊……琴丫……」

頭頂上，日本飛機還在肆無忌憚地俯衝轟炸，火光密集，爆炸聲和房屋倒塌聲混成一片。好一陣，日本人飛機才算飛遠去了。警報一解除，外婆馬上跳起，抱起晉生舅，叫著：「琴薰，琴薰……」衝出門。泰來舅和恆生舅緊跟著，也一路大叫：「姐姐……」跑出去，泰來舅帶了一路的行李背包網籃，都丟在牆角裡。

車站外面，黑暗之中，媽媽躲在一個空油桶後面，渾身發抖，臉上沒有一絲血色，睜大的雙眼裡，全是恐懼。她兩個手包著范生舅的頭，兩個手掌按著范生舅的耳朵。范生舅在她懷裡躺著，望著外婆。外婆蹲下身，放下晉生舅，抱住媽媽哭叫：「琴薰，琴薰……」

媽媽兩個耳朵什麼也聽不見，張著嘴巴吐不出一個字。外婆哭著，拉媽媽起來。可媽媽兩條腿像棉花一樣，動不了。泰來舅恆生舅看見外婆拉不起來媽媽，都上前幫忙拉，媽媽依然動不了。外婆抱著媽媽痛哭，舅舅們也抱著外婆痛哭。

街燈又點燃了，從候車室裡走出來的人，那些剛才咒罵外婆和范生舅的人們，一群一群走過，大聲說話，吵吵鬧鬧。沒有人注意這婦幼六人擠在汽油桶後面，哭作一團。

過了許久，天大亮了，四周好像恢復了平靜，只有那些倒塌的房屋，滿地的瓦礫，依舊燃燒著，冒著昇騰的濃煙，記錄昨晚的遭遇。人們若無其事地在火車站候車室走進走出，拎著大包小包。掃街的、送奶的、賣早點的、拉黃包車的，大街小巷，四處吆喝，腳尖踢著碎磚亂瓦鉛皮鐵筒，叮鈴鏗噹地響。車站裡有火車開來，長長拉響幾聲汽笛。

外婆摸著媽媽頭髮，說：「琴薰，我們要進站上車。去南京的火車是早上第一班，不能誤。」媽媽點點頭，可是她兩腿發軟，站不起身。外婆把范生舅綁到自己背上，和泰來舅兩人合力，四隻手用力拉起媽媽，拖她走。恆生舅一手拉晉生舅，一手拉外婆的衣角跟著。六個人又一次跌跌撞撞，衝進忙亂的人群。你推我、我擠你、腳踢腳、肩扛肩，大人喊，小孩哭。這邊人丟了錢，嚎啕不止；那邊人踩了屎，拚命叫罵。一條長凳擠翻，砸傷了幾個人的腿。鐵路警察揮著警棍，擋開人群，攙扶傷者。四下裡人群擁來擁去，像潮水一般。連跌帶爬，外婆六人擠上站台，擠到車廂門邊。泰來舅鬆開扶媽媽的手臂，鼓著胸脯喘氣。

外婆不說話，把泰來舅推到車門腳踏板上，叫：「接過晉ㄚ。」一邊叫著，從身後抓起晉生舅，遞到車門邊剛站穩的泰來舅手裡。泰來舅剛接住，外婆揮手叫：「擠進去！」泰來舅抱著晉生舅，用後背往車裡面擠，腳前有了點空間，外婆忙從身後拉過恆生舅，一把推到車門腳踏板上，對他們叫：「兩個一道再往裡擠！」

泰來舅、恆生舅和晉生舅三個，聽了外婆的話，一起使力，又往裡面擠了一步遠。外婆立刻自己背著范生舅，伸腳踏上車門腳踏板，又大喊：「再擠一步，讓姐姐上來。」三個舅舅隨著外婆，發一聲喊，猛一用力，又在門邊擠出一腳之地。外婆伸手拉住媽媽，叫：「琴薰，快上來，一邁步就好了……」

突然間，火車晃動一下。外婆和媽媽相互拉著的手，不覺間鬆開，媽媽一下沒站穩，跌下站台，掉到鐵軌旁車輪和站台之間的那一點點縫隙之間。外婆慘叫一聲，仰面跌倒在車門踏板上。背上的范生舅壓痛了，拚命哭。

火車好像要開始啓動，微微晃動。媽媽在站台下面，拚命站起身，伸出雙手，扒住站台邊，掙扎著要爬出來。站台邊的人看到，扯著嗓子叫喊，幾個女人嚇得兩手蒙住眼睛。剎那間，一個男子衝過來，伸手抓住媽媽，大叫一聲，一把將媽媽從夾縫中拉出，拖上站台。這同一瞬間，火車移動起來。人們未及看淸，車門從眼前晃過去。

「姆媽……」媽媽伸出手，拚命叫起。

那個將媽媽從站台下拉出的漢子，雙臂夾起媽媽，緊跑幾步，追上車門，撒手把媽媽朝車門裡丟進去。媽媽在空中飛行半秒鐘，上半身落在車門踏板上，壓在外婆雙腿上，下半身還在車門外懸空飛動。外婆兩手死死抓住媽媽肩頭，拚命叫：「抓緊，琴薰，抓緊……」

外婆身後伸來四五隻手臂，幫忙拉住媽媽肩膀的衣服，隔著外婆的頭，把媽媽提進車廂。外婆轉過身，母女二人緊緊相抱，坐在車門邊大哭。范生舅在外婆背上嚎啕，兩手捶打外婆的頭。泰來舅摟住恆生晉生兩個舅舅，擠在車門口過道間，臉色發白，早忘記了哭。

呵，南京，什麼時候才能見到你！

六十一

當天下午，媽媽放學一回到家，便把兩個舅舅叫到自己臥房，關住門，鎖好鎖。三個人一起鑽在床上，用被子蒙住頭，躲在裡面，打亮個手電筒照亮，咬耳朵說話。

那是一九四〇年一月十七日。

媽媽把曾資生告訴她的逃跑計畫，仔仔細細告訴給兩個舅舅，又要他們每人把計畫重覆一遍，說得不對再重說，直到兩個人都記得清清楚楚。泰來舅一直臉色發白，喉嚨發乾，渾身發抖，握在手裡手電筒，搖來晃去。恆生舅滿臉通紅，興奮不已，恨不能自己也使雙槍去打埋伏。

趙媽在外面敲房門，高聲喊：「陶小姐，開飯了！」

媽媽把被子掀開，露出頭來，回答一聲：「就來了。」

趙媽在門外又問：「兩位少爺呢？也在裡面嗎？」

媽媽喊：「少討厭！我告訴你，我們等一下就去，你囉嗦什麼！」

趙媽在門外放低聲音說：「是，陶小姐，菜涼了，又要熱。」

媽媽不說話，伸著耳朵，聽著趙媽走下樓去，又揚起被子，重新蒙住頭，跟兩個舅舅繼續說話。說完以後，三個人勾手指頭，從此保密。然後撩開被子，三個人都大大喘幾口氣，每人都是滿頭大汗。靜了一會兒，臉褪了色，汗乾了，他們才一起下樓吃晚飯。

吃了沒幾口，泰來舅便連聲說：「頭痛死了，我要去醫院看一看。已經三天了，頭痛。」

恆生舅也把碗推開，大聲叫：「準是外面修路吵的，我也頭痛。壓路機吵死了！我不要吃飯，還是去醫院安靜一點。」

媽媽轉頭，對趙媽說：「你看怎麼辦？他們剛才在我屋裡吵了半天，我也勸過，沒有用。爸爸回來，他們去告狀，我只有挨罵。」

老魏從廚房裡走出來，說：「這幾天我也讓壓路機吵得心裡煩躁，路不曉得要修多久。」

媽媽對老魏說：「那麼送兩個弟弟去醫院吧！你去叫車子。」

趙媽說：「去醫院做什麼？只是吵得頭痛，外面不吵了，頭痛自然就沒有了，又不是生病，去醫院也看不出來什麼。」

媽媽說：「還是要去醫院，那裡起碼不吵。」

趙媽說：「怕吵，也不必去醫院。」

媽媽忽然兩手一拍，高聲說：「對，趙媽說得對，又不是光醫院裡安靜。只要外面不修路，房子裡就安靜。上海哪裡不吵呢？」

趙媽說：「愚園路不吵，要你們搬過去，你們又不肯。」

媽媽瞪趙媽一眼，說：「要不，我們送兩個弟弟到姨媽家去住吧！我打電話去問一問，她家外面一定沒有修路。」

趙媽和老魏互相對看看，異口同聲說：「這……我們可做不了主。」

媽媽說：「叫老鄭開車送他們過去，我的頭不痛，可以在家裡睡。明天早上讓姨媽送他們兩個去上學，下午還是老鄭去接他們回家來。休息一天，頭不痛了，就不許他們再吵。」

「這樣的話，我們去問問看。」老魏和趙媽說著，一起跑出大門去。

媽媽對兩個舅舅招招手，說：「走，上樓去收拾你們要帶的東西。」

三個人跑上樓，泰來舅說：「有什麼要帶，只要一條命能跑出去，衣服帶不帶不要緊。萬一出事，在槍林彈雨裡衝鋒，還能提包袱嗎？」

恆生舅說：「帶行李也累贅。萬一哪裡丟了一件，反給七十六號留下線索，引來追兵。」

媽媽想想，覺得有理，便說：「只把牙刷、毛巾、兩身內衣內褲、一雙襪子、一套外衣包起來，放在書包裡，好背，不用帶書。」三個人手忙腳亂，快快收拾好。

這時老魏和趙媽在門外，跟警衛們商量半天，又打電話到七十六號請示。之後，兩人回進屋，把媽媽和舅舅們叫下樓，說：「好了，就這樣，只許住今晚一夜，明天下午回家來。」

媽媽樂了，馬上抓起電話，打給表姨婆。

表姨婆在電話裡聽完媽媽的話，好像有點爲難，說：「我們自然歡迎兩個丫來我家裡住，恆生還過繼給我們做兒子呢，回自己家有什麼話說？可是我家裡這兩天正在粉刷房子，裡裡外外亂作一團，沒有地方可以睡，還是過三天再來比較好些。」

媽媽聽了，差點哭出來，三天？一天也不能遲。她求表姨婆：「求求姨媽幫個忙，今晚讓他們去，只一晚上，他們兩個明天一定回家。男丫不講究，沒有房間，睡客廳，地板上鋪個褥子就可以了，總沒有壓路機一夜不停的吵。」

表姨婆只得答應了，說好過一會媽媽把兩個舅舅送去她家。

然後，媽媽讓兩個舅舅穿好外衣，背好書包。上車前，媽媽又囑咐兩個舅舅，在車上不准講話。泰來舅本來話不多，聽了，只默默點點頭。恆生舅說：「我一路聽礦石收音機。」

表姨婆家並不住在滬西煤球工廠附近。路上媽媽根本沒有看見一個煤球廠。這樣才好，老鄭不會對煤球廠注意，明天會容易些。到了表姨婆家，媽媽對老鄭說：「你在門外稍等一下，我把他們送進門去，對姨媽說好明天的安排，馬上出來，坐你車回家。」

老鄭點頭說：「陶小姐只管去，我在這裡等，沒問題。」

表姨婆開了門，張著兩手，喊：「啊呀，眞想不到，你們這麼快就來了。快進來……」

媽媽回頭看老鄭一眼，老鄭對她揮揮手。

表姨婆兩手摟著兩個舅舅的肩膀，擁著進了家門，媽媽也跟進去。姨媽家裡果然亂七八糟，三面牆還是原來的灰顏色，一面牆已經刷成新的淡黃色。客廳裡的桌椅櫥櫃都罩了布，兩只沙發顯然是剛把罩布掀開來，準備讓泰來恆生兩個舅舅睡。地板上到處丟滿碎紙、布條、草片。表姨婆一邊給他們倒水，一邊說：「實在難爲情，你們只好這樣將就。樓上更亂，不能請你們上樓去，腳也插不下來。姨夫和表哥表妹都到別處去過夜，只我一人看家。」

媽媽說：「沒關係，姨媽。天已經黑了，他們睡過一覺就走。」

表姨婆說：「走路小心呀，不要踏到油漆盆上面。」

快回來了麼？」

媽媽對兩個舅舅說：「聽到沒有，晚上睡了，不要爬起來亂跑，踩了油漆盆。」

表姨婆端個茶盤走過來，說：「不要緊，等會睡覺，我把油漆盆都搬開來。琴薰，爸爸媽媽快回來了麼？」

媽媽對泰來舅搖搖手，一邊答說：「不曉得，大概快了吧！」

泰來舅點點頭，恆生舅也點點頭。

表姨婆說：「眞是，三個丫，沒有大人，怎麼辦法。」

媽媽站起身，接過茶杯，對表姨婆說：「姨媽，就你一個人在家，裡外忙，眞不好意思打攪。明天早上，你把他們兩個送到煤球廠前門就行了，不必麻煩你們多跑路。我跟一個朋友講好了，他上學順路，會讓車夫在煤球廠門口接了他們，送他們去學校。」

表姨婆看媽媽那麼懂事，樂得嘴也合不攏，連聲說：「其實送去學校也沒有什麼麻煩。不過這樣也好，放心放心。」

媽媽喝了一口茶，放下杯子，對兩個舅舅說：「那麼明天見。你們不要磨辰光，馬上洗臉刷牙，就睡。姨媽忙了一天，也要睡了。」

泰來舅說：「好幾天睡不好，我已經瞌睡死了，現在就要睡。」

恆生舅也說：「我也現在睡，不要刷牙了，可以麼？」

媽媽說：「不可以，刷了牙才許睡。」三個人這樣說著，互相擠眼睛。

表姨婆樂得合不上嘴，說：「好了，現在去洗，洗了就睡。」

媽媽對表姨婆說過：「再會。」便走出門，上老鄭的車，回家。

突然下起雪來。跟北平相比，上海下這麼一點點雪，簡直微不足道，可是媽媽卻覺得非比尋常。汽車輪在雪地上嘰嘰嘎嘎響，好像震得耳鳴，車頭大燈照耀下，雪花紛飛，讓人眼花撩亂。媽媽才想起，她腦子裡全是逃跑，沒有注意到。今天一直陰沉沉的，這樣天氣，萬墨林先生會不會改變計畫呢？她猜不出來，只怕今晚忽然有電話來，曾資生通知說明天走不成了。

這一夜，外面沒有修路，可媽媽一直昏昏沉沉，似睡非睡。腦子裡一會兒飛機在天上掃射機槍，飛機翅膀在雲裡打抖，尾巴後面拖黑煙。一會兒汽車在馬路上飛馳，前面跑後面追，槍彈呼呼在耳邊響，車身打滿洞。一會兒輪船放下纜繩，把她吊上去，頭在船邊鐵板上碰得咚咚響。一會兒突然身後一條舢板被打翻，一個舅舅掉進水裡，手腳撲騰，搶呼救命。媽媽要跳到水裡去救，身邊的保鑣死死拉住不放，說：「出去一個算一個，出去一個算一個。」

媽媽驚得醒過來，渾身大汗，呼呼直喘。她乾脆坐起，不睡了，圍住被子，靠著床頭，望著屋裡的黑暗發愣。遠處誰家的雞打鳴，一聲接一聲。上海城裡居然有人養雞，今天才發現。

過不久，天亮了，總算到現在，曾資生沒有來電話，那就是說，一切都按原計畫。媽媽自己的臥房窗口，看不到外面的大馬路，所以媽媽裹著睡袍，跑到外婆的臥房裡，從窗中望出去。

窗外還是陰沉沉的，天地間一派灰裡發白。極目望處，沒有一絲陽光透出。雪不像昨晚那樣大，只是稀稀揚揚地飄些雪花，時停時落。雪不大，風卻硬，雪花飄下，斜斜橫飛。上海下雪不多，但每年總有幾天很冷，下雪或下冰雨，今天就是那樣一天。馬路上人很少，都不像北平人那樣穿大厚棉襖棉褲棉鞋，只穿一件薄薄的絲棉襖，縮頭縮腦，在冷風橫雪中匆忙行走。

媽媽在外婆臥室門口的日曆上撕下一頁，今天是一九四〇年一月十八日，然後回到自己屋裡，穿好衣服，特意在裡面多穿一條棉毛褲，一件厚毛衣，又在外面套上絲棉襖。穿暖了，才走到洗手間，對著鏡子，發現自己臉色發灰發黃，眼泡腫脹，嘴角也裂開口。媽媽吐掉漱口水，對著鏡子，用手拍拍自己的臉蛋，揪揪自己的眼皮，眼裡眼淚快要湧出來了。

她忽然拉開洗臉間小櫃子的幾個抽屜，把裡面化妝品都拿出來，攤在台子上，口紅、撲粉、髮膏、眉筆。外婆從來不化妝。媽媽也是進了上海的高中，學校裡有時開跳舞會，必須化妝，所以才買了這些。媽媽畢竟是十八歲的姑娘，十八歲的姑娘，怎會不愛美。

何況今天。媽媽想，如果她今天衝不出上海，只有死，那麼今天就是她在這個世界上生活的最後一天。她一定要用最美好的容貌來度過這一天，不能這樣蓬頭垢面地死去。

想清楚以後，她便開始細細化妝。半個鐘頭之後，鏡子裡的姑娘容光煥發，美麗動人。好了，就算今天眞的死了，她也是漂漂亮亮地死了。下樓吃早飯，廚子老魏看媽媽一眼，好像嚇了一跳，媽媽忙說：「今天學校有口試和體檢。」

媽媽忽然看見客廳裡的日曆，趙媽已經撕過。媽媽猛然心血來潮，走過去，舉手要撕一月十八號那張日曆。轉念一想，扭頭看看廚房門口，又停住手，跑上樓，到外婆臥室裡，把那張一月十八日的日曆撕下來，藏到衣服口袋裡。

出了門，坐進汽車，老鄭回過頭來，盯著媽媽看。

媽媽又說一遍：「今天學校有口試和體檢。」

老鄭懂了，笑笑說：「陶小姐今天好像去跳舞會。」

到學校門口，雪完全停了，天也亮了許多。馬路兩邊很多同學，在雪裡走。媽媽說：「口試和體格檢查都在下午，你四點鐘再來接我。」

老鄭說：「好的，好的，不會晚。」

媽媽下了車，踩著地上薄薄的雪，朝學校門口走。老鄭嘻嘻笑著，把車開走了。媽媽走上台階，伸手拉門的當兒，下意識地朝汽車開走的方向望了一下。卻不料，剛好看見那汽車正掉轉車頭，發出嘎嘎的聲音，重新往學校開回來。媽媽嚇了一跳，忙躲到門邊的柱子後面看。汽車在校門口停下，老鄭隔著車窗朝校門口張望一陣。看見有一個學生從車邊走過，就搖下車窗，問他了幾句話。那學生點了幾下頭，轉身走上學校大門口的台階。老鄭關好窗，又把車開走了。

媽媽過來，跟那學生一起走進校門，一邊問：「那車夫問你什麼？」

那學生問：「是你家的車夫麼？」

媽媽說：「是，最討厭。」

那學生說：「他問學校今天下午有體檢麼？我說是。」

「哦。」媽媽應了一聲，又補一句，「他要偷懶，這下更可以來遲些了。」

那學生看她一眼，轉身走去他的教室。媽媽左右環顧，走廊大廳裡學生都匆忙趕往教室，沒人注意她。媽媽馬上急步走出樓房後門，在雪地上往學校後門走，胸口咚咚咚響。

一部黑色的小汽車，果然在後門口霞飛路上等著，見媽媽從樓門出來，便發動起來。媽媽剛走出學校後門，到了車邊，車門便自己打開，一個全身穿黑短衣，頭戴黑禮帽的人跳下車，前後左右張望著，等媽媽鑽進車去。媽媽前腳上了車，那人後腳也已經跟進來，身手輕捷。兩人還沒坐穩，車門還沒關好，車子便飛快地開動起來。

媽媽這才看清，自己左手，也坐了一個穿黑短衣戴黑禮帽的人。她擠坐在兩個黑衣大漢當中。這兩人臉上都架著墨鏡，看不清眉眼。他們都一言不發，左右轉著頭，朝車窗外望，每人右手都在懷裡插著。

坐在前排車夫旁邊的人轉過身，對媽媽說：「陶小姐，在下是萬墨林。」一口濃重的浦東話，聲音洪亮，把整個車廂震得嗡嗡響。

媽媽仰臉看他。隔著車座靠背，看不清他穿的什麼衣服，從領子上看，是一件駝色中式棉長袍，頭上也戴一頂黑色呢禮帽，帽邊插著一枝粉色的小花。他沒有戴墨鏡，所以看得清容貌，胖胖的，臉很寬闊。眉毛粗重，眼睛圓圓，很有神。他朝媽媽笑著，很和善、很隨便，好像根本沒有什麼槍戰的危險在前面。

「萬某與令尊有過一面之交。不想陶先生有格樣霞奇漂亮的女兒。」萬先生還是扭著頭，對媽媽說，「今朝蠻冷，陶小姐穿得夠嗎？」

媽媽回答：「謝謝萬先生，夠暖了。」

萬墨林問：「勿要緊張，弗會出事體。」

媽媽看萬先生那樣輕鬆，也放下心來，有些不好意思，說：「只要兩個弟弟能平安無事，到姨媽的煤球廠就好了。」

萬墨林笑笑說：「一定的，弗會出事的。」

媽媽又說：「不曉得他們是不是穿夠衣服，昨天去的時候沒有下雪，他們帶的衣服不夠多，姨媽今早借給他們兩件才好。」

萬墨林點點頭，說：「長姊如母，果然不錯！陶小姐眞是姐姐樣子。兩位公子不會冷的，如果冷，我的弟兄也要給他們衣服穿。」他們這樣閒談，汽車一路飛奔。

路線時刻，媽媽一天一夜不知背誦過了多少遍，早已爛熟於心。現在車裡人誰也不說話了，五雙眼睛，注視前後左右。很好，七十六號沒有任何察覺，後面馬路上沒有一部車子。媽媽睜大眼睛，看著窗外，車子開到杜美路，街兩邊三三兩兩人，走的走，坐的坐，看見車子過來，都站起，想來這些是埋伏的槍手。車子打個掉頭，轉向滬西，一秒不停，急駛到表姨婆的煤球廠。媽媽以前從沒來過這裡，只見前門口外有一些人站著，都是煤球廠工人打扮。看見車子來到，揮手讓車子進門，然後這些人都站在車子後面，臉都朝廠門外警戒。廠裡面漆黑一片，工人們滿臉煤灰，黑白不辨。車子停下，媽媽兩邊的兩個槍手同時開門下車，媽媽跟著下來。萬墨林先生也下了車，站直身子，拍拍身上的長袍。媽媽才看到，他身材高大魁梧，膀大腰圓，動作很敏捷，很自信。他四面查看一下，摘下禮帽抓抓頭髮，剪得很短的平頭，抓過之後又把禮帽戴好。

旁邊一個瘦瘦乾乾的人走來，對他耳朵講幾句話。萬先生說聲：「辦得好！」朝身邊保鏢招招手，一行五人朝煤球廠後門走。到後院，三部汽車已經發動，其中兩部已經開始往大門口走，媽媽曉得那上面分別坐著泰來舅和恆生舅。到現在，她還沒有看到他們，心裡很牽掛。第三部車的三個車門都開著，萬墨林先生，兩個保鏢，和媽媽趕緊鑽進了車，還是一樣的坐法，媽媽夾在後座兩個保鏢中間。車子從煤廠後門開出去，門口兩邊也是一群工人打扮的人在警戒。

託天之幸，到這裡，一路無事。眼看就到十六鋪碼頭。

三部車子沒有開到碼頭門口，而是遠遠停在碼頭一側。車門都不開，人都不下。周圍二十幾個船客打扮的人，慢慢散布到幾部車子旁邊，四處警戒。媽媽車裡，前面司機打開車窗，伸出一條胳臂，搖動一塊白色手帕，向江心揮舞。馬上，江裡顯出三艘小舢板，往岸邊急駛。

沒有人說話，萬墨林先生也沒有作聲，卻像有人下命令，突然之間，三部車子的所有車門都同時打開，每個車裡跳出連司機四個黑衣禮帽的保鑣。媽媽車裡兩個保鑣加司機和萬墨林先生，也是四人。十一條大漢走過來，圍成一個圓圈，都臉朝外站著，右手都插在腰邊衣服裡面，把萬墨林先生、媽媽、泰來舅和恆生舅圍在圈裡。

萬先生對媽媽三個說：「將門虎子。有陶先生這樣當世英雄做父親，自然你們這樣臨危不亂，沉著鎮靜。將來必有大作爲，可喜可賀。」

媽媽對兩個舅舅說：「這位就是救命恩人萬墨林先生，快來謝。」

兩位舅舅連忙拱手作揖，向萬先生致謝。

萬先生一面忙向兩位舅舅拱手，一面說：「不敢，不敢。萬某不過買了幾張船票，做了一次戒備而已。實在是三位公子心誠，得天之助，一路不發一槍一炮，大功告成。」

江邊小舢板靠了岸。萬先生說：「到了香港，見到令尊，請代致問候。我們後會有期。」

身邊兩個保鑣，先夾著恆生舅，走到江邊，下了一個舢板，立刻開走。然後又有兩個保鏢，夾了泰來舅，走到江邊下艇，也立刻離岸駛去。第三組兩個保鑣走到媽媽身邊，拉住媽媽，轉過身，剛走兩步，媽媽忽然停住腳，轉過身來，看看那兩個在自己身邊坐了一路的保鑣。他們現在站在萬墨林身邊，保衛萬先生的安全。

媽媽忽然覺得鼻子眼睛都酸酸的。這兩個黑衣人，一路上一句話都沒有說過，可是媽媽忽然覺得他們與自己那麼親近，好像是曾經共過許多患難的朋友。可不是麼？如果路上眞發生槍戰，這兩個人自然要拚性命，就是死了，也會用身體堵住車窗，爲她抵擋射來的槍彈。媽媽忍不住，突然衝過去，站在那兩個保鑣面前，彎腰深深鞠了兩躬，對他們說：「謝謝，謝謝。」

兩個高高大大的保鑣猛然一愣，旁邊萬墨林先生也一愣。未及他們反應過來，媽媽趴到地上，對著萬先生磕了三個頭。萬先生剛要彎腰去扶，媽媽已站起身，快步走下江邊，頭也不回，邁進最後一個舢板，眼淚一個勁地流。

一切都如所計畫的一樣，三條舢板，前前後後，繞過大船，駛到船靠外海一側。遠遠的十六鋪碼頭上，可以看見許多日本兵在入口處檢查上船客人。媽媽到大船邊時，恆生舅已經在空中，沿繩梯向船上爬了一半。第二條舢板上，兩個保鑣正扶著泰來舅往繩梯上攀。繩梯不是從甲板上放下來，而是從一個圓形艙孔中放下。恆生舅到了艙口，孔裡有人伸出兩隻手，把他拖進去。這時，泰來舅已在半空中了。媽媽站起來，不用保鑣幫忙，自己往繩梯爬上去。媽媽這一攀，繩梯猛烈搖動起來，半空中的泰來舅嚇得大叫，才叫一聲，又吞住。兩手死抓住繩梯，不敢動彈。媽媽一看，立刻鬆手，跳離繩梯，旁邊兩個保鑣舉手拉緊繩梯，穩住晃動。泰來舅朝下看看，喘了口氣，才又爬動起來。直到泰來舅爬進艙孔，媽媽才又迅速沿繩梯爬上去。等媽媽爬進艙孔，朝下看，那三個舢板已經離開。艇上一個保鑣朝岸邊揮動一塊紅色手帕，想是報告一切完成。

拉他們上船的三個水手都不說話，動作神速，繩梯一收，人便散開。只有一個水手朝媽媽三人招招手，領他們走路。那裡是一處貨艙，身邊都是些貨箱和一些轉動的機器，走道空間窄得只能側身站立或走動。四個人都不說話，悄悄走出貨艙，轉來轉去，上幾個小梯，才到了甲板。那水手拿手一指，要媽媽他們從一個小艙門進去，到客艙。曾資生在門裡面走道上站著等他們進來，不說話，伸手遞給他們每人一張船票，然後走開。

三人鋪位分開，泰來舅和恆生舅同在一間容納七、八人的艙裡。恆生舅在一個門邊的上鋪，泰來舅在另一個門邊的下鋪。兩人可以遙遙相看，卻不能講話。船要到傍晚才開，那時剛到中午，已經上船的人都到餐廳去吃中飯。曾資生沒有交代過他們怎樣吃飯，所以誰也不敢出艙門。表姨婆早上給泰來舅和恆生舅書包裡塞了些吃食，怕小孩子餓肚皮，這些小點心眞是救星，解了兩位舅舅的午間之饑。

另一間艙內，媽媽沒有任何準備，只好忍著餓，靜靜躺著，閉著眼睛，滿腦幻覺。一忽兒他們被船上日本憲兵查出來，兩手一綁，送回虹口。李士群舉槍「砰砰」兩聲斃死他們。一忽兒汪精衛把他們捉進愚園路，逼外公回滬。外公回到上海，她們自由了，外公卻只有死。她又想，老師會不會疑心她不去上課？她已經在學校病了兩天，今天在家也是常理。如果學校打電話回家，趙媽一接，就麻煩了。如果學校不打電話回家，那麼不到下午四點老鄭去接她，七十六號不會得知她不見了蹤影，那麼他們在船上便不會有危險。昨晚沒有睡好，今早擔驚受怕，這樣想著，心情鬆弛下來，媽媽昏昏睡去。

睡夢中，媽媽突然被人推醒，睜眼一看，一名水手在眼前，還有一個持長槍的日本憲兵，個子很低，三角眼，圓鼻頭。媽媽渾身抖起來。

六十二

「你的票。」那水手的喝聲打斷媽媽的胡思亂想。

媽媽突然靈醒過來，趕忙拿出曾資生剛交給她的船票，遞過去，那水手接過媽媽的船票，看了一眼，用卡鉗在票上面打了個洞，還給她，然後看也不再看媽媽一眼，走過去，對旁邊鋪位上的人大喊：「查票，查票！」日本兵也跟著走過去，不再理會媽媽。

看看手錶，下午四點，媽媽不由開始緊張起來。她閉眼想像：老鄭到了學校，在校門口等她。過了半個鐘頭，學校所有學生都走光了，還不見媽媽。老鄭下車，到學校裡去問。老師告訴他，媽媽今天一天沒來上課，於是老鄭慌了，忙開車回環龍路。老魏自然說媽媽一天不在家。老鄭和老魏馬上找外面監視的人查問，沒有人曉得媽媽今天哪裡去了。這一下，七十六號便亂了。狠客李士群大發脾氣，摔桌子打板凳，可能還槍斃一兩個部下，可是沒人猜得出媽媽在哪兒。他們去滬西找表姨婆，表姨婆說她一早送兩個舅舅上學去了。七十六號便到兩個舅舅的學校，才曉得兩個舅舅也一天沒上學。這一來，李士群悟出來，姐弟三人有可能要潛逃出滬，馬上派出大隊人馬，分頭到飛機場、火車站和碼頭搜查。可到那時，已經過兩三個鐘頭，差不多六點鐘。義大利郵輪康悌·威爾蒂號五點半鐘準時啓錨開船，早已沿黃浦江航行半個小時。等七十六號的人在碼頭上搜完各條船，威爾蒂號郵輪已經出吳淞口，進入公海。

曾資生跑進媽媽船艙，說：「師妹，我們已經進了公海。兩位師弟正在甲板上等你。」媽媽不及答話，跳起來，衝出艙門，跑上甲板，抱住兩個舅舅，放聲大哭。海上寒風之中，三個姐弟摟抱一團，哭了好一陣，才被曾資生勸止，一起回到餐廳去吃晚飯。

餐廳裡很暖和，播放威爾蒂的歌劇《阿伊達》，聲音不大，女高音婀娜的歌聲，顯得輕柔動聽，裊繞不絕。吃飯的人不多，都是西洋人，高鼻子藍眼睛，穿著燕尾服大長裙，滿臉紅光，低聲說笑，好像開宴會。聽著音樂，享受和平與寧靜，媽媽覺得舒服極了，微微閉上眼睛。曾資生端來一杯紅葡萄酒，四個酒杯。媽媽和兩個舅舅每人一小口，曾資生一滿杯。

「乾杯，乾杯。」不知誰說，大概每個人都說了這同一句話，瞇瞇笑，碰了杯，喝了酒，拿起刀叉吃飯。媽媽從來沒有吃過那麼好吃的西餐，一客土豆沙拉，一客炸牛排，一客義大利肉丸通心粉。湖北人講究喝湯，很少誇獎別地方的湯，今天媽媽對船上的羅宋湯竟讚不絕口。

恆生舅突然放下刀叉，歪頭問：「大哥，剛才查完票，我看見你在對面下鋪，抱住兩條腿翻滾，好像很痛苦。我想去問問你怎麼了，可是又不敢，只能看，不能說話。你怎麼了？」

泰來舅不好意思地說：「左腿突然抽筋，疼倒不疼，只是嚇死了。」

恆生舅說：「我看你用力捶腿，捶了好一陣才沒事了。」

泰來舅說：「他們查票，我以為……」

媽媽說：「我也嚇糊塗了幾分鐘，日本兵刺刀差點戳到我臉上來。」

曾資生說：「吃過飯，換艙房。我們住一個小客艙，沒有旁人，你們可以安心睡兩天覺。」

媽媽很高興，說：「太好了，我兩夜沒睡了。」

兩天之後，一九四〇年一月廿日下午，威爾蒂號徐徐抵靠九龍碼頭。媽媽、泰來舅和恆生舅老早便都擠在船舷邊，朝碼頭上張望。接船的人很多，碼頭邊上擠得滿滿的，紅黃藍綠，高低胖瘦，斑駁陸離。可是人群當中，四處尋找，看不到外公外婆的身影。

曾資生說：「老師在香港還是很危險，不方便來碼頭上接你們。」

媽媽和舅舅們聽了，很失望，只好無精打采跟著曾資生，背著自己的小背包，走下甲板。

「陶師妹，陶師妹！」媽媽聽到人叫，抬頭看，發現連士升跑到面前。他中等個子，戴金絲眼鏡，穿西裝，文質彬彬，很像個學者。

曾資生搶著問：「士升，老師派你來接船麼？」

連士升說：「是呀！老師師母都很好，只是為你們三人擔心，現在在家盼你們呢！」

恆生舅叫喊：「我要回家。」

泰來舅也說一聲：「快走，快走。」

媽媽高興得伸出雙臂，張望著香港明亮的太陽，大聲歡呼：「回家了，回家了！」引得左右船客們都扭過頭來看她，所有的眼光都先是奇怪，而後又都受到媽媽歡聲感染而微笑。

「杜先生特別派了一部車子來接你們，請隨我一起走。」連士升說著，引衆人出了碼頭。

媽媽從來沒有想到，從碼頭到九龍塘，居然這麼遙遠，開車走了那麼許久，人心都要急死了。她也從來沒有發現過，香港看來原來這樣美麗，花還開著，樹還綠著。原以爲窄小擁擠的商店，現在看來好像也寬暢許多，街上那些瘦小乾黃的香港人，也好像順眼得多。

汽車轉幾個彎，上一個坡，停在一個門口。連士升說：「到了！」

恆生舅早已自己開門，跌下車去，一路衝進門，叫聲不斷：「姆媽……爸爸……」

媽媽隨後跳下車，也張著兩手，朝門裡衝，大叫：「姆媽！姆媽！」

泰來舅跟著下車，跟著跑。他不會那樣狂叫，只跑不喊。

外公外婆在客廳當中等他們，聽到叫聲，都快步朝門口走。恆生舅一頭撲進外公懷裡，胡亂喊叫。媽媽和外婆抱在一處，放聲嚎啕，最後乾脆雙雙坐到地上，抱著頭痛哭。泰來舅跑過來，外公一把摟住，垂下淚來。曾資生和連士升兩人，都知趣地站在大門外面等候。

過了一會，泰來舅、恆生舅都平靜下來，站在一邊。外婆媽媽兩人還哭不完。晉生舅走出來，拉住恆生舅的手。外公抱起范生舅，替他擦鼻涕。又好一陣，母女二人眼淚流乾了，才漸漸平息，站起身，鬆開手，相視而笑，臉上還掛著淚。

外公一手拍拍泰來舅和恆生舅的肩膀，說：「講講看，怎樣逃出來的？」

外婆一邊抹眼淚，一邊往廚房跑，叫：「先吃飯，先吃飯！」

外公忙說：「對，一定都餓壞了。」又朝門外招手，「你們兩個也進來，一道吃飯。」

恆生舅說：「我們在船上吃很好的飯，曾先生買很好吃的西餐。」

曾資生走進屋來，站在一邊，笑著請安：「老師好。」

外公對曾資生說：「謝謝你出生入死，一路照顧。」

曾資生不好意思，說：「老師不必客氣，這是學生應該做的。」

外婆端出大盤小碗，擺了一桌：「吃飯，吃飯。」

媽媽趴到外公耳邊，低聲問：「爸爸，我不問清楚，飯吃不下。高先生弄到密約了嗎？」

外公笑起來，也故意低聲對媽媽說：「沒有弄到的話，我早也活不到今天接你們回來。」

媽媽大鬆一口氣，外公的性命有保了。她伸開兩臂，緊緊抱住外公，眼淚又落下來。

外婆端著菜，走出走進，不住叫：「快坐，快坐。琴薰，又做麼什？剛哭夠了，又要哭麼？」媽媽和外公對視一笑，和衆人一道坐定。媽媽一邊吃飯，一邊講萬墨林怎樣計畫，兩個舅舅怎樣裝頭疼去表姨婆家，怎樣飛車，怎樣上船。恆生舅插嘴講泰來舅腿抽筋，泰來舅講在繩梯上差點掉下海裡，幾乎嚇死。

外公說：「我與萬墨林先生只有一面之交，他竟爲我如此出生入死。這救命之恩，我們全家永世不能忘。日後見到他，我要好好道謝。」

說著吃著，直到天暗下來，一頓飯才吃完，曾連兩位告辭去了。泰來舅和恆生舅跟晉生舅到他屋裡去，擺弄他們的東西。外婆抱著范生舅進裡屋睡覺，外公帶媽媽去杜月笙家道謝。

上下九龍塘間，高高低低，只有一條馬路。天色已暗，父女兩人並肩走，路上隔不多遠，便有三五行人，穿著各色衣褲，蕩來蕩去。

外公低聲說：「這些人裡，不要有七十六號派來的特工。」

媽媽前後左右查看，有些猜測地說：「這些人的模樣，好像萬先生一路佈置的警戒槍手。」

外公一聽，口氣便輕鬆了些，說：「是嗎?杜先生從上次飛重慶，遭日機襲擊，得了氣喘病，至今未癒。我們去了，只道過謝就好了，不要久留。」

媽媽說：「我曉得。爸爸，你要在香港報紙上公布日汪密約麼？」

外公說：「對，重慶已經派了人來，只等你們脫險。」

媽媽說：「那麼重慶饒了你們了麼？」

外公嘆口氣說：「公布日汪密約，不過向國人謝罪而已，重慶政府未必會饒我，高先生去了美國，說是一輩子閉門思過，不問政事。我會怎樣，還不知道，我覺得，還是只有一條死路。」

媽媽聽了，心裡很難過。逃出魔掌全家團聚的喜悅頓時都消失了，胸中只平添無數的憂鬱。這樣說著想著，到了杜公館，整條街只他一家，從街頭到街尾都是警衛。一段一段的傳話進去，到大門口，已有人迎接。三四個人陪著外公和媽媽，順小石子路走進院落，上台階，到門口。房子很大，在夜色裡看不淸顏色，只見窗戶一排排，裡面有很多層樓，很多房間。走進門去，門廳高大，好像宮殿一樣。陪同的人把外公和媽媽請進旁邊一個門，裡面是一個小書房，四壁都是書架，放滿書，但是沒有書桌，只有一圈棕紅色的皮沙發。沙發頭上各有一個茶几，上面放著花瓶、煙盒、水果、電話等物。

外公說：「杜先生在這裡會自己的朋友。我幾次來，都是在這裡……」

話沒說完，書房門開，杜先生走進來。身材不高，瘦瘦的，身板很直。臉色或許因爲氣喘病，不大好，有些白裡透黃，但是精神很好，眼睛瞇著，透出的目光很銳利。他穿一件灰綢長衫，平平常常，一點看不出他是上海灘呼風喚雨的人。像萬墨林先生那樣的英豪，也聽從他的調度，他想必是知人善用，足智多謀，慣於運籌帷幄，方能決勝千里之外。他的身後跟兩個人，一高一矮，一胖一瘦，都很強壯。

外公拱手，說：「杜先生，小女和兩個小兒今日平安抵港，特來拜謝救命之恩。」

杜先生拱手回禮，一口上海話說：「陶公何必客氣。請坐，請坐。」

媽媽正要跪下來磕頭，不想杜先生腳步敏捷，過來一把扶住，說：「免禮，免禮。陶公，格樣子絕不敢當。」

外公說：「小女拜是一定要拜的。杜公請坐，受小女三拜。要不，陶某一家心裡過不去。」

杜先生只好把扶著媽媽的一隻手鬆開，說：「好，好。杜某今朝斗膽，受陶小姐一拜了。」

媽媽端端正正對他跪下，拜了三拜，說：「杜先生，萬先生，和弟兄們，兩次出生入死，救我一家逃出虎口。大慈大悲，大恩大德，我們一家永誌不忘。」

杜先生在一個沙發裡坐下，說：「將門虎女。陶小姐出口成章，可喜可賀。」

媽媽站起，坐到外公身邊，眼裡仍含淚。

杜先生轉頭對外公說：「大家都是爲了中國不受日本人欺侮，陶公從虎穴裡打出來。杜某能助棉薄之力，是天賜報國良機，何談恩德。」

外公對杜先生一拱手，說：「杜先生若有人帶話到上海，請代陶某叩謝萬兄。日後萬兄到港，也請務必通知，陶某一定要面謝。」

杜先生坐著，朝外公拱拱手：「這個自然，我代他回禮了。」

有人奉上茶來，杜先生接過，喝了一口，慢慢地說：「昨天港府華民司派人，到我這裡來，討儂格住址。」外公有些吃驚，端著茶盞，望著杜先生，忘記喝茶。

杜先生把茶盞慢慢放到茶几上，說：「我自然不答覆。那人講：儂弗講，我們也曉得。奇怪，他既曉得，何必來問我？他講：我們問儂，儂告訴我，我們對陶先生一家安全負責。儂不告訴我，他們的安全只有由儂來負責。格些小癟三。我講：好呀，我杜某負責就是了。」

外公問：「是港府要保護，還是上海要下手？」

杜先生說：「管他什麼！儂的住址少一個人曉得，就少一分危險。今朝起，儂格家，上下九龍塘，我都派了人。儂可以放心到這裡來。」

外公忙打拱說：「謝謝杜先生關照。」

杜先生說：「弗過呢，我料到上海弗會肯罷休，一定會尋到香港來。我已經在上海做了安排，隨時通報過來。陶先生出門有事體，務必好自爲之，弗可大意。」

外公坐在沙發上，躬躬身，說：「多謝指教，陶某一定加倍小心。」

杜先生說：「中央通訊社社長蕭同茲先生，親自從重慶來關照。」

外公說：「我們昨天下午已經見面，商議好了。」

杜先生面有喜色，問：「那麼日汪密約就要見報？」

外公說：「明天一早。」

杜先生說：「那麼儂要更加小心。儂在香港公布日汪密約，自然是挖了他們的心。七十六號一定會加強對儂格偵察和暗殺計畫，狗急會跳牆。」

外公說：「陶某當時隨汪赴滬，已鑄終身大錯，死不足惜，願以一死向天下人謝罪。」

六十三

第二天，一九四〇年一月廿二日，香港《大公報》頭版，刊出全部日汪密約，黑字標題：

高宗武陶希聖攜港發表
汪兆銘賣國條件全文
集日閥多年夢想之大成
極中外歷史賣國之罪惡

外公一早出門，中午也不回家吃飯。外婆吃過中飯，出門買米。媽媽上街，回到太子道，找一家理髮店。半年多前，她曾來這家理髮店剪頭髮，聽人議論外公，極度傷心。

理髮店裡還是老樣子，還是那個好講內幕消息的理髮匠。一個客人坐著理髮，臉色臘黃，不是以前那個大馬臉。另兩個客人坐在窗口等，合拿一張報在看，兩張臉遮得嚴嚴，看不清面目，只見一個藍長衫，一個黃夾克。

媽媽走進去，說：「只洗洗頭。」

那理髮匠說：「請坐，請坐，等幾分鐘。」

「……這眞是難以相信，難以相信……」藍長衫客人，從媽媽進門，一直重複這一句話。

「蕭同茲親自公布，一定確是眞版。」理髮匠說，果然消息靈通。

門外又衝進一個人，竟然是見過的那個西裝油頭客人。這人進了門，氣喘吁吁問：「哪位有今天《大公報》，匀小弟一份，加倍付資。哈，這裡果然有！」

藍長衫客人轉過身，把報紙藏到身後，說：「這是我的；沒有多餘，怎麼匀你？」

西裝客人說：「一早聽說公布日汪密約，跑上街，卻已經到處買不到了。今天報應該多印，怎麼能脫銷呢？」

理髮匠說：「你老兄每天睡到日上三竿，再多的報都會賣完。」

「你這裡一定有多餘，常有客人看過報丟在這裡。」那人一邊說，一邊在店裡到處看。

理髮匠說：「今天的報，沒有人丟下不要。」

西裝客人突然大叫：「哈，我說不錯吧，果然。這裡就……」

正理髮的黃臉客人跳下座位，滿臉肥皂沫，語音不清，說：「你放下！那……那是我的，你不可以拿走。」

西裝客人，說：「好，好，不拿走，就這裡看，看看總可以。」

理髮匠拉住黃臉客人，說：「你坐下來，鬍鬚只刮了一半。」

西裝客人便什麼都不理會，翻開報紙，才看一眼標題，便自顧自大聲念起來：「去年之夏，武承汪相約，同赴東京，即見彼國意見龐雜，軍閥恣橫，望其覺悟。由日返滬以後，仍忍痛與聞敵汪雙方磋商之進行，以期從中補救於萬一，凡有要件，隨時記錄。十一月五日影佐禎昭在六三花園親交周佛海、梅思平及聖等以《日支新關係調整要綱》之件，當由汪提交其最高幹部會議，武亦與焉。益知其中條件之苛酷，不但甚於民國四年之二十一條，不止倍蓰。即與所謂近衛聲明，亦復大不相同。直欲夷我國於附庸，制我國於死命，殊足令人痛心疾首，掩耳卻走。力爭不得，遂密為攝影存儲，以觀其後。其間敵方武人，頤指氣使，迫令承受或花言巧語，涕淚縱橫。汪迷途已深，竟亦遷就允諾，即於十二月三十日簽字，武、聖認為國家安亡生死之所關，未可再與含糊，乃攜各件乘間赴港……」

黃夾克客人繼續看著報，一邊問：「這位陶希聖，會不會是蔣委員長派去上海臥底的？」

理髮匠回答：「不大像。如果是派去上海，拿到全部日汪密約，是大功勞。蔣委員長錦囊妙計大獲成功，重慶政府難道不要大大慶祝嗎？一定早派專機來，接高宗武陶希聖兩人回重慶去，論功行賞，加官晉爵。你看現在，重慶毫無動靜，沒有慶功的意思。老蔣那人，好大喜功，一定不會居功不慶。再看高宗武陶希聖文章，都是謝罪詞語，臥底的大功臣怎麼會那樣講話？聽說高宗武跑到美國躲起來了，聲稱一輩子閉門思過。如果是臥底功臣，有什麼過可思？」

藍長衫客人說：「高宗武可能不是臥底，陶希聖卻也許說不定是蔣委員長派去的，所以陶希聖做工作，把高宗武策反成功。」

黃夾克客人說：「陶先生那樣的文人學者，史學大家，北京大學的名教授，那樣人做臥底特務，恐怕貶低了人格。只怕他連發報機都不會擺弄，如何做得刺探情報的任務？」

西裝客人說：「汪先生一向器重陶希聖，他這樣未免不夠朋友。」

理髮椅上黃臉客人剛刮完鬍子，能夠開口說話，一臉鄙夷說：「我早就說，你小子同情賣國漢奸。對汪精衛還值得保持忠誠嗎？我看，陶希聖拋棄汪而忠誠於中華民族，可敬可佩。」

夾克客人說：「他們原只是要組織和平運動，不要打仗，怎麼搞出南京政府賣起國來？」

黃臉客人說：「對抗戰前景缺乏信心，以爲可以與日本人談判，免除人民戰亂之苦，本也無可非議。古今中外，凡兩國相惡，總有戰和兩議，爲什麼偏偏中國只許論戰，不准提和議。對未來始料不足者，也非陶希聖一人。胡適先生也這樣主張。」

長衫客人說：「此話不錯，我想，就算這位陶先生開初眞是糊塗，或者爲個人私利，跑到上海去幫助汪精衛，那又怎樣？他後來看出日本滅亡中國的野心，對中國的熱愛之情，畢竟戰勝了個人，衝出上海，揭露了日汪的陰謀。這樣戰勝自我，需要更大的勇氣，夠偉大！」

黃臉客人走下椅子，一邊收拾衣領，一邊看著西裝客人說：「陶先生應該追隨汪精衛賣國到底，才算忠誠，夠朋友，比脫離上海公布汪日密約更好。對不起，先生，我要收回報紙了。」

西裝客人作著笑臉說：「再幾分鐘，再幾分鐘。」

黃臉人說：「你還是不看爲好，看了傷心。」

西裝客人不解，問道：「我傷什麼心？」

黃臉人說：「現在中國人民曉得了日本鬼子狼子野心，一定抗戰到底。日本人滅亡中國永遠辦不到。你不傷心麼？」

西裝客人跳起身，面色紫紅，捋胳臂挽袖子，喊叫起來：「你小子，血口噴人！我何時要賣國，我有七姑八姨在東北，我恨不能……」

理髮匠走過來勸：「兩位，兩位，有話好說，動粗萬萬不能。」

黃臉人伸手取過報紙，揚頭走出門，還重重地哼了一聲。

西裝客人忍不下那口氣，大喊大叫，要衝出門去尋事。

理髮匠忙擋住他，說：「你不是要報紙嗎？我有一份，送給你了。怎樣？不要吵鬧。」

西裝客人停住步，等理髮匠取報，一邊仍恨恨地罵：「他媽的，我怎麼會要賣國？他陶希聖到上海去賣了一回國，倒成了大英雄……」

媽媽聽了這句，感到極度難過，急急站起，跑出門。

理髮匠在店裡面喊：「小姐，不用怕，打不起架。」

媽媽萬萬沒有想到，外公為了揭露日本汪精衛的陰謀，冒了生死，從上海跑出來。媽媽和兩個舅舅作了人質，也差點死在魔手。原以為公布密約，足以謝罪。可現在又引起那麼多議論，也許要繼續好多年。媽媽想著，心裡很不是滋味。

到哪兒去呢？媽媽漫無目標地在街上走。家裡一天到晚沒有人，外公這兩天不回家，住在報館裡寫專欄文章，報告日汪談判經過，解說密約條款的意義。外婆每天出外買菜，花許多時間，天天換店，怕別人放毒。舅舅們早都註好冊，每天去上學，早出晚歸。只有媽媽一個，高中學校還沒有確定是否錄取，在家裡等，有空出來閒逛。

街邊有一家小小的書店，櫥窗裡掛了兩三張唱片。媽媽信步走進去，在兩三個書架上隨手翻看。唱片架上沒有多少種類，但架上掛了一條大標語：最新一代美國音樂家，最新一張美妙提琴曲。媽媽不免生了好奇，拿起那張唱片來閱讀說明；是一個名叫海菲斯的美國小提琴家。媽媽從來沒有聽說過這個名字，便問櫃台裡的人：「你是這個店的老闆嗎？」

媽媽進門時沒有注意他，現在才看見，那人很年輕，文質彬彬，回答說：「不是，我做工。」

媽媽問：「有寫這個海菲斯生平的書嗎？」

那人說：「沒有。他還太年輕，剛剛出名，還沒有傳記出來。」

媽媽問：「聽起來，你知道一些？」

那人說：「我是音樂系的學生，學音樂史。這個書店賣這些唱片，都是我弄的。」

媽媽問：「這個海菲斯眞的很有名嗎？」

那年輕店員眼裡放出光，說：「是，大概在當代小提琴家裡，除了蘇俄的戴維·奧依斯特拉赫，就是海菲斯最偉大。其實海菲斯跟奧依斯特拉赫一樣，也是俄國人，不過蘇俄革命之後，奧依斯特拉赫留在蘇俄，而海菲斯隨家人逃到美國。」

媽媽說：「所以你說他是最新一代美國音樂家。」

「對。」店員繼續說，「海菲斯一九二五年變成美國公民。他在俄國的時候，六歲就上台拉門德爾松的小提琴協奏曲。十一歲他到德國柏林演出柴可夫斯基的小提琴協奏曲，那可不是容易拉的協奏曲。聽說，海菲斯小時候家裡非常窮，他的父親教他拉小提琴，天太冷，手凍僵，他父親把桌椅板凳都劈了燒火，給他暖手練琴。」

媽媽看到那店員眼裡甚至有淚光，心裡感動，便說：「聽你這麼說，我很想買他的唱片，今天沒有帶夠錢，過兩天再來，可以麼？」

那年輕人說：「我替你留一張在這裡，隨時來都可以。」

媽媽轉身走出門時，聽到那店員對她說：「你要仔細聽他拉的巴哈，不迷倒了才怪。」

媽媽獨自微笑，心裡覺得好受了一些。普天之下，到底也還有那麼一些人，充滿同情心，所以這個世界才不至於徹底的冷酷和無情。媽媽又想想那店員的模樣，對音樂的狂熱感情，溫和的談吐，音樂系學歷史的學生，媽媽覺得臉上有點發熱，看見街上過來一輛電車，忙搭上。

車上前後左右都有人在看報，有人在議論。

「……這傢伙老奸巨猾，不夠朋友……」

「……只要他給中國人做了好事，總值得稱讚……」

「……懸崖勒馬，幡然悔悟，放下屠刀，立地還可以成佛。陶希聖這樣，有什麼不對……」

幾個乘客你一句，我一句地說。媽媽先頭還想著那個音樂學院學生和海菲斯的故事，忽然聽見有人說出陶希聖三字，才醒悟過來，身邊的人原來也都在議論外公長短。媽媽心裡不舒服，碰上到站，趕緊下車，發現是在彌敦道上，向前兩三個路口便是尖沙嘴。

媽媽順街朝尖沙嘴走，看著街邊的櫥窗，一個小店櫥窗裡，掛著幾幅不大的油畫，都是風景。細看看，署名不清，不知何人，想是無名畫家。若在平時，媽媽也許不會覺得這些畫有什麼出色，但是此時此刻，卻深深地打動了媽媽的心。這些畫，不是靜態山水，而是充滿生命的運動。奔騰的河流、呼嘯的瀑布、拍岸的驚濤、翻滾的深夜。奔飛的雲、狂瀉的雨、嘶叫的風、凜冽的雪。一切都在劇烈震盪，動人心魄，連巍峨的高山也彷彿在咆哮。這不是天地間山川的寫實，也並不是畫家所表現的景觀，這是媽媽心中所感受到的生命，沉鬱和激昂交錯，逃脫危險後的興奮與面臨新危機的混合情緒的衝湧反覆。本來藝術的成就，並不在於表現者，而取決於接受者。媽媽站在那裡，呼呼地喘著氣，把臉貼在櫥窗玻璃上，讓那冰涼的櫥窗玻璃冷卻自己就要燙裂的額頭。清清的淚，從臉頰上流到玻璃上，爲那些油畫更加添流動的線條，模糊了色彩。

過了許久，媽媽才意識到，她其實更想看到另外一種畫，一幅透明的小溪流水，一幅白楊樹後顯現的落日，一幅藍天裡的白鴿，或者花格桌布上的一顆蜜桃。在平靜中生活慣了的人，厭惡和平，要去尋求驚濤駭浪的點綴，以爲那表現一種深沉。可是，媽媽親身經歷過了驚濤駭浪，現在她渴望安寧，渴望寂靜，渴望溫和的目光與愛的神情。

媽媽慢慢走到海邊，靠在碼頭旁邊的欄杆上，望著海灣對面的香港島發愣。一切都好像還在眼前，一切又都好像過去了，但是，一切都還遠遠沒有過去，媽媽覺得很沉重。

身邊走來一個賣鮮花的小姑娘，十一二歲，面目清秀，穿著一身縫補過的舊衣衫，舉著一枝紫色鮮花，問媽媽：「小姐，買一枝花麼?今天早上才剪下來的。你聞聞，很香。」

媽媽蹲下身，捧著這枝花，說：「是的，好香。」

小姑娘笑了，眼睛彎成一條縫，像個彎月，兩個小酒窩一跳一跳。

媽媽問：「你一個人在這裡賣花嗎？」

小姑娘說：「不是，媽媽在那邊看著我。」

順著小姑娘的手指，媽媽看見遠處一個婦人站著，手臂掛個草籃，插滿各色鮮花，望著她們微笑。媽媽覺得心裡非常感動，把小姑娘摟在懷裡親了親，然後掏出一個硬幣，買下那枝花。

「謝謝！」小姑娘曲膝向媽媽道謝，「我今天賣掉十枝花了，媽媽會帶我去公園玩。」

小姑娘說完，快快向她母親跑去。媽媽望著她的背影，心裡酸酸的，眼淚流下來。她很羨慕這個小姑娘，她家可能不那麼有名望，她家的房子可能很小，可是，她的生活簡單，只有花、母親、公園，從來沒有槍戰、特工、密謀、暗殺，更沒有天下人一天到晚說長論短。如果人世沒有政治和權力的存在，只有音樂、美術和鮮花，那有多美好。

媽媽在外面遊蕩了一天，黑了才回家。

外婆一見就說：「怎麼跑出去一天？伯伯來了，你爸爸不在，你也不回來，只有我陪著談一會天。拿著，這是伯伯送給你的一份禮。」

媽媽接過一個精緻的黑色紙盒，打開看，裡面是一對派克金筆，鑲在乳白色的絲綢墊裡。媽媽舉在眼前，捨不得把筆取出來，連聲說：「眞漂亮，眞漂亮！伯伯要在香港住嗎？」

外婆說：「不是，他經過，去緬甸。」

媽媽說：「滇緬公路早修好了，又要去？」幾年前，翼聖伯公接受重慶政府命令，參加設計修築了一條從緬甸到雲南的滇緬公路，一九三八年十二月通了車，從東南亞向中國西南運送抗戰物資，成了中國大後方的生命線。

外婆說：「伯伯講，滇緬公路通車，日本人很憤怒，所以英國首相決定停用這條公路。」

媽媽坐到椅子上，生氣地說：「總是這樣，中國人自己的事，總要東洋人西洋人來決定。我們後方的物資供應，憑什麼日本人要憤怒？憑什麼邱吉爾可以決定停用滇緬公路？不用滇緬公路，大後方物資怎麼辦？外國人之間做交易，從來不把中國人的性命當回事。」

外婆說：「反正重慶政府派伯伯到緬甸去，領導拆掉這條滇緬公路，我們自己不用了，不能把這條公路留給日本人。」

媽媽問：「鼎來舅不去麼？也不到我們家來住？」

外婆說：「他已經考上昆明的西南聯大了，住在學校裡。」

媽媽說：「伯伯看到今天報紙了嗎？」

外婆說：「不知看到沒有，沒有說起。內地報紙要明天才會登。」

第二天，重慶、昆明，各地報紙轉載香港《大公報》的文章，刊出外公和高宗武先生公布的日汪密約，一時舉國譁然，萬民激憤。

六十四

媽媽回香港兩星期後，到黃詠琦家看望好朋友。在大門口，兩個人摟在一處大喊大叫。媽媽說：「我不敢，怕給你們惹麻煩。」

黃詠琦拉著媽媽往屋裡走，一邊問：「什麼麻煩？」

媽媽說：「日本人氣死了，周佛海發誓要殺死我們一家人呢！」

黃詠琦說：「我的天，那怎麼辦？」

媽媽說：「我家現在都用假名字，杜先生也在保護我們……」

聽見她們聲音，黃詠琦的父母迎出客廳，拉住媽媽的手，笑著說：「讓我們看看，吃一場苦，沒有瘦，反而胖了，怎麼搞的？」

媽媽有些羞，低下頭來，叫：「黃伯伯，黃伯母。」

黃伯母說：「進屋，進屋。喝茶呢，還是吃水果？」

黃詠琦叫：「吃蛋糕。」

「就你嘴饞。」黃伯母笑著瞪女兒一眼，對媽媽說，「快脫掉外衣，坐下。我來拿蛋糕。」

黃伯父也坐下來，搓搓手，指指身邊書桌上散開的報紙說：「陶小姐，令尊大人實在了不起，了不起，爲中國人民立了大功。你曉得，香港和內地報紙公布日汪密約兩天之後，蔣委員長便發表告友邦人士書，正告世界各國：日汪政權如果成功，將會根本取消各國在東亞的地位。美英法等國立刻響應，宣布維護九國公約，不承認日汪政權，並加派軍隊，協助增強中國防禦戰線。美國還兩度撥款四千萬美元，援助中國政府抗日戰爭……」

黃伯母端出一盤奶油蛋糕，一邊拿刀切，一邊說：「又做你的政治演講！陶小姐要聽，聽陶先生講，比你講得好聽多了。」

黃伯伯笑了說：「是的，是的，班門弄斧，班門弄斧。」

黃伯母遞過一碟蛋糕，說：「講講你逃出上海的經過，很驚險吧！」

黃詠琦撒嬌：「媽媽，琴薰寫了那麼長一篇文章，登在報上，爸爸都買回來，你也看過，還不夠嗎？一講又要好半天，也許好幾天。吃完蛋糕，我們還要出去買東西呢！」

黃伯母說：「是，是。跟我們講講怎麼寫這篇文章總可以吧，那可沒有登在報紙上。」

媽媽放下蛋糕，說：「我回培道中學，因爲誤了期考，不能升高二，只好又念一次高一。」

黃伯伯不滿意：「這不公平，你是爲國誤課，應該獎勵跳級才對。」

黃伯母說：「幸虧你不做校長。人家學校有學校的規矩。」

黃詠琦說：「聽你們兩個吵，還是聽琴薰說。」

媽媽說：「回學校頭一天，剛進校門，校長把我找到他辦公室，香港《國民日報》的一個記者到學校來找我，要我介紹我們姐弟三個脫險經過。我們全家人逃離上海，分了三批。爸爸最先一個人走了，然後姆媽帶兩個弟弟走了。我和泰來恆生兩個，留在上海，最後才逃出來。我簡單講了一講，那記者好像很激動，連聲要我把這經過寫出文章來，越詳盡越好，說是不論多長，《國民日報》一定全文刊載。我不想寫，怕給我家惹麻煩，又怕耽誤功課。我四十多天滬港往返一次，沒有用心上過學，也不知能不能寫得成。」

黃詠琦說：「琴薰寫文章寫得可好了！初中在北平就常在報上發表文章。有篇文章，我念一遍就背下來一句：殘肢與鐵鳥齊飛，彈光共熱血一色。多棒！」

媽媽有些不好意思，說：「那不過是抄《滕王閣序》而已。」

黃伯伯問：「令尊大人在香港眞的很危險嗎？」

媽媽喝口水，說：「聽說上海七十六號發誓要殺死我們一家，不過，也有人保護我們。」

黃伯伯說：「中英是盟國，對日作戰的英雄，英國政府有責任保護。這是對日本的抵抗。」

媽媽說：「那天，看我猶豫，校長說：你只管寫這篇文章，不必擔心學校功課。寫成之後，學校派專門老師爲你補習。校長還說：文章發表出來，全校學生都要念，當作一節功課。」

黃詠琦說：「要不是全校念這篇文章，我還不曉得她回來了呢！」

黃伯母奇怪地問：「你們在學校沒見過面麼？」

媽媽說：「因爲寫這篇文章，我報到上學，一共只去了那半天，後來十天一直再沒到學校去，在家裡寫文章。爸爸都看過，要我把所有在上海參與了這件事的親友姓名都隱去。文章寫好以後，在一月三十和三十一兩天的《國民日報》登出來。」

黃詠琦說：「這一來，琴薰在學校更是名人了，身邊總圍滿人。男生愛問：萬墨林的弟兄們是不是個個槍法奇準，百步穿楊？女生們當然問些讓人掉眼淚的問題。我好幾回都擠不到她跟前去。聽說還有男生要找琴薰交朋友，有一個還是大富翁的公子呢！琴薰現在身價百萬。」

媽媽紅著臉瞥黃詠琦一眼，說：「別瞎說。」

「應該的，應該的，這樣的人，走到哪兒都應該受到尊敬才對。」黃伯伯搖著頭感嘆，又問，「你那兩個弟弟現在都好？」

媽媽趕緊抓住機會轉移話題，笑著說：「三弟恆生告訴我，他到學校第一天，朝會的時候全校集合，校長親自叫他站起來，然後向全校同學們宣布：這位就是經風歷險，從上海衝出來的陶恆生同學。他的父親就是公布了日汪密約的陶先生。全校老師同學都站起來鼓掌。」

黃伯伯問：「令尊大人現在香港如何生活？」

黃伯母說：「你幹麼問這個？你要在你公司裡給他謀個職嗎？陶先生那樣的人物，又這樣立了大功，只怕香港這個鳥籠養不下呢！」

「你們兩個一天到晚吵嘴，我們不聽，我們要出去買東西了。」黃詠琦說著，站起身。

媽媽接過大衣，還是回答：「爸爸決定在香港留下來，用個假名字叫華國柱，在九龍租了一個小辦公室，開設一家小公司，叫作國際通訊社，選譯一些英、美、日、俄等報章雜誌的文章，加上自己的國際時事評論，編印《國際通訊週刊》，寄到各地。」

兩個人出了門，搭上電車。媽媽問：「我們去哪兒？」

黃詠琦說：「看電影。你一定好幾個月沒看好萊塢電影了。在上海一定全是日本電影。」

媽媽說：「在上海，電影我可沒少看。要躲七十六號盯梢，我就鑽在電影院裡看電影。」

黃詠琦發愁了，說：「那怎麼辦？不要看電影，我們去哪兒呢？」

媽媽說：「去一家書店。我前些天去過一次，到了，下車。」

兩個姑娘下車，走了幾步。媽媽站住，微微紅著臉對黃詠琦說：「我去買一張唱片，老早看好約定的。你不許笑我。」

黃詠琦說：「買一張唱片，我爲什麼要笑你？」

媽媽說：「那裡有個很年輕的店員，是學音樂的學生，他給我留著這張唱片。他跟我說話，你不要大驚小怪。」

黃詠琦大聲叫起來：「啊哈，你偷偷在外面談情說愛，還要瞞我，眞不夠朋友！」

「你看，你看，我知道你要笑我。我不跟你說。」媽媽急了。

黃詠琦說：「好，好，不笑，不笑。」

兩個人忍了一陣，平靜了，才走進小書店。一進門，媽媽大吃一驚。櫃台後面站了一個胖胖的女人，不是那個年輕的音樂系學生。再轉頭看過去，原來放唱片的架子也拆掉了。

媽媽問那女人：「你們這裡不再賣唱片了嗎？我兩個禮拜前在這裡看上一張唱片。」

那女人說：「不曉得。我來的時候，就這樣子。」

媽媽問：「你們店裡還有別的店員嗎？」

那女人說：「這麼小的店，要多少店員？我一個還嫌多。」

媽媽拉著黃詠琦慢慢走出店門，低著頭，不說話。

黃詠琦說：「你要是愛上他了，我們兩個跑遍香港把他找到。孟姜女還哭到長城去了呢！」

「你瞎說什麼。」媽媽笑了，說，「只見過一面，我怎麼會愛上他，連他的名字都不曉得。不過那天我心情特別壞，碰上他講給我聽海菲斯的身世，我很感動。」

黃詠琦說：「那就別在這裡哭天抹淚了。」

媽媽說：「誰哭天抹淚！快走。我們就去彌敦道那家書店，看看有沒有海菲斯的唱片。」

「彌敦道上有最好的電影院，我們還去看電影。」黃詠琦高興地說。

兩個人急急忙忙又搭幾站路電車，轉彎的時候，媽媽用手戳戳黃詠琦，又指著窗外，悄悄地說：「你看見柯士甸道上，那座黃色三層雙併樓房沒有？」

黃詠琦說：「看到了。」

媽媽說：「那就是爸爸的公司。」

黃詠琦有些吃驚，問：「那麼大嗎？」

媽媽說：「哪裡。父親現在只租了兩間屋。如果過一段時間不出事，我們就搬到這裡來住。爸爸說，那時他會租二樓一層，左邊住家，右邊作國際通訊社辦公室。」

黃詠琦說：「那你來彌敦道就近了。到了，我們下車。」

兩個人下了電車，走幾步，進了她們以前常來買書和唱片的書店。

媽媽說：「一點樣都沒變！」

黃詠琦說：「當然，你以為離開香港很久啊？才四十天，這麼大的書店就會變樣嗎？」

媽媽說：「我可覺得好像已經好久好久了。在上海，我好幾次想，我再回不來了。」

黃詠琦說：「回來了，不去想它了，過快樂日子。」

她們走到唱片櫃台前，媽媽一邊查看一排排的唱片名，一邊說：「沒有海菲斯，他太新了。買一張李斯特《第一鋼琴協奏曲》吧！從上海出來，坐的是義大利威爾蒂郵輪。好幾次聽船上播放李斯特這首鋼琴協奏曲，心裡激動得很。鋼琴宏大、有氣勢。現在聽鋼琴，聽大海的驚濤駭浪，更熟悉。」

黃詠琦說：「我的媽，你可眞成了詩人了。」

媽媽說：「從上海逃出來之後，才眞正體會，生活多麼美好。」

黃詠琦說：「你不怕手裡拿著唱片，跑來跑去會打碎嗎？」

媽媽說：「你說得對，我們先去看電影，回來再買，看什麼片子？」

黃詠琦說：「你沒聽說過嗎？好萊塢最新最紅的，猜猜看。」

兩個姑娘說說笑笑地走出書店，媽媽說：「《飄》。」

黃詠琦說：「對了。聽說費雯麗的腰只有八英吋，漂亮極了。」

媽媽說：「曉得麼？過了年，香港要演《維多利亞的英宮六十年》，聽說很好看。我看見爸爸也看那條預報，他從來不看電影廣告。」

過了新年的那個星期天早上，外公像往常一樣，坐在藤椅上，喝著茶，看報紙。媽媽走過去，把外公手裡的報紙翻過來，找到電影廣告欄，指著《維多利亞的英宮六十年》的廣告，說：「爸爸，你想看這個電影嗎？聽說很好看。」

外公說：「聽說好久了，很想去看看。」

媽媽拍手說：「我們去，我跟你去看。」

外公說：「香港皇后戲院演不在九龍，我們去看，從尖沙嘴坐輪船過海，容易被人碰見。」

媽媽說：「他們要殺你，早來殺了，幹嘛要等這麼久！」

外公說：「李士群那種人，不會撒手的。」

媽媽不作聲，低下頭，想了一會，嘆口氣說：「要是萬先生在香港就好了，我們請他一起去，什麼都不用怕。」

外公說：「我來化個裝，不讓人認出來。」

媽媽一下子跳起來，大叫一聲：「對！」馬上又壓低聲音，不讓外婆聽到，「我認識一個小店，在上海路上，專門賣這些東西。」

當晚父女二人吃過飯出門，只說散散步，出了門。外公還是穿著他往日常穿的灰色夾棉袍，頭上戴了一頂平時不大戴的黑呢禮帽。媽媽穿著她的藍呢大衣，長筒襪黑皮鞋。他們坐電車到尖沙嘴，媽媽認識地方，領外公到上海路那家小店去買假鬍鬚。

外公說：「你可以經常自己出門買東西，什麼都懂得。我上中學的時候，在開封，除了到書店買書和文具之外，幾乎沒有自己上街買過東西。記得有一年，開封鼓樓街上新開一家洋貨店，叫作華勝公司，全城轟動，大家都去看熱鬧。我也叫了一部人力車，要他拉我到華勝公司。我不曉得鼓樓在哪裡，那車夫拉我到火車站，找了一圈，沒找到華勝公司，只好回家。」

媽媽聽了，笑得前仰後合，用手捂著嘴。

外公也笑，繼續說：「那時候，我記得也到附近一家青年會去看過幾次電影演出。那時眞覺得神奇，現在想想，其實不過是些幻燈片，一張一張映出耶穌的事蹟。偶爾加映一兩個活動片子，比方在一條鐵路上旅行，過山洞，順河沿，看著鐵路向後退。當時覺得很好玩。」

媽媽問：「有聲音嗎？」

外公說：「哪裡有聲音，是一個人在旁邊講故事。」

父女兩個買了鬍子，在店裡對著鏡子戴了半天，下巴的鬍子無論如何戴不上。外公只好把上唇的鬍鬚戴好。再把黑呢禮帽壓低到眉梢上，遮住眼睛。看看，覺得實在不錯。兩人笑著，放心大膽地上了路，到尖沙嘴登渡輪，過香港，看電影，一夜平安，興高彩烈地回了家。

第二天一早，一家人吃過早飯，前前後後下樓出門。泰來舅最早走，然後恆生舅和晉生舅一起去七號公車站等車上學，最後是媽媽上學。她下了樓，還沒伸手推開樓門，樓梯後邊走過來一個人，將媽媽攔腰擋住。這人穿長衫，戴禮帽，尖尖的臉，一邊眉毛上有一道傷疤，一看就曉得是黑道上的人。媽媽嚇了一跳。

六十五

「別喊叫。」那人沙啞著嗓門，在媽媽耳邊說。

媽媽看著他，心咚咚地跳。是上海七十六號派人來，找到他們了？轉念一想，如果是上海派來的人，早上樓把外公捉走了，還會在這裡等他們嗎？又想想，他們怕衝上樓去鬧出聲音，讓杜先生的弟兄發覺，趕來保護，所以守在門口，一個一個地捕捉。那麼三個舅舅已經都被捉走了，她要發信號，讓樓上外公外婆逃走。半秒鐘裡，媽媽腦子七轉八轉，最後張開雙臂，張開嘴巴。

那人突然退後一步，一拱手說：「陶小姐，杜先生命我傳話，請陶小姐找一下陶先生。」

媽媽嘴裡的一句喊話，剛衝出喉嚨，聽見那人的話，便把兩唇一閉，又把驚呼嚥回肚裡。再將那人看了一看，確是不像七十六號的人騙她，便說：「你請上樓說話，喝口茶吧！」

那人說：「謝謝陶小姐，村野之人，不登大雅之堂。門外還有兄弟戒備，此地我們最好不久留，以免閒人認出地址。」

「你等等，我去叫。」媽媽說完，跑上樓。外公聽說杜先生派人來找，不知何故，匆匆下樓。

那人對外公一拱手，說：「陶先生，杜先生差小弟來轉告先生，以後出門還是不可大意。」

外公也拱拱手，說：「謝謝杜先生好意。我一直小心，不會出錯。」

那人說：「就算要出門，請先生還是不要化裝的好。戴了假鬍鬚，更加惹人注目。」

外公立時滿臉通紅，有些驚惶，說：「我做得不好，被你們看破。」

那人說：「昨晚小弟和一個弟兄在尖沙嘴發現，伴了先生一路。託天之幸，沒有出事，否則小弟無法向杜先生交差。」

外公聽了，頭上滴下汗來，面有愧色，雙手打拱，不知說什麼好。

那人又說：「杜先生派小弟傳話，請先生今晚吃一頓便飯。」

外公說：「不敢。小弟一定登門謝罪。」

那人說：「飯局在尖沙嘴。六點半鐘有車來接先生，務請等候。杜先生請陶小姐同往。」

外公說：「自然自然。」

那人拱拱手，出樓門走了。外公和媽媽面對面望著，四隻手捂住兩張嘴，站在樓梯邊上。

當晚，外公和媽媽坐杜先生派來的車，在九龍彎彎曲曲的街道上轉來轉去，上上下下，兜了半天。最後進入一條很窄小的巷子，沿巷房屋都沒有燈亮，鋪路的石板高高低低，車開不快。兩邊靠牆陰暗處，三三兩兩站些人，看來是佈置的警戒。車子停在一個後門口，沒有招牌，沒有燈。門開了，外公和媽媽隨一個人走進，悄然無聲。黑黑洞洞，過兩道門，上一層樓梯，才開始有亮。再轉過一個走廊，突然之間，面前豁然顯出一處大廳，萬盞明燈，耀得人眼暈。

媽媽拿手揉揉眼，才看清，大廳四周是廊柱和欄杆，上面掛著絨幔。廊柱邊都站著人，一色布衣短打扮，背對裡，臉朝外。廳裡擺了四張大桌，都鋪了雪白的桌布，圍著高背坐椅，但只左手一張桌上放了一盆鮮花，幾副碗筷。一位白衣侍者在那桌邊拉開椅子，請外公和媽媽坐下，一邊說：「先生請坐！杜先生馬上就到。」

話音剛落，杜先生從廊後走進來。身後跟著那兩個見過的男子，一高一低，一胖一瘦，穿黑衣黑褲，雙唇緊閉，面無表情。外公馬上站起，舉手打躬。媽媽也急忙站起，彎腰道萬福。

杜先生邊走邊拱手，說：「請坐請坐。」

桌邊侍者忙彎著腰，垂著頭，拉開坐椅，等待杜先生落座。

杜先生走到桌邊坐下。那兩條漢子站在他身後，一步之遙。立刻，五六個侍者，像排隊一樣，每人手裡端了菜盤，順序走來，在桌上一道一道，擺下酒席飯菜。

外公望著杜先生，不好意思地說：「小弟昨晚大意，給杜公和弟兄們添了麻煩。改日小弟作東，向那幾位弟兄謝罪。」

杜先生說：「區區小事，何足掛齒。不過，那兩個弟兄還算伶俐，他們本來弗是派去保護陶公的，在尖沙嘴偶然發現，隨機應變，一路保護，辦得蠻好。我已經賞了他們了。」

外公搖頭不解地說：「我戴了鬍鬚、禮帽，怎麼還是不像？個子太小了些麼？」

杜先生笑了，說：「並不在身體大小。儂格氣質，弗會像格。」

外公頓開茅塞，忙站起身，打躬道謝。

杜先生看侍者在他面前的杯子裡倒茶，說：「這是一家廣東菜館，我總覺得只有阿拉上海菜天下最好。來香港幾年，各處嘗嘗，也覺得有些廣東菜還是燒得不錯。來啦，講講看，是啥東西？」杜先生一招手，白衣侍者領班馬上彎著腰，一臉笑，走過來。

香港廣東菜館，居然有人能用北平腔講話，雖然廣東口音很重，但還算能聽懂，很不容易。這領班指著桌上的盤碟，解說道：「這是片皮乳豬，廣東菜傳統佳肴，用料上等，製作精細，色澤大紅，油光明亮，皮鬆軟，肉嫩滑。可以兩次上席，等一會兒二次上席，同菜不同味。」

杜先生笑了，對外公說：「啥吃法，儂相信伐？」

外公說：「等一等吃吃，才會曉得。」

領班接著說：「這是香炸肉卷，名字不驚人，菜卻不凡。外皮淡黃，橫斷面顯出三種顏色，層次分明，醇香酥脆，是佐酒佳肴。」

外公指指說：「看起來是不錯，這裡看過去，有三種顏色。」

杜先生也點頭，說：「喂，儂稍微簡單一點。十幾樣菜，格樣講法，要講到明朝了。」

「是，先生。」那領班臉紅起來，忙指著一條大魚說，「這是清蒸嘉魚，曉得杜先生想吃清淡，清蒸最好，味鮮肉滑。這是蟹黃魚翅，甘香軟滑。這是紅燒海參，軟滑濃郁。這是有名的廣州文昌雞，色香味俱佳。這是菊花蛇羹，驅風去溼，清鮮味美。如果先生不喜歡菊花，可以嘗嘗這盤五彩蛇絲，色鮮味美，甘香可口。」

杜先生又笑了，說：「到了廣東香港，要儂吃蛇、吃老鼠、吃猴子。好了，不講了，我們吃吧！講多了反要吃不下了。」

「是。」那領班提起一個瓷瓶，指著瓶上的大紅標籤，說，「這是貴州茅台，原廠剛運到的。請先生開瓶。」

杜先生點了點頭，說：「蠻好，開了吧！」

外公也點頭說：「這倒是現在上海沒有的。貴州成了大後方，茅台絕運不到日本人手裡。」

侍者領班開了瓶，倒了酒，忙完之後，站到牆邊，鬆了口氣。

杜先生搖搖手裡的筷子，招呼外公和媽媽動手。

吃了幾口，讚賞幾句，杜先生放下筷子，對外公說：「我今晚邀儂來，是要親口告訴儂。上海方面並沒有善罷干休。」

外公聽了，點點頭，喝了一口酒，默然無語。媽媽很吃驚。

杜先生接著說：「李士群專門派了人來香港，暗殺你我二人。」

外公驚得筷子脫手，兩眼望著杜先生。

杜先生抬頭叫：「請進來吧！」

應著聲，一根廊柱邊上閃出一個人來。圓圓臉，小眼睛，陪著笑，右唇一顆牙翹出來，一身咖啡色西裝，領帶歪著。

杜先生並不看他，說：「坐下一道吃。」

那人彎腰曲腿走過來，說：「不敢，不敢，小的還是站著回話。」

杜先生說：「講給陶先生聽聽，儂來做什麼？」

「小的奉命到香港來，查出陶……陶先生住處，然後，然後……」他看看杜先生，不敢說下去。

杜先生轉頭對外公說：「李士群命令，把儂一家毒殺，再把我杜某幹掉。汪精衛對人講：我與杜月笙有什麼難過，他竟這麼來對付我。我講的對不對？」杜先生轉頭問那人。

那人渾身打抖，答：「對，對！先生恩重如山，小的哪裡能……」

杜先生冷笑一聲，說：「他李士群在上海灘能認得幾個鳥人？竟然派我的門生，來殺老頭子。笑話！來，把儂帶的小把戲拿出來，給陶先生看一看。」

那人忙哆嗦著兩手，從身上取出一個紙包、一把手槍和幾匣子彈。他捧在手裡，不敢走到桌子跟前，站著不動。杜先生身後的高個子走過去，接過紙包手槍槍彈，一排放到桌上，又順手打開紙包，裡面是一團白色粉末。

杜先生笑了，說：「那藥粉是給陶公儂用格。那條手槍呢，是給我杜某人的。」

外公早已吃不下飯，睜圓雙眼，看著這一切。媽媽更驚訝，兩手捂著胸口，聽著自己兩鬢間太陽穴咚咚地跳。

杜先生對那人說：「那麼儂打算怎麼去報銷？儂要想回上海去，我們現在就做出來。橫豎橫，拆牛棚。儂拿好這柄槍，從外面衝進來，對我們兩人放幾槍，跑掉，回去交差。我這裡明朝出報紙，講有人暗殺陶杜二先生，受了傷沒有死。」

那人哆哆嗦哆，跪下身，說：「打死小的也弗敢！」

杜先生說：「那麼儂弗可以回上海去了。」

那人說：「是，是……不過小的家裡，有個七十歲老娘。」

杜先生說：「難得儂一片孝心，杜某幫儂接出來就是。」

那人聽了，忙在地上叩幾個響頭，猛烈抽泣，說不成話。

「儂走去好了，五日以內弗要露風聲。尋個房間，接老娘來團聚。」杜先生說完，回頭吩咐身後低個子，「以後歸儂支銅鈿好了。」

那人應聲：「是。」

杜先生幾句話，說得那上海派來的殺手趴在地下，放出一片哭聲。杜先生身後站的那兩個漢子，上前把他拉起，拖出廊柱。那人一路叫：「重生父母，重生父母！」

媽媽看著，兩手按住腮幫，免得牙齒打顫，響出聲來。

外公站起，朝杜先生拱手說：「杜公幾次救命之恩，陶某不知如何報答。」

杜先生正色說：「那麼陶公冒死出走上海，向天下公布日汪密約，造成全世界對日作戰，解除我民族淪亡危機，全中國的人怎樣報答陶公呢？」

一句話說得外公眼淚落下來。他一念之差，陷入汪日泥坑，不過懸崖勒馬，偷出密約，只想將功折罪。哪裡想過，許多中國人，像杜先生這樣的蓋世英豪，竟會如此看重他。他欠中國人民太多了，太多了。

杜先生輕描淡寫地說：「其實，這不過小事一樁。前些時，他們也買通香港一處差館的人，到我公館裡來搜查過。」

外公說：「這太無法無天！香港警局怎可這樣？」

杜先生說：「我當時也有些光火，發了頓脾氣。這事給俞鴻鈞先生曉得了，他原是上海市長，跟我蠻熟的，現在在香港，是中央信託局的局長。他以國民政府代表之名，向香港總督提出一份備忘錄。說明我杜某是中國政府高級官員，中外知名的社會領袖，警告香港警察，弗可以無禮取鬧。那港督接了，連忙親自跑了來賠弗是，保證以後絕弗再犯。」

外公擦掉一頭汗，說：「我以爲香港警方會保護我。中英是盟國，怎麼去幫忙日本人？」

杜先生笑笑說：「外國政府，靠弗住格！自家性命，只有自己可靠。杜某大江大浪經過多少，哪裡會栽在香港一塊彈丸之地？」

外公說：「杜公冠蓋畢集，勝友如雲，當能化險爲夷。」

杜先生說：「不過也有個壞消息。……萬墨林兄在上海被日本人捕去，吃了不少苦頭。」

媽媽驚叫出聲，站了起來，說：「杜先生一定要救他，對嗎？有用得著我的時候，告訴一聲，赴湯蹈火，在所不辭。」

杜先生笑了，說：「當然，當然。所以今朝請陶小姐一道來，當面報告這個消息，難得陶小姐這樣一片火熱心腸。」

媽媽說：「他親身救我們姐弟三人，還沒來得及謝他。」

杜先生又笑了，說，「儂謝過了。在江邊對他叩過三個頭。」

媽媽臉紅起來。

杜先生說：「陶小姐年紀輕輕，義薄雲天，弟兄們傳爲美談。弗要講那天沒發一槍一彈，縱然眞爲陶小姐打一場，弟兄們也暇其高興。」

媽媽坐下來，心裡暖洋洋的，幻想有一日能去跟那些弟兄們吃一次飯，對他們道個謝。

外公心裡惦念，問：「萬墨林兄情況如何？」

杜先生說：「墨林在上海大馬路金山飯店門口不意被捕，帶到七十六號，又到虹口日本憲兵隊，多次刑訊，灌涼水、上老虎凳、在雪地裡挨皮鞭，都受過了。墨林腦子裡記了許多重要的地下抗戰人員姓名地址，其中包括蔣委員長駐滬代表蔣伯誠先生等等，可是他無論怎樣受刑，始終沒有供出一個姓名一個地址。日本憲兵三番兩次搜查他家，也沒有找到一件證據、一條線索。」

外公望著杜先生，說：「萬先生是我陶家的救命恩人，萬兄受難，我陶某絕不會坐視不管。請問，杜公要怎樣救他？」

杜先生說：「我已經安排過了。前幾天派人帶口信給七十六號，告訴他們：一、總有一天大家要見面，請留下見面之情；二、要幹的話，大家一道幹；三、要銅鈿，好講。這三條一定有效，頭一筆銅鈿送進去，他們接過，拷打已經停了。」

外公鬆了一口氣，說：「可以救他出來麼？」

杜先生說：「那是一定的。墨林是我一條臂膀，弗可以弗救。」

外公說：「萬先生是黨國的英雄，重慶政府也不能袖手旁觀。」

杜先生說：「政府當然也要幫忙。講到重慶，我正要告訴儂，過幾日我要去重慶，在那裡住一段時間。現在看來，香港時局很有些緊張，陶公也要好自爲之。」

外公說：「謝謝杜公關懷。」

杜先生說：「我去對蔣委員長講一聲，想辦法把儂接到重慶去。等我辦好，儂要有個全身去上任，弗要變生意外才好。」

外公說：「陶某一定小心。杜公一路平安！」

六十六

一九四一年秋，媽媽在香港九龍培道女中高二，以同等學歷考取西南聯大，隻身遠赴昆明入學。本來說好寒假時媽媽回香港，可是十二月七日，日本人偷襲美國珍珠港，太平洋戰爭爆發。媽媽不僅再不能回香港過寒假，而且與香港家人的通信也馬上完全斷絕了。媽媽心焦如焚，只好每天一早到圖書館，細細查看當天所有各地報紙，尋找外公的名字，可是一直找不到。

一個手輕輕在媽媽肩上拍了一下。媽媽轉起頭，淚眼裡看到，是堂兄鼎來，正彎腰看著她，手裡拿著一本書。鼎來舅已經是三年級學生，在工學院學機械專業，是媽媽現在在昆明唯一能見面說話的親人。

鼎來舅坐下，把書放到桌上，悄聲說：「你又一個人躲在這裡哭。報上有什麼消息嗎？」

媽媽搖搖頭，說：「爸爸在香港用的是假名字，平頭百姓，報上當然不會報告死活。在報上找不到爸爸的名字，也算是好事，說明日本人還沒有捉到他。如果在報上印出爸爸名字來，說明他身分暴露，或者被日軍逮捕了，倒糟了。眞不知該怎樣才好？」

鼎來舅站起身，說：「你在這兒急死也沒用！一定又沒有吃早飯，走吧，我們去吃點東西。」

媽媽不聲不響，擦乾眼睛，站起來，拿起桌上的書紙筆，跟著鼎來舅走。經過圖書館洗手間，媽媽跑去理理頭髮，順順眉毛，揉揉眼睛，勻勻口紅，才又出來，跟鼎來舅到校園裡去。

媽媽說：「我們走破牆出去，不走大門。」

鼎來舅看媽媽一眼，自然明白媽媽說什麼。媽媽雖然才到西南聯大四個月，在學校裡已經是小名人。西南聯大是北大、清華等幾所大學臨時合併而成，學校裡的教授工友都還記得北京大學當年領導社會史論戰的陶希聖教授。也是這位陶教授，不久前剛把日汪密約公布於天下，舉世轟動。中文系一年級的陶琴薰小姐，便是掩護陶希聖先生脫離日汪虎口的女英雄。陶小姐的文章，香港報紙上連載兩日，可見文才出衆。陶小姐是香港來的學生，衣著容貌都比內地人時髦得多，這在西南聯大格外顯眼：高高個子，披肩長髮，彎眉毛，大眼睛，說一口標準北平話，走南闖北，見多識廣，美麗動人，純眞豪爽。許多高年級男生，好像在競賽追求媽媽，惹得媽媽日日夜夜提心吊膽，總要設法躲開衆人耳目。

鼎來舅臂下夾著書，跟媽媽一起，順著校園牆根，彎腰鑽過樹叢，到了他們爲躲避別人而發現的一處破牆。鼎來舅先跳過去，又伸手扶媽媽，媽媽拉著旗袍角，伸腿邁過牆去。

出了街，走不遠，有一個小小的麵館，裡面只四五張桌子。這裡是學校後面角落，學生們很少到這裡來吃飯。這麵館很小，連個窗都沒有，更少人會注意到。鼎來舅和媽媽在這裡吃麵，不會讓那些追媽媽的男生們找來麻煩。鼎來舅要了兩碗雲南米線，兩人吃起來。

「我決定了。」鼎來舅看媽媽低著頭，半吃半不吃，好像在發愣，便沒話找話。

媽媽從沉思中醒來，抬頭問：「決定什麼？」

鼎來舅說：「我要出國留學去。」

媽媽說：「你早跟我說過。你功課那麼好，一定考得過官費留學，你不出國才屈了材！」

鼎來舅說：「不是，我決定出國去學農業機械。」

媽媽眼睛睜得老大，好半天才說：「爲什麼？你可以學航空機械，電子機械，多尖端！幹麼要學農業機械，跑趟美國，學個農機，學回來也沒人看得起。你是不是作圖作糊塗了？」

鼎來舅說。「爲這事，我想過很久，我不是學不了航空機械或電機，我也非常想去美國學這些尖端科學。可是，你看看中國的現狀，那麼一點點耕地面積，那麼多的人口，那麼落後的農業技術和陳舊的農業思想，怎麼辦呢？我不是政治家，不是農學家，別的幹不了。我只懂機械，要救中國，只有學農業機械，一點一點改造中國農業。」

媽媽說：「我懂，我懂。」

鼎來舅本來不善言辭，更不善表達情感，但此時此刻，他說著，好像激動得聲音打顫，滿臉通紅，兩隻手在桌上發著抖。

媽媽把一隻手壓在鼎來舅的手背上，輕輕拍打。媽媽很感動，她從來沒想到，面前這個平時不言不語的堂兄，原來胸膛裡有那樣滾燙的一顆心，流淌那樣炙熱的一腔血。

「好好學，我想，美國農業機械一定也很發達。中國人早晚也有那麼一天，明白過來，農業不能靠鋤頭。那時候你就有用武之地了。」媽媽說到最後，忽然高興起來，說，「那時，我寫一本書，讚美一個年輕的農機工程師，爲改造中國古老的農業而貢獻自己的青春。」

「你老是這樣，一下子就詩意大發。」鼎來舅臉紅了，眼睛不知往哪裡看，支吾一會，忽然急智，問，「那幾個男生還追得緊嗎？」他明知故問，轉話題而已。因爲這個妹妹，他自己在校園裡也常常不得安寧。不少高年級男生會找到他，送禮請吃飯，求他引見媽媽。

媽媽說：「你們工學院那些人還算好，反正路遠，功課又多，不能天天跑來纏我。政治系的幾個最討厭，一天到晚來找。宿舍傳達室老頭隔一會兒喊一次，我都不好意思。」

鼎來舅問：「許相萍還是陪著你？」

媽媽說：「幸虧有她陪著，要不才麻煩了。」

「你說要回請那幾個男生吃飯，請了嗎？」鼎來舅一心要陪媽媽散心，又想出話題來。

「請了呀！」媽媽說，臉上有點笑意，「我去買了個雞。我有課，相萍沒課，她看鍋，結果她睡著了。我回去一看，燒焦了。相萍急得掉眼淚，買一個雞不容易。沒辦法，只好把燒焦的雞改成紅燒，遮住燒焦的顏色，全是燒焦的味道，那幾個男生還說好吃。」

鼎來舅笑著說：「你就是直接把燒焦的雞給他們吃，他們也會說好吃。醉翁之意不在酒。」

媽媽說：「鼎來哥，你什麼時候也變得這麼酸溜溜？」

鼎來舅說：「整天那麼多男生找我交朋友，借我搭橋。聽一遍學不會，聽十遍也記住了。」

媽媽臉紅起來，說：「給你添麻煩了。」

鼎來舅說：「哪裡，借你的光，我認識了不少人。」

「謝謝你。這裡沒有你作伴，我可眞舉目無親……」媽媽說著，眼圈又紅了。

鼎來舅說：「你看，光顧看你流眼淚，忘了說正事。我來找你，要告訴你，爸爸媽媽都從緬甸回來過新年了，前幾天剛到昆明，讓我帶你回家去過節，住幾天。」

媽媽驚喜地叫出聲來：「哇，眞的?太好了!我們什麼時候去?今天行不行?」

鼎來舅說：「當然行。你要今天去嗎?」

媽媽說：「我想家想瘋了，看見伯伯伯娘，跟回家一樣。伯娘會給我做魚丸吃。」

鼎來舅說：「爸爸有很多拆滇緬公路的故事講給你聽。」

「我們快走。」媽媽拉著鼎來舅跑出小麵館門口，我回宿舍換件衣服就走。」

鼎來舅說：「那麼，我也回一趟工學院，取我的課本帶回家。」

媽媽說：「算了吧，去一趟你們工學院，來回要兩個鐘頭。」

西南聯大女生宿舍在文林街一座大廟裡，遭受過日軍飛機幾次轟炸，已經殘破不堪，可文理學院的女生們仍然住在裡面。媽媽跑回宿舍換衣服，鼎來舅在廟門外站著等，看他手裡帶的書。

媽媽正在換衣服，許相萍衝進來。她是化學系學生，跟媽媽睡上下鋪，小小個子，一頭汗，說：「到處找你……到哪裡去了?」

媽媽說：「鼎來哥來找我。他在門口，你沒看見嗎?」

許相萍喘著氣坐下，說：「沒有。」

媽媽說：「伯伯、伯娘從緬甸回到昆明，我們去看他們，順便問問他們有沒有香港的消息。」

許相萍站起身說，「蔣校長派人找你去他辦公室呢!你快去吧!」

媽媽說：「蔣校長找我做什麼？糟了，我這兩個月常常不上課……」

許相萍說：「也許他有陶伯伯的消息呢！」

媽媽一聽，馬上跳起來，拉住許相萍就跑，說：「我們快去。」

許相萍跟著跑，說：「我不進去，陪你到門口。」

兩人跑出宿舍門口，看見鼎來舅坐在一棵樹下看書。媽媽跑過去，對他說：「蔣校長找我，你跟我一塊去。」

鼎來舅合起書，說：「我不去。」

媽媽求他：「去吧，陪我一趟嘛！反正你也見過蔣校長。」

鼎來舅站起來，拍拍屁股，不說話。

媽媽說：「說不定，蔣校長有爸爸的消息。」鼎來舅聽了，這才點頭。

三個人一起跑到校長辦公室前，踮著腳尖一步一步走過去。門口女秘書看見，抬頭問：「請問，你們找誰？」

媽媽說：「蔣校長找我……」

秘書說：「請問，你是……」

媽媽說：「我叫陶琴薰，中文系的。」

「陶小姐，終於找到你了！」秘書站起身，邊說邊走，「請跟我到這邊來……」

許相萍站住，她不肯跟進校長辦公室。秘書帶媽媽和鼎來舅到一個門口，秘書敲敲門，對裡面說：「陶小姐到了。」

聽到裡面一連聲叫：「請進，請進。」

媽媽跟鼎來舅一起走進去。蔣夢麟校長從書桌後面走到前面來。他瘦瘦的個子，臉很窄小，留撮山羊鬍，戴副深度眼鏡，穿件灰色長衫，一副老學究風度。

蔣校長握住媽媽的手，關切地看著她，說：「聽說你終日以淚洗面，看看，又黃又瘦，這樣下去，要把身體弄壞了。」媽媽低著頭，眼淚又流下來。

「不要哭，不要哭。」蔣校長說，轉身從桌上取過一張電報紙，對媽媽說：「告訴你一個好消息。重慶的陳布雷先生發來一個電報，要我轉告你，陶先生已經離開了香港。」

「眞的？我看，我看！」媽媽跳起來，衝過去要搶蔣夢麟校長手裡的電報紙，跳到半路，又停下來，說，「對不起。」

「沒什麼，應該高興，應該高興。」蔣校長把電報紙遞給媽媽。

媽媽念著那電報紙，喃喃地說：「不知爸爸現在在哪裡？」

蔣校長搖著頭，說：「只要離開香港，到了內地，總是安全了。」

「只爸爸一人嗎？姆媽和弟弟們呢？他們都沒跑出來？」媽媽忽然問著。

蔣校長忙安慰說：「別急，別急！電報上也沒有說他們遇到什麼不幸。陶先生跟我是老朋友，共事多年。陶太太和幾個令弟我在香港也都見過，他們不會出事的……我給布雷先生發個電報，託他再設法打聽一下陶太太的下落，好嗎？有消息馬上轉告你。」

媽媽擦著眼淚，點頭說：「謝謝校長。」

蔣校長說：「你有任何需要，隨時來找我。香港回不去，春節要不要到我家過呢？」

「我去鼎來哥家，伯伯和伯娘回來了。」媽媽停住抽泣，伸手指指站在身後的鼎來舅。

蔣校長說：「哦，陶鼎來。我在北平見過你的，是不是？」

鼎來舅說：「是，那時我在北平上中學，住叔叔家。」

蔣校長說：「翼聖先生回到昆明，有空可以到我們學校來講講修路的經過，對工學院的學生有幫助。」

鼎來舅說：「家父也是北大畢業，母校有召，他怎可不來。」

蔣校長說：「這個不錯，這個不錯。」

鼎來舅暗中拉拉媽媽的袖子。媽媽忙說：「謝謝蔣校長。我們走了。」

蔣校長說：「有空常來談談，不送你們了。」

經過秘書桌邊，那秘書對媽媽說：「陶小姐不要太難過。陶先生安全，就好了。」

媽媽說：「謝謝。」

秘書說：「陶小姐有什麼需要，儘管來找我，一定盡力幫忙。」

「謝謝。」媽媽說著，眼淚又要流下來，忙走出樓去。

許相萍還站在外面等著，一見就問：「怎麼樣？」

媽媽說：「爸爸逃出香港了，姆媽他們還不曉得怎樣。我去看看有沒有電報，爸爸會打電報給我。」

鼎來舅問：「到哪兒去看？」

媽媽說：「大門口傳達室。電報有時候送宿舍，有時候送到系辦公室，有時候留在門房。」

三個人跑到門房一問，門房的人果然說：「收到陶琴薰一封電報，送到中文系去了。」

媽媽更著急了，拖住鼎來舅許相萍，跑到中文系，上氣不接下氣，從系秘書手裡接過電報，撕開一讀，頓時大嚎出聲。

六十七

那並不是一張電報，而是一張匯款單，只有落款處寫了「父字」二字。就是這兩個字，讓媽媽嚎哭出聲，眼淚像兩道泉水傾瀉下來。許相萍站在一邊，陪她抹淚。

系秘書摘下眼鏡擦著，說：「陶小姐應該高興，高興才是！」

「我高興，我高興！謝謝，謝謝。」媽媽連聲說，然後拉許相萍便跑。鼎來舅在後面跟著。三個人跑到校門外的中國銀行分行，氣喘吁吁。媽媽說不出話，只點著頭，伸手把匯款單遞給櫃台裡的小姐。那小姐看看單子，抬頭看看媽媽，又看看單子，說：「陶希聖，你父親是陶希聖麼？」

媽媽喘著氣，說：「是，這是我的學生證。我叫陶琴薰。」

那行員搖著外公的匯款單，對櫃台裡面的其他行員們說：「喂喂，記得那個陶希聖嗎？他沒有死，匯了一千二百塊錢來給他女兒。」

櫃台裡的人聽了都圍過來，看那匯款單，又轉過頭，看櫃台外面悲喜交集的媽媽，不約而同問：「你父親沒有死麼？」媽媽一個勁點頭，眼淚又流下來，把櫃台溼了一大片。

銀行行員們說：「恭喜，恭喜，陶小姐。」

一個人說：「前幾天《上海報》說，日本人把陶先生逮捕了，剝了皮。」

另一人說：「日本人到了香港，當然第一個要捕的人，就是陶先生。」

拿著匯款單的行員說：「從郵戳上看，這款從河源郵局發過來。陶先生現在在廣東嗎？」

媽媽說：「我不曉得，剛才才知道他從香港逃出來。兩個月了，這是接到他第一封信。」

那行員說：「這是陶先生親筆的字嗎？」

媽媽說：「是，可惜只有兩個字。他一定在匆匆忙忙之間。」

那行員說：「我給你取了錢，一共一千二百元，請你點清楚。這張匯款單呢，我也不收了，你留著吧，總算有陶先生兩個親筆字。」

媽媽接過那張匯款單，泣不成聲：「謝謝，謝謝。」

旁邊一個行員說：「我看了那些報紙，就不相信。陶先生既然能夠從上海跑出來，自然絕不會死在香港。」

另一人說：「總而言之，別看日本人兇，反正是拿陶先生沒辦法。」

又一人說：「都是老天有眼，好人命大。」行員們七嘴八舌，滿臉是笑，好話說盡，安慰媽媽。媽媽一會聽得渾身打抖，一會聽了點頭稱謝，慢慢地停住了眼淚。

那一天，媽媽沒有去看伯公伯婆，她留在學校，給外公寫信，又給外婆寫信，最後給重慶的陳布雷先生寫信，託陳布雷先生把幾封信發給外公外婆。媽媽不曉得現在外公外婆在哪裡，不知信寄何處。寫好以後，送到校長辦公室，請那秘書轉交蔣夢麟校長，再寄給重慶陳布雷先生。

夜裡，媽媽無論如何睡不著覺。不知是因爲已經三四個禮拜睡前不捲頭髮，今天重新捲起髮捲來，睡下覺得不習慣？還是因爲心裡激動，手裡拿著那張匯款單，睡不著。她翻過來，掉過去，數數目，想畫圖，什麼法子都用了，還是大睜著兩眼，聽別人打呼。

睡在媽媽上鋪的許相萍終於忍受不了，翻身彎下，倒掛著對下鋪媽媽說：「喂，小姐，你慢點翻身好不好？床搖散了，還睡不睡？」

「噓——」另外一張床上傳來一聲噓。

媽媽只好不說話，又翻了個身。許相萍乾脆下來，擠進下鋪被窩裡，嘴巴貼在媽媽耳朵邊說話：「我明天還有考試呢！」

媽媽也轉臉貼著許相萍的耳朵說：「睡不著，由不得我。」

許相萍說：「沒有消息，睡不著；有了消息，還是睡不著。」

媽媽說：「姆媽和弟弟們都還沒有消息。」

許相萍說：「你可眞是！別人這麼大，惦記的是談情說愛。你呢，對家裡人操不完的心。」

媽媽偷偷笑了，說：「你呢？也談情說愛。」

許相萍說：「我功課一天到晚做不完，哪有閒功夫！」

媽媽說：「對呀，你也操不完的心。」

許相萍在被窩裡捏了媽媽一把，沒說話。

媽媽忽然說：「咱們有好幾星期沒上體育課了。」

許相萍說：「你小姐整天在圖書館抹眼淚，還想得起上體育課！」

媽媽說：「我們明天去上。」

許相萍說：「明天我有考試。」

媽媽說：「後天，我們後天上。」

許相萍說：「爲什麼忽然急著上體育？」

媽媽說：「我想跑，想跳，想大喊大叫！在教室裡上課做不到。」

許相萍說：「好吧，聽你的，後天上。」

媽媽說：「上一整天。」

許相萍有些猶豫，最後還是答應了：「好，上一天。」

媽媽說：「爸爸剛匯錢來，我們明天出去吃飯，吃飽了，後天去上體育課。」

兩個姑娘在被窩裡嘻嘻嘻地笑起來。

「噓——」那邊床上又有人說話了，「你們不睡，別人還要睡。」

媽媽和許相萍再不敢出聲。過一會，許相萍聽見媽媽睡著了，便自己爬回上鋪睡了。

西南聯大女生體育課是馬約翰教授教，他是中國有名的體育教育家。馬教授永遠精神抖擻，或者穿一身紅白兩色運動服，或者穿黑西裝打黑領結。據說他每天早上洗淋浴，先用冷水沖透，然後突然把冷水關掉開熱水，又用熱水沖，沖過一陣，又突然把熱水關掉，開冷水再沖。馬教授說，這樣可以讓全身毛細血管隨時張開關閉，增加健康。馬教授上體育課，規定每星期兩節，兩個鐘頭。學生可以根據自己其他課程的時間表安排，要麼每星期按時上兩節，要麼幾星期不上，然後連上幾天補足。甚至可以一天連上四節體育課，兩天上夠全部體育課學分。

女生體育課，除練習一些基本運動技能之外，大部分時間就是貓捉老鼠，一班分兩隊，一隊是貓，一隊是老鼠。老鼠逃，貓追；追趕一陣，再換過來追，老鼠變貓，貓變老鼠。因爲每節課上課學生不同，所以每節課都是貓捉老鼠。媽媽和許相萍這天連上四節體育，便玩了四個鐘頭的貓捉老鼠。下課時候，都累得呼呼直喘，滿臉通紅。媽媽又跑又跳，連驚帶笑，大喊大叫，一整天，把胸膛裡的歡喜興奮都發洩出來，覺得好過多了。

這樣狂奔狂跑一整天，當晚雖累，也還算好。第二天大早，兩個人可就都不行了，腿疼，渾身痠，不是滋味。許相萍從上鋪下床都很艱難，不住嘴埋怨媽媽：「都是你，偏要上一整天體育，好久不上體育了，玩一天貓捉老鼠，累死人！」

媽媽只是笑。她腿也疼得很，可是她高興。第三節課下了之後，媽媽照常走過馬路到南院化學實驗室院子，等許相萍。幾棵不知名的小花樹發芽了，媽媽走去用手掰著樹枝，查看小蓓蕾。許相萍走出門，見到媽媽站著看花樹，便在實驗室門前台階上坐下，喊叫：「琴薰，你還有力氣站著？」

「當然，三節課都坐著。」媽媽一邊說，走過去坐在許相萍身邊。

「眞羨慕你。我們作實驗，都是站著。我們去圖書館看書，再去飯廳吃中飯。」許相萍站起身說，歪了一下，差點摔倒。

媽媽說：「走慢些，不必去圖書館了，直接去飯廳好了。」

許相萍說：「再慢到飯廳也不用一個鐘頭。要不，找個地方看書。」

媽媽說：「找什麼地方，就在這兒得了。」

許相萍明白了，笑說：「化學實驗室，當然沒有人要來，誰也想不到陶小姐會在這裡。」

媽媽說：「告訴你啊，怪話說多了，腿要更疼。」

「你瞎說！」許相萍挪近一點對媽媽說，「那幾個政治系的，好像好幾天沒來宿舍找你？」

媽媽說：「幹麼？你想他們了？」

許相萍嘴翹起來說：「我想他們做什麼？他們又不來找我。你這樣子，下次他們來找你，不要找我陪你去赴約。」

媽媽趕緊摟住許相萍的肩膀，哄她：「別生氣麼，人家說著玩。」

許相萍說：「要我饒你，你得答應一件事。」

媽媽說：「十件都行。」

許相萍說：「跟我坦白，你到底對哪個有意？」

媽媽說：「什麼哪個？」

許相萍說：「追你的男生有一個團的人，你看上了哪個？」

媽媽說：「一個都沒有，你還不曉得我麼？才大學一年級，功課還忙不過來。再說，我家現在還不知在哪裡？弟弟們是不是都安全？哪有心思找男朋友？你別瞎說。」

許相萍說：「那你就真不找了？」

媽媽說：「我從小立下志願，上完大學要出國留學，再回來當作家教授，像謝冰心一樣，現在不能急急忙忙找男朋友。」

許相萍不說話，只看著媽媽。

媽媽又紅著臉說：「再說，誰稀罕他們幾個那樣子，上海小開。你曉得什麼叫上海小開嗎？就是仗著家裡有點錢，一天到晚油頭粉面，穿綢衣綢褲，吊兒啷噹，走路身子都直不起來。整天只會吃飯、追女人，那就叫上海小開。」

許相萍說：「那麼，你想找個窮光蛋嗎？」

媽媽說：「窮光蛋有什麼關係?只要他有志氣，肯努力，又有才華，我們可以一塊奮鬥。貧賤夫妻最牢靠。我爸爸就是從一無所有奮鬥出來，這樣的人，才值得愛。」

許相萍說：「你用你爸爸作榜樣，可不大容易找男朋友。」

媽媽說：「那也不能湊合。要一塊過一輩子，得一心一意。同甘容易共苦難，誰都能過好日子，過苦日子可不好受。」

說著話，下課鐘突然響起來，一霎時，四面八方，男生女生，衝鋒一般，朝飯廳衝去。

媽媽說：「糟了，光說話，我們又晚了。快跑！」

兩個人拔腳隨著人群朝飯廳衝，衝進飯廳。

飯廳很大，中間隔幾步放一個圓形木飯桶。學生們衝進飯廳，都圍到一個個飯桶邊，伸著手裡的飯盒飯盆，搶飯勺。物資緊張，糧食也不夠，大學生們吃飯要搶，眼快、手快、嘴也快的，也許能添一碗。到得慢、搶得慢、吃得慢，就可能吃不飽。

許相萍顧不上腿疼，擠在人群裡搶飯勺。她個子小，總吃些虧。媽媽個子大，嗓門也大，硬從幾個男生手裡奪過飯勺，盛出米來，倒進許相萍飯盒裡，倒滿了之後，又從飯盒裡扒出一些。

然後再把飯勺伸進飯桶，滿滿盛一大勺，倒在自己的綠色大飯盒裡，一勺不滿。

有個學生看了，問：「喂，你怎麼有那麼大一個飯盒？」

媽媽橫他一眼，不理不睬，又舀一勺飯，扣在自己飯盒裡。

旁邊有人回答：「你不曉得嗎？那是陶琴薰，香港來的，所以有那樣一個飯盒。」

有人喊：「喂，手下留情好不好，你都舀走了，別人還吃不吃？」

又有人喊：「你叫什麼，不滿意嗎？陶小姐，儘管盛，再添一勺，都盛完了也不要緊。」

聽聲音就曉得是政治系那幾個男生。媽媽不敢抬頭看，丟下飯勺就轉身，拉著許相萍，端著飯盒，擠出人群，找個牆角，坐下吃飯。那綠色大飯盒是媽媽從香港帶來，內地人從來沒見過，內地人的飯盒尺寸，都小許多。媽媽的飯盒大，一盒便能吃飽，自己用不著急。可是她邊吃，邊催許相萍：「快，快，別秀氣。」

許相萍邊吃，邊說：「你別催，大半碗，怎麼也比別人完得快。」

這是媽媽在西南聯大琢磨出來的快速吃飯法。幾十年後，她還好幾次對我誇口，說這法子百靈百驗，秘不傳人。一般人怕吃不飽，盛飯的時候，總想拚命多盛，然後快吃。其實大家都是差不多的速度，差不多同時開吃，又同時吃完，同時趕去添，那就看誰手快，誰力氣大，才能添得到。媽媽的法子，第一盒不盛滿，別人吃一滿盒飯的時間，許相萍只吃大半盒，自然能早吃完，趕在別人前頭去添。添的時候，再拚命添滿，然後坐下來慢慢吃，這樣起碼可以吃到將近兩盒飯。許相萍那樣小個子，要不是媽媽這法寶，大概沒有一頓能吃飽飯。

飯廳裡到處坐了人，正吃飯。忽然響起防空警報，刺得人耳朵痛，日本人又來轟炸昆明。飯廳裡學生都爬起來，端著飯盒飯盆，一面破口大罵，一面擠擠撞撞跑出飯廳，去鑽防空洞。

許相萍站起身問媽媽：「我們跑不跑？」

「跑是要跑，不過不用急，先盛滿了飯再跑。」媽媽不在乎警報，她經過多了。

許相萍走到飯桶跟前，一邊添飯，一邊說：「對，就算炸死了，也要吃飽，不做餓鬼。」

媽媽說：「瞎說什麼？你聽聽，飛機遠得很，根本炸不到這裡來。」

許相萍轉頭看看，偌大一個飯廳，空無一人，很有些得意，對媽媽說：「你還要不要添？我們可以添十次，沒人搶。」

媽媽說：「我吃不下，又不是什麼山珍海味。」

兩個姑娘端著添得滿滿的飯盒，走出飯廳，進了防空洞。裡面人群很亂，幾個高年級學生朝大家喊叫：「有個事情宣布一下。現在戰爭期間，中國大片國土淪陷日寇之手，許多中國各界精英逃亡香港。日本軍隊占領香港，很多中國志士仁人不肯做亡國奴，又無法逃出來，有些遭到日寇逮捕殺害。我們學校有個陶琴薰，她父親陶希聖，就是公布日汪密約的那個，也身陷香港，報上說讓日本人捉去剝了皮。」

有人喊出來：「陶小姐就在這裡！」

所有人都轉過頭來張望。媽媽躲在許相萍身後，不肯抬頭。

那演講的學生並不理會，沒停口，繼續說：「就在這種危急情況之下，孔祥熙的夫人宋藹齡，坐了一架重慶派去的專機，從香港飛到重慶。她不僅沒有讓她的專機接學者名人脫險，一架專機帶了她的男僕女僕不算，還把她的狗也用飛機運到重慶來了。」

學生們聽了，都喊起來：「這簡直不像話！」「在她眼裡，人不如狗麼？」「打倒宋藹齡！」「打倒孔祥熙！」

演講的學生說：「今天下午放學之後，大家都到前門集合，到大街上去遊行抗議。」

旁邊一個學生補充：「雲南大學學生跟我們說好，今晚一道遊行。」

學生們喊：「對，對，一定要去！」

「大家都要去！一年級新生也要去！」

「我們要求宋藹齡來對大家說明。向中國人民道歉。」

日本飛機還在頭頂上盤旋俯衝，發出恐怖的尖嘯。低矮潮溼擁擠的防空洞裡，中國青年學生們義憤填膺，熱血沸騰，同仇敵愾。

六十八

琴薰：自四〇年十一月十三日得腦病後，自分此生已告結束。迄今半生半死，於昏沉之中拖延，乃由於不甘心死於敵人，亦不願死於自殺。我深知此虎口之餘生毫無用處，然而仍不能遁跡山林者，一則病魔纏繞之實況，雖到處告哀，未能獲得諒解，不能擺脫。二則此餘生亦不必自惜，能做一點就算一點。三則兒輩幼小，尚須使其生存，不能眼見其餓死。今日之社會，倘然我歸於廢棄，則扯債借錢，俱無門路，何以自存？更況以贍養兒輩？故我之本身自覺無意義無生命，而決然只有一拖。屢次信中，俱寫此拖字，乃一無意義無生命而心力體力俱壞之人勉強支持之眞實狀況也。回想四〇年十一月間，每日每夜縈繞於香港長洲。汝當能憶及長洲之綠水青山。我一遊之後，常常想到此青山綠水眞吾可以埋骨之處。此一念縈迴凡十餘日而病發矣。病發至今，不死而使我尚不得不拖者乃天滅我也。然而我終竟未往長洲者，爲兒女也。我何忍棄子女而獨蹈於長洲乎？不料留得此生，更逃難而入國，由入國而又之摯身於陪都也。自我觀之，皆屬多事。自我觀之，皆爲人而非爲己也。今日尚言工作，豈非捨己爲人乎？我豈有意於工作，不過此憂患餘生不得不拖，則拖之中自不免於安置與工作也。到渝以後，無論弟兄朋友或親戚皆以爲我可以再起，皆以爲我可以接濟，皆以爲我之餘生又有意義矣，皆以爲我之工作有助於彼等矣。找參政員者有之，要錢者有之，找工作者有之，殊不知我不過拖而已，自顧不暇，豈可助人？其中惟家婆爲可憫。彼接我自韶關匯款時曾哭泣不已，以爲我逃難受周濟之中，尚以彼爲念也。此外之人則不然，相望不已，相責不已。彼以爲我有錢不盡贈，有力不相援也，則又怨我矣。凡此種事，我都不畏。我自分已在半生半死之中，何以畏此種事乎？惟我之所畏者，我半死而人仍以我爲有前途有意義乃至於有興趣有作爲耳。我何從解釋之乎？今惟望早死以結束此拖一性命之痛苦。在未結束之前，亦祇有拖此一條性命，此外更無別法。此地無長洲，我亦不復再有長洲之念，惟望早得自然之死耳。此信汝藏，即汝母亦不得相告，如有一日，我能得自然之死，汝始可以告知他人也。

父字　　四月十二日夜半失眠中

「相萍，我要轉學到重慶去。」媽媽忽然對許相萍說。

許相萍有些吃驚，說：「怎麼了？家裡出事了麼？」

媽媽說：「爸爸到重慶以後，心情很不好，我去了，可以照顧他。」

許相萍問：「我早就看出來了，每接到重慶來信，你就大哭一場。」

媽媽說：「爸爸原以爲，好不容易逃脫日本人的手掌，到了國都。可是重慶生活並不像他所期盼的那樣。他到重慶，被陳布雷先生接到上清寺美專校街。美專街一號是陳先生公館，美專街二號樓房騰空，給爸爸住，也辦公。然後，陳先生陪爸爸去晉見蔣委員長。陳布雷先生現在是委員長侍從室第二處處長，任命爸爸當第二處第五組組長，算少將軍銜……」

許相萍說：「這不是很好麼？一到重慶，有地方住，又有工作，還封將軍。這樣好事，我們老百姓想也不敢想，你有什麼好哭的？」

媽媽說：「爸爸從來不喜歡在政府當官，過去他推辭過很多次了，他只想安安靜靜作學問。陳布雷先生告訴爸爸：重慶有很多人，用各種有色眼光看待爸爸。可是蔣委員長力排衆議，特意安排爸爸做事，免受外界批評。所以爸爸無話可說，只有從命。這一回他是綁住，逃不脫了。」

許相萍說：「那也沒什麼不好。」

媽媽聽了，又哭起來，說：「一個多月了，爸爸並沒有工作，每天看看材料，寫寫專題報告。因爲二十幾天逃難，勞累過度，本來他多年不治的失眠已經完全好了，可以每天倒頭便睡。自從到了重慶，他又開始失眠。別人以爲他舒服，可是要圖舒適安閒，他不會放棄教授生活而從政，也不會置全家老小生死於不顧，去上海又出上海，到了香港，他也可以西渡太平洋客居他鄉，也許早住洋房開汽車了。」

許相萍說：「我也奇怪，你父親爲什麼不回西南聯大來教書，你們父女還可以團聚；或者也可以到歐洲或者美國去，怎麼也能過上好日子。既然受氣，爲什麼要留在重慶？」

媽媽嘆了口氣，說：「爸爸說過，本來，他可以隨時自由來去，到海外去生活。可是那次他離開重慶，跟汪精衛去上海，一失足成千古恨，他此生只能抱著一顆認罪的心，將自己餘年爲重慶政府貢獻，將功折罪，死而無怨。回到重慶，反而報國無門。所以他特別傷心。」

許相萍說：「這種情況下，你轉學到重慶，對他會有幫助麼？」

媽媽說：「我現在只是這樣想，還沒跟爸爸說。但他早就說過，我不舒服，可以休一年學，到桂林跟姆媽住一年，我要轉學，他會同意。只是得離開你了，覺得捨不得。」

許相萍說：「我也捨不得。我從來沒跟公子小姐交過朋友，你待我這樣好，眞不容易。」

媽媽說：「我在香港最要好的高中朋友黃詠琦來信，她也考取西南聯大外文系，過了暑假，就來昆明。我不走，咱們三個一塊，多好！」

許相萍說：「我曉得你多麼愛你的父親，如果你想轉到重慶去，我不攔你，反正我們通信，還做好朋友。」

到五月，媽媽辦妥一切轉學手續，也收拾好行裝。學期大考完了以後，她跑到工學院找鼎來舅。

雖然已經考完了試，鼎來舅仍然在製圖室裡，站在繪圖桌邊看圖紙。媽媽又好氣又好笑，說：「你這個書呆子，考完了，放假了，曉得嗎？還不回家，伯伯、伯娘急死了。」

鼎來舅放下筆，坐到身後的椅子上，看著媽媽說：「他們有什麼好急的，放假了我自然會回去。你跑這麼遠路來做什麼？挺累的，有事叫我一聲，我去找你好了。」

媽媽說：「我不跑來，怎麼叫你一聲？」

鼎來舅說：「每天我們學院許多人跑去找你，隨便託個人回來傳個話，他還不當聖旨。」

媽媽臉紅了，說：「我不理你，見面不說正經話，我回去好了。」

鼎來舅忙站起來，說：「我不對，我不對！既然來了，當然不能這樣回去。光顧跑路，你沒吃午飯吧，我們到外面去吃點東西。」

媽媽說：「是你光顧畫圖，沒吃午飯，現在才覺得肚子餓了，我是大救星吧。」

鼎來舅順手從繪圖桌邊拿起一個飯盒，說：「這次你說錯了，看看，這是我的午飯，早吃過了。現在專門陪你去吃。」兄妹兩個說著話，走出工學院校門。

媽媽笑了，說：「鼎來哥，你以前不這樣，挺老實的，現在也學會詭計多端。」

鼎來舅說：「這叫做受教育，上了幾年大學，一點不變，那叫上了個什麼？在西南聯大住過三年，陶琴薰的哥哥，就是啞巴，也練成一張鐵嘴了。」

媽媽說：「我給你添了這麼多麻煩，那好，從此不再讓你討厭，我轉學了，去重慶。」

鼎來舅聽了，站在馬路當中，過了片刻，才說：「你發瘋了，還是說笑話？」

媽媽說：「你站在馬路上，不怕車子撞嗎？這裡有家小鋪，隨便吃點什麼，我不餓。」

鼎來舅隨媽媽走進店去，說：「這裡我常來，每次吃一碗口袋豆腐，你可以嘗嘗。」

店很小，只有四張桌子，都坐了人。媽媽和鼎來舅只好走到通進廚房去的門旁，坐在一張放碗的桌邊。媽媽說：「正好，坐在這裡正可以看見口袋豆腐怎樣做的。爲什麼叫口袋豆腐？」

鼎來舅說：「你等會兒自己看。……你真的要轉學到重慶去嗎？」

媽媽說：「真的，我今天特地來跟你告別，也請你轉告伯伯伯娘一下，我不去拜別他們了。我急得忍不住，只想早一天見到爸爸和姆媽。你看，這是飛機票，明天的。」

鼎來舅接過媽媽遞過去的飛機票，馬馬虎虎看了一下。

媽媽望著廚房裡面，說：「沒想到，他們做口袋豆腐，切了塊，還要數，不能多不能少麼？看來，先在油鍋裡煎一煎，然後放在另一個鍋裡泡，幾分鐘以後撈出來，再放進第三個鍋裡泡，眞奇怪！泡好了以後，還要再回炒鍋去，挺麻煩。」

鼎來舅說：「你想叔叔嬸嬸，放假回去看看，再回昆明來，何必一定要轉學呢？」

媽媽回過頭來，看著鼎來舅，說：「我很擔心爸爸，他的身體和心情負擔都很重。」

鼎來舅問：「他到重慶幾個月了，還是那樣嗎？」

媽媽說：「不是了，四月下旬以後，爸爸忙起來，給蔣委員長起草文告。抗戰以來，每逢重大節日，委員長有文告發表，策勉全國軍民。這些文告，一直是陳布雷先生做。現在他提請委員長批准，交給爸爸做。前不久，爸爸又受命爲《中央日報》撰寫社論，所以加倍忙。」

鼎來舅說：「這樣好呀！一方面說明叔叔通古博今學識淵深，獲得了重慶政要們的承認和重視，一方面工作繁忙起來，叔叔心情也會好轉。他不是最怕鬆閒寂寞了嗎？」

媽媽說：「是，可是我怕他生活沒規律，身體受不了。他來信說，他現在每天上午十點鐘起床，白天到第二侍從室辦公。下午六點晚飯以後，睡一兩個鐘頭，然後長途跋涉，到化龍橋《中央日報》社，先看通訊稿和採訪稿。午夜十二點起，下筆寫社論，兩點鐘交稿發排，四點鐘看清樣，六點鐘離報社，搭馬車到上清寺一家廣東店吃早點，然後回美專校街睡覺。美國通常下午從華盛頓發出電訊，在重慶剛好是夜班兩點到四點之間。有的時候，爸爸一篇社論剛寫好發排，接到華盛頓發來的新電訊，如果消息重要，只好重新改寫社論。那時候，爸爸說，他常常拿起筆來，兩眼發白，心下茫然一片。」

店員端了一個大碗，放到桌上，說：「小姐，你的口袋豆腐。」大碗裡湯白而濃，豆腐鮮嫩，還有奶湯、火腿、冬筍、菜心、胡椒等等。店員見媽媽高興，便說：「你嘗一口，這豆腐外面方整，裡面包了漿汁，所以叫作口袋豆腐。」

媽媽便問：「我看到，你們豆腐煎好，放進鍋裡泡，做什麼呢？」

店員笑了，說：「小姐眼明心細，看出來了。豆腐煎到八成熟，撈出來，放進一個燒開的鹼水鍋裡泡四五分鐘，這樣豆腐裡面軟成漿汁，撈出來，放進清水鍋裡，漂去豆腐外面裹的鹼味。然後再回炒鍋，加肉湯奶湯紹酒雞油等等燒好。」

媽媽品了一塊豆腐，搖著頭說：「果然好，慢工細活。鼎來舅，你的那份冰糖銀耳呢？」

店員說：「已經好了，我去端來。」

鼎來舅問：「叔叔忙，你去能幫他什麼呢？嬸嬸他們還在桂林嗎？」

媽媽說：「姆媽和弟弟們都已經到了重慶，跟爸爸在一起。」

鼎來舅說：「對呀，嬸嬸到重慶了，就能幫忙，還要你去做什麼？」

媽媽說：「太多的生離死別……」說了半句，媽媽停下來，低頭喝幾口湯，又說，「夠了，從現在起，無論如何，我絕不再同家人分離。」

店員走來，把鼎來舅要的冰糖銀耳放下。兩個人低頭吃著，各想心事，悶聲不響。第二天上午，媽媽由許相萍和鼎來舅伴著，早早趕到飛機場，坐上飛機，飛去了重慶。

外公外婆和四個舅舅都到飛機場來接，頂著重慶八月的太陽，站在停機坪地上等。飛機一停穩，接機的人都擁上前去，機門一開，媽媽頭一個衝出來。她一眼看見外公外婆一群，興奮地尖聲叫著，向下衝。步子太快，手在天上揮，沒有扶欄杆，跑下十幾級扶梯，幾次險些踩空摔倒。她腳一踏地，就張著雙臂，撲到外婆懷裡，外婆摟著媽媽，眼淚嘩嘩流。媽媽顧不上哭，一個勁大喊大叫，隔著外婆，伸手摸泰來舅和恆生舅的頭。三個多月，她哭得太多，再也沒有眼淚了。看見眼前一家人，她只剩下快樂和溫暖。然後媽媽蹲下身摟摟幾個年紀小的舅舅們，親他們的頭髮。最後，她站起身到外公面前，睜大眼睛，看著父親，聲音打著顫，叫：「爸爸。」

「回來了，回來了。」外公說著，伸起手來，到半空，停住了。他心裡那麼愛他的兒女，卻從來沒有過親暱的表示。現在出於一種衝動，他伸出了手，有些不大熟悉。但是，稍一停頓，他決然地把手伸出去，撫摸女兒的頭髮，嘴裡還一勁說，「回來了，回來了。」

外婆叫：「走了，走了，去吃飯了，不要太晚了。」

「對對，我們去海棠溪別墅吃頓飯，慶祝全家團聚。」外公說完，招呼旁邊等著的挑夫挑起媽媽的行李，在後面跟著，然後叫了洋車，拉一家人到海棠溪別墅去。

「海棠溪的菜最好吃。」恆生舅跟媽媽坐同一部洋車，邊走邊說，「我們坐汽車從貴州來，就到海棠溪看見爸爸，在那裡吃了一次飯。」

媽媽問：「你們從桂林到重慶，到貴州坐汽車麼？」

恆生舅說：「我們七月二十四號，從桂林搭火車，先到柳州，再到金城江，走了兩天。然後分搭兩輛大卡車，走了七天，才到貴陽。婆婆和五爺在貴陽，所以我們在貴陽住了五天。五爺給我們講雲南擺夷人的習慣。婆婆看我們個個面黃肌瘦，給我們煮燕窩吃，第二天早上起來，臉都腫了。五爺說：哎呀，丫們可憐，虛得不受補。八月十三號，我們坐木炭車，走川黔公路，往重慶來。汽油不夠，那車只能用木炭生氣發動，爬坡沒有力，在大山裡，走得極慢。有時上坡，我們要下車走路，減輕汽車重量。這樣走了三天三夜，才到重慶。」

媽媽看著恆生舅，眼淚汪汪，說：「現在好了，現在好了。」

坐著車，說著話，走過煙雨路，到了海棠溪。那裡一座建築別致的別墅，飛臨江上，便是飯店。外公帶一家人進去，靠窗找了個桌子坐下。媽媽朝外看去，窗下是長江水，湧著浪，快速流，很清很藍，不像在武漢看到的長江那樣土黃渾濁。泰來舅伸手指給媽媽看，隔江望去，在淡淡的霧中，可見到重慶對岸的儲奇門碼頭，一派繁忙，舟船如梭。向左手望，江心橫著大大的珊瑚壩，再過去，望得到重慶城裡一個小土坡，便是有名的枇杷山。山山水水，都那般秀美，那般寧和，媽媽心裡充滿感動，轉回頭來，用溼潤潤的眼睛，依次看身邊的親人們。外公扭著身子跟侍者點菜，外婆在整理幾個舅舅的衣服。

媽媽彎腰對坐在身邊的范生舅說：「你還記得姐姐吧？」

「姐姐，你給我講新故事嗎？」范生舅從一歲多起，便隨著外婆一家四處跑，每到新地方，總不肯好好睡覺。媽媽有個絕竅，范生舅要睡的時候，常會用手抓自己的頭髮，不知是頭癢，還是習慣。每晚，媽媽用手輕輕幫范生舅抓他的頭髮，前前後後，左左右右，額頭耳邊，抓幾個來回，一邊抓，一邊講故事，孫悟空借芭蕉扇，抓著講著范生舅就睡著了。

「這次要你給姐姐講故事，你跑了那麼多地方，有好多新故事。」媽媽摸著范生舅的頭髮說，又轉臉對晉生舅說，「晉丫也有好多新故事，講給姐姐聽，對不對？」

晉生舅的臉紅起來，小聲說：「是。」晉生舅小時候在北平，最喜歡纏住媽媽念書講故事。

媽媽在地上鋪個棉墊子，盤腿坐在上面，晉生舅自己坐到媽媽腿彎裡，幫媽媽翻書。他才一歲半，就會一頁一頁翻，還會用手指書上的圖畫，嘴裡跟著學說，嘰哩呱啦，讓人好笑。可惜那時，只有媽媽發了慈悲心，才給晉生舅念一會書。

菜端上來了，外公說：「琴薰一個人在昆明，吃不到什麼特別東西，今天補充補充吧！我買了兩杯酒，分成小杯，每人喝一口。」

每人面前擺一個玻璃杯，裡面一點通紅的葡萄酒反射陽光，把整個杯子都染紅了。

六十九

外公舉起酒杯，說：「今天慶祝團聚，每人喝一點。希望從今以後，一家人再也不分離。」

媽媽覺得外公好像要掉眼淚了，但是，他沒有。一家大大小小都舉起杯來，你碰我，我碰你，喝了一小口。放下酒杯，外公舉起筷子，揮動說：「來來來，先吃這個燈影牛肉，專門下酒的好菜。你們看這肉片多薄，透明一般，所以用民間皮燈影來命名。據說這菜經過切、醃、晾、烘、蒸、炸、炒各道工序，看起紅亮，麻辣乾香，回味甘美，味鮮適口。」

媽媽笑道：「幾個月不見，爸爸變成烹調家了。」

外公也笑著說：「這叫眞人不露相。」

外婆說：「他哪裡懂做飯?不過有閒，多看幾本書，在這裡賣弄。」

外公笑笑，繼續說：「到了四川，自然要吃辣。我們湖北人也吃辣，所以不怕。江浙上海人，愛吃甜，來四川就多受些罪。琴薰，吃這個回鍋肉，地道四川菜，紅綠相間，鹹中帶甜，微辣醇鮮。這幾根青蒜苗一定不能少，吃，吃，吃!宮保雞丁，在北平常吃，可四川才是正宗。清代四川總督丁宮保愛吃，才起名宮保。鮮香細嫩，辣而不燥，略帶甜酸。哈，果然名不虛傳。」

外婆看著聽著，笑出聲來說：「你聽聽，像不像在背書？」

外公轉過臉，從一個盤中揀一塊魚，放到外婆碗裡，說：「這是清蒸江團，肉質細嫩，湯清味鮮。江團魚是四川樂山重慶特產，體圓，頭尖，獨刺，肉肥。」

恆生舅指著一碟菜說：「這是魷魚，我吃出來了。」

外公說：「對，乾火扁魷魚絲，四川特別的作法，跟別處不同。」

外婆說：「你點這麼多，能吃完麼？」

「我有這許多十幾歲的男ㄚ，還怕吃不完嗎？」外公瞇著眼看桌邊一圈舅舅們，心裡很得意，又說，「到了四川，就到了麻婆豆腐的產地，姆媽一定愛吃！相傳清同治末年，成都北門外萬福橋有個小飯店，店主陳姓女人，是個麻臉。每次挑油工人來了，她就從油簍底子裡，挖出些剩下的餘油來做豆腐。做出的菜色澤紅亮，辣味鮮美，大家都喜歡，加上一個店主的麻臉，就成了麻婆豆腐。」舅舅們都笑了，大喊麻婆。

外婆說：「我倒覺得還是這四川泡菜最可口。」

「不錯，不錯，大家再飲一口。」外公說著，又舉起酒杯。滿桌人又碰杯喝酒。

放下酒杯，媽媽問外公：「爸爸，我寫信問過你幾次，怎麼到重慶的，你從來沒有回答我。你爲什麼先一個人跑來重慶？」

外公說：「因爲我在桂林遇到熊式輝將軍，他剛剛受任中國駐美國華盛頓軍事代表團團長，想請我擔任軍事代表團的主任秘書。我只能表示：此事需要由重慶政府來決定。熊將軍著急，便把自己太太的一張飛機票讓給我，逼我第二天跟他一起坐飛機到重慶。」

媽媽笑了，說：「重慶沒有准，你信上說，出國的事沒有辦成。」

外公說：「對了。其實，我比姆媽還晚了幾天到桂林。」

媽媽趕忙說：「對了，對了，快講講，你們怎麼逃出香港的？」

外婆說：「那比從北平逃出那次還更危險些。」

外公瞇著眼，說：「我來開頭。去年十二月七日太平洋戰爭爆發，日本飛機襲擊美國珍珠港海軍基地，接著便向香港進攻。香港人原本並沒有在意。十二月八日早上恆生晉丫兩個，像往日一樣，搭七號巴士上學。晉丫到學校，發現書包不見了，一路哭，往回家走，要找書包。到亞皆老街，聽見飛機轟炸，忙靠牆蹲到地上，問過路人：是演習還是真的？過路人說：是演習。晉丫便又起身接著走。轟炸越來越密集，過路人跑起來，大叫：啓德機場轟壞了。晉丫害怕，站在路上不知如何是好。這時學校早已緊急放學，恆生在學校找不到晉丫，拚命沿回家路跑來找。半路見到，拉著他往家跑。晉丫還哭著要找他的書包，恆生說：仗打起來了，還要什麼書包？」

媽媽抱住身邊晉生舅，撥拉他的頭髮大聲笑說：「我們晉丫就是喜愛讀書，對不對？」

外公接著講：「十二月九日晚，接通知說杜先生託中國航空公司，當晚到香港接許崇智和我幾個人飛來重慶，要我到杜公館等車子去機場。杜太太還託我帶一件毛衣到重慶，交杜先生。不料起身時發現汽車缺油，周圍加油站怕遭日機轟炸，早都關門。我們只好步行，到處混亂堵塞，人們驚惶失措，碰碰撞撞。過了十二點，還沒到機場，聽見飛機起飛，只好轉路回家。」

媽媽：「如果那次爸爸來了，要省我多少眼淚。」

外公繼續說：「第二天，日軍又炮擊。印度兵卡車，一輛一輛從新界往尖沙嘴撤退，亞皆老街遊民三五成群，九龍大亂。我脫下長衫，換上廣東短衣，與姆媽帶著恆生晉丫范丫三個，出門逃難，到山林道租的小屋去住，床也沒有，大家打地鋪。泰來留在亞皆老街看家。」

媽媽問泰來舅：「兵荒馬亂，你一人在家，害怕嗎？」

泰來舅說：「害怕。晚上不敢睡，只有白天睡。」

外公又喝一口酒，接下去說：「路上，幾處糧店遭搶，饑民遍地。姆媽小腳，走不快。一群搶匪擋住我們，一個個搜身，搶去所有錢鈔，然後給我們一張紙，上寫：心胃氣痛散。他們對我說：拿這條子，通行無阻。果然，再往前走，遇有路人攔截搶劫，遞過去那紙條，就放行。」

媽媽問：「那不會是杜先生的人吧？」

外公說：「當然不是，不過是些街痞流氓。第三天，日軍占領九龍，家家戶戶掛太陽旗。一時買不到太陽旗，許多人扯塊白布，在上面扣個大碗，用紅墨水沿邊畫個圓，掛在門口，醜惡至極。米店關門，大家都去搶糧。九龍倉庫打開，旁邊鄰居搶來一箱沙丁魚罐頭。恆生拿了一把米，去換回來一盒魚。我們一天吃一餐，每個丫一碗稀飯，一條沙丁魚，不許多吃。」

媽媽對恆生舅翹一個大拇指，說：「你是大救星。」恆生舅不好意思起來。

外公說：「一連多天，不能出門。恆生九歲，晉丫七歲，范丫四歲，怎麼熬得住，又不敢哭出聲，我只好每日講《西遊記》他們聽，又當飯解餓，又轉移他們注意力。那天正講到火焰山上鐵扇公主肚子痛，英軍從香港炮擊九龍天文台。一炮打到山林道上，所有窗戶震得粉碎，玻璃渣從丫們頭上落下，下雨一般。三個丫發一聲喊，雙手抱頭，卧倒在地。」

媽媽一驚，忙問：「沒人受傷嗎？」

外婆說：「天保佑，沒有。」

外公接著說：「看來山林道住不成，我們趕緊領了丫們，再次出門逃難。凡上路，我總背條棉被，走到哪裡，坐在樹邊牆腳休息，淸晨天涼，要這條棉被包住三個丫。姆媽總提個暖水瓶，遇到有個門洞，一家人擠進去，拿出牛奶，滴幾滴在暖水瓶蓋裡，沖熱水，大家吃。有一次，姆媽跟我把那沖了牛奶的暖水瓶蓋推讓一下，牛奶撒在地上，晉丫大叫：可惜可惜！恆生低頭生氣，不講話。范丫說：我口乾的時候，用舌頭舔溼就不乾了。」

媽媽眼裡含著淚，笑起來，摟著范生舅，搖來搖去。

外公繼續講故事：「這麼一吵鬧，裡面住戶聽見聲音，開門出來，見門洞裡擠了我們一家，厲聲喝叫，趕我們走。我們只好領著丫，背著棉被，提著水瓶，朝前走，走一陣歇一陣。開頭還挑乾淨一點地方歇腳，後來累得緊了，也就不顧，隨地而坐，四周全是死人，蠅蟲亂飛。無處可去，我們決定只有回家，泰來尚不知生死。可是路已不通，日軍把守路口要道，鐵路橋洞都過不去。天色已晚，我們坐在路邊，不知怎麼辦。旁邊一座木屋，我們坐在門外，主人來問，我們說是新界元朗生意人，到九龍投親，過不了崗。他說：走難遇貴人。他是木匠，許我們租住他的樓上。我們一家住進去，向他們買一點豆糊，大家分吃。木匠看我們餓得可憐，分我們一人一碗白米飯。范丫不相信有人會送飯給他吃，看著他面前的飯碗，問：這是給我吃的嗎？很久不敢動手。樓上滿屋臭蟲，晚上大人小孩翻來覆去睡不著。范丫年小，一天辛苦，胸口爬滿臭蟲也不管，只是睡。姆媽坐在一邊，一夜不睡，捉他身上的臭蟲，讓他睡覺。」

媽媽看到外婆眼裡有淚，忙遞過自己的酒杯，請外婆喝一口。

外公不停口：「日軍把九龍塘作炮兵陣地，四處戒嚴。我們帶三個丫，整日在周圍打轉。一天下來，沒機會，鑽回那空屋過夜。終於有一天，早上四點鐘，姆媽聽見外面有人喊：戒嚴取消，馬上叫醒丫們，半睜著眼，背棉被、提水瓶，跌跌撞撞，拚命跑。剛跑過戒嚴線，日軍開槍掃射。原來不是戒嚴取消，是日軍換崗，接班的晚到，有了二十分鐘的空，讓我們跑過去了。」

媽媽捂著胸口說：「好險！」

外公說：「讓姆媽接著講吧，我講得口渴，要喝些湯。」

媽媽說：「湯冷了，我叫他們拿回去熱熱。」

外公說：「不用了，湯涼一點，正好喝快些，解渴。」

外婆便接著講：「回到家，我看見泰來，兩眼只是流淚，對他說：你還活著！我問他，日本兵到家裡來過嗎？他說：有一次，來了幾個日本兵，帶了米來，要我給他們煮飯吃。我只好生火煮飯，他們吃飽了，臨走把剩的米留給我。他還告訴我們：七十六號派了人，和日軍一道來我們家裡，搜查過幾次，什麼也沒找到，只好走了。我們一聽，馬上就走。七十六號曉得泰來一人留在家裡，我們必會回去找他，說不定已經埋伏在周圍。我們忙跑出去，找到余啓恩先生幫忙，在山東街他的親戚黃醫生家樓上住下。一家大小不許出門走動，丫們眞是可憐。」

外公接著講：「好一陣子，九龍成了死城。忽有一日，日軍下令疏散難民。杜公館馬上給我們送來幾張難民證，囑咐我們分批出發，按照日軍指定時間地點集合。姆媽要我第一個先走，我當時心裡著實很怕，但是不冒這險，留在香港，也只有死路一條。在香港街上逃來逃去四十八天，我本已衣衫襤褸，做難民也不用換了。高彤階先生指點說，用椰子殼燒出油來，擦在臉上，臉就變得臘黃。那一夜，姆媽泰來兩個，一夜沒睡，給我燒椰子油擦臉。姆媽給我準備一個布包，一隻熱水壺，壺裡塞四百元法幣兩張，港幣兩張。又做了六個白麵饅頭，把兩個金戒指揉在饅頭裡。清晨五點，我一步一步下樓，姆媽一步一步後面跟著，各自兩眼含淚。到門口，看見外面街上，一群一群難民，靜靜走路。我不敢回頭再看姆媽一眼，一步跨出門，加入難民隊，就那樣走了。我們說好，回到國土，在桂林相聚，但那一刻，誰也不知誰會活下來，走回國土。」

媽媽聽著，眼裡滴下淚來，不住用手擦。

外公繼續講：「我隨難民隊到大浦，趕上漁船，黃昏出發，日軍沒人能認出我來。次日清晨，船在海灣，忽聽槍響，我腿已站不起來，躺在艙裡等死。卻原來不是日軍，而是一群蒙面海盜，每人交五元，即放行。那天上午，日軍獲得情報，說陶希聖企圖化裝難民走深圳陸路潛逃。日軍立刻封鎖各條路口，捕捉難民，吊打逼供，沒有找到我。那時我們這批難民，已到葵涌，捨舟步行，走了半夜，才到一個小村歇息。將近惠陽，卻又聽說惠陽已被日軍占領。我只好跟著難民隊，轉了幾天，又在橫瀝上船，沿東江到龍口，才算遇到中國軍隊，那時已是陰曆除夕之夜。我一上岸，馬上把暖水瓶裡的錢取出，又把饅頭裡的金戒換了鈔票，發電報請陳布雷先生幫忙轉告你，我已脫險，同時匯錢給西南聯大。我曉得這幾月你在昆明一定急死了。」

媽媽說：「我就是急死了！蔣校長把我叫去，轉給我陳布雷的電報。我去銀行取錢，銀行裡的人圍著我問：你父親沒有死麼？報上說日本人捉到了你父親，剝了皮，說得好可怕。」

外公搖搖頭，說：「不是說得可怕。如果日本人眞的捉到我，一定要剝我的皮洩恨。我一路餓瘋，買了一隻雞，正煮了要吃，廣東省政府派小汽車，接我開到韶關，住在互勵社。我馬上給桂林當地所有報紙發電報，囑咐刊出消息：廣東省主席李漢魂在韶關宴請陶希聖先生。當時我不知姆媽他們是否已經逃出香港；只要他們逃出來，一定已經到了桂林，可我卻遠在韶關。這次逃難，前後奔波了十七天。」

媽媽說：「爸爸再喝些湯。」

「叫他們熱一熱再喝。」外婆說著，招呼跑堂把湯菜取回廚房熱了再端來，然後接著講：「你爸爸給桂林報紙發電報的時候，我們是早已經到了桂林，找他找不到。到處流言，說日本人捉住了你爸爸，剝了皮，心裡急得要死，只有每天看報。那天我站在桂林漓江木橋邊的貼報欄前，看到《掃蕩報》頭版登出你爸爸在韶關赴宴的消息，才曉得他走東江，到了韶關，沒有死。丫們更是大喊大叫，歡喜若狂。我心裡是悲是喜，只是眼淚止不住的滴下來。」

媽媽伸手抱住外婆，母女兩個相擁哭泣一陣，直到湯重新熱好，又端到桌上來，外公盛一碗，叫了幾聲，外婆才擦乾眼淚，喝幾口湯。

媽媽說：「從頭說，從頭說，你們怎麼離開香港的？」

外婆喝過熱湯，穩住情緒，又講：「那天清晨送走你爸爸之後，第二天聽說有一艘疏散船白銀丸要開廣州。我馬上領了丫們，用另外的難民證，趕去上船。我背著范丫，泰來抱了行李，恆生拉著晉丫，冒死到了水師碼頭。日本兵很殘忍，在難民人群裡胡亂揚鞭抽打，周圍許多人臉上都流著血。我讓丫們低下頭，伸手罩在頭上，急急上船。三百人的小船，擠了一千多人，都是潮州難民回鄉。我們誰也不敢說話，不敢動，怕廣東難民聽出我們外地口音，丟下船去。兩天一夜，大人小丫，不吃不喝，忍饑挨餓，在海裡飄蕩。好不容易到了廣州灣，法國警察不許下船上岸，隨船日軍又不許船回港。滿船人絕望之餘，有人跳水。法國警察就向水裡開槍，有人打死，在水裡翻。鬧了一天，黃昏時分，法國警察下崗，滿船人才從窗洞裡跳出去，上小木船，靠碼頭，上了岸。所有難民行李，都運去潮州會館保存。」

媽媽問：「眞的保存嗎？別是讓人搶走了。」

外婆笑了，說：「當夜什麼也顧不上，搶走也只有讓他們搶走，我們在江邊一個小店裡吃一頓飯，在西營找到旅店睡覺。第二天一早，跑去潮州會館領行李。大院中間立樁圍繩，裡面整整齊齊堆放了幾百件大小行李箱籠，兩個大漢手持木棍在入口把守，驗明船票身分，順利領回行李，一件不少。那兩個大漢也沒有因爲我們外地口音，刁難我們。回頭看見旗杆上飄揚的青天白日滿地紅國旗，不禁熱淚盈眶。恆生晉生兩個，都立正，用童子軍三指軍禮，向國旗致敬。」

媽媽聽了，對恆生舅和晉生舅連連點頭。

外婆不停口：「我給重慶杜先生發電報求救。過幾日，杜先生派的人到了，給了路費，有人領路。時而坐轎，時而步行，風餐露宿，走了二十多天，經柳州到桂林，我們心裡才安下來。」

恆生舅忽然說：「有一天走在荒村僻野，我和大哥腿痛，落了後。黃昏時候，走到一條田溝邊，上面搭塊石板，給人過路。我和大哥剛要走上去，田裡跳出一個農夫，拿把鋤頭，說那石板是他鋪的，過路要收錢。大哥說，那麼我們不走石板，跳過溝去。那也不行，從那裡走，便要留下買路錢。我們無法，只好每人付三塊錢，才過去。」

泰來說：「廣東買路錢都是三塊。我們過廉江縣的時候，廉江縣長來看我們，說明天要過十萬大山，不很安全，他派八個衛兵，都是他的親兵，護送我們到山那邊，那以後就不是他的地界了。第二天，八個親兵果然來了，雇了轎子，上路進山。過了中午，看見山頂有人持了長槍，向下面打手勢。那縣長的親兵用口哨回應。我們轉來轉去，到一個峽口，幾個土匪守著一個大木箱，箱上插個白旗，寫個不認識的字。那幾個親兵跟土匪交涉了半天，我們每人付三塊錢，放進木箱，就放行。晚上過了山，那幾個親兵就轉路回去了。」

媽媽問：「你們到廉江縣，縣長來看你們麼？他曉得你們是誰？」

外婆說：「那都是杜先生派的門人，一路幫我們聯絡安排。」

恆生舅說：「他叫范瑞甫，我記得，才三十幾歲，兵荒馬亂，隻身翩然而至，受命護送我們。從廣州灣出發，一共十天，我們坐轎子，他不坐，兩隻腳走了六百多里。一路沉默寡言，任勞任怨，每到一地，安排我們住好以後，他去聯絡當地軍政和幫會中人，準備下一日行程。進了深山峻嶺，他更是眼觀六路耳聽八方，前後照應。我們到了柳州，可以坐火車到桂林了，他的任務也便完成，一刻不留，飄然而去。這樣剛毅沉著，來無影去無蹤的人，眞是大俠客。」

外公說：「是啊，這些人爲什麼冒險犯難幫助我們呢？什麼也不爲，我們什麼也給不了他們，他們也得不到什麼好處。這樣捨生忘死，就是憑著一種俠義精神。我們陶家人永誌不忘。」

外婆說：「都吃飽了吧，天不早了，我們還要趕路回家。」

傍晚時分，一家大小回到家，又亂亂哄哄兩個多鐘頭，誰也不睡覺。最後外婆扯大喉嚨，挨個罵一頓，才不情願地回屋睡下。媽媽洗過臉、刷過牙、換好睡衣，又悄悄跑到外公房裡。

外公已經躺下，靠在床頭上看書，見媽媽進來，便放下書，摘下眼鏡，對媽媽笑。媽媽坐到外公床前，問：「你看克勞塞維茨的《戰爭論》。眞的要棄筆從戎，做將軍了嗎？」

外公笑了，說：「但願做得到。抗戰之中，每個人最好都懂點軍事常識才好。如果我們有四億個克勞塞維茨，抗戰早勝利了。」

媽媽停了一下，問：「爸爸，你在重慶不快樂，對嗎？」

外公沒有馬上回答，過一會，忽然說：「在侍從室，有個好處，可以看到許多材料。你曉得，我從上海出來，又公布了日汪密約，陳璧君、周佛海他們把我恨死了，罵死了！可是，汪先生本人從來沒有公開說過我一個字。」

媽媽不高興，臉吊下來，問：「你什麼意思？我們一家出生入死才逃出來。」

外公拍拍媽媽的手，說：「我並不後悔逃出來。不過是說，我跟隨了汪先生十幾年，他懂得我爲什麼要這樣做。他是個從政的文人，又幹了那麼多年革命，所以我敬佩他。也因此，他手段不夠陰險、不夠狠毒，所以鬥不過別人，握不住大權。汪先生一直都很苦悶，玩弄政治跟幹革命，並不是一回事。有的人會幹革命，有的人卻會玩政治。」

媽媽望著外公，有些不解，問道：「那麼你現在是在蔣委員長手下，覺得怎樣？」

外公又許久沒有言語，拿起枕巾擦眼鏡，擦著擦著，忽然說：「琴薫，你記得在南京大石橋的時候，我給你租《三國演義》小人書？三國裡面有個曹操，你記得嗎？」

媽媽說：「記得，他說過：寧教天下人負我，我不負天下人。你狠罵過他一頓。」

外公說：「對，曹操生性奸詐，腦子靈活，計謀很多，翻手爲雲，覆手爲雨，喜歡殺人。他要用人，但又對手下人從不完全信任，口頭上會捧，私下裡老有猜疑。」

媽媽說：「爸爸，你是說……」

外公打斷她的話，說：「你見過中藥鋪的老闆嗎？中藥鋪裡總有一個大櫃子，安裝了很多小抽屜。最上面一層抽屜，裝的全是當官的機會，中間一層抽屜，裝的全是發財的機會，下面一層抽屜，裝的全是出國任職的機會。最底層的抽屜裡，裝的全是打雜賣力的工作。我呢，上面幾層抽屜都輪不到，只放在最下面那個抽屜裡。」

媽媽說：「爸爸，你不快樂，我們走掉算了，到昆明去，到西南聯大去當教授。那兒有很多有名的教授。你去，蔣校長一定高興。我也有好多好朋友在那裡，我還捨不得離開呢！」

外公聽了，重重嘆口氣，說：「我又何嘗不這樣想呢！」

七十

外公說：「我背離重慶，去了一趟上海，對中國、對政府都欠了大債，人家不殺我，我已經感激不盡。人家現在要用我，我能不盡心盡力做嗎？人家可以不仁，我卻不能不義。我只有一輩子做牛做馬，以報不殺之恩才是；再說，我也沒那個本事走得脫。如果走得脫，我早去了美國了；人家把我抓得死死的。這裡是重慶，不是上海……」

外婆走進來，手裡端一杯開水，說：「你爸爸明天一早還要趕早班船過江去上班，現在要睡。說多話，又失眠。吃了安眠藥沒有？」

「現在吃。」外公說著，把手裡的眼鏡放到床頭小櫃上，又順手拉開小櫃的抽屜，取出一個小藥瓶，倒出兩粒白色小藥片，又倒出一粒，然後一起放進嘴裡，接過外婆遞過的開水，仰頭吞下安眠藥片，然後把水杯還給外婆，把藥瓶放回抽屜，轉身挪挪枕頭，躺下身去。

媽媽拉拉外公的被子，問：「爸爸，明天晚上你還回家來嗎？」

「看吧，沒有事就回來。」外公說著，閉上眼睛。

「明天再說。走吧，走吧！」外婆朝門外推媽媽，一手關掉電燈。

媽媽回到自己屋裡，在床上躺下，想著外公剛才的話，兩分鐘後，昏沉沉地，像要睡過去。她昨晚想著回家團聚，興奮得幾乎一夜沒睡，今早上五點鐘忙著上路，折騰了一整天，很累了。

外婆輕輕走進來，坐在床邊，看著媽媽的臉，一手輕輕地理她的頭髮。媽媽睜開眼，笑了，外婆用手把媽媽的眼皮抹下來，閉上。很多年了，外婆沒有這樣親近過媽媽。母女兩個總是在一種緊張和忙亂之中度日。現在，在大後方，自己家裡，旁邊屋裡外公和舅舅們安安靜靜地睡著。沒有暗殺、追捕、逃難，也沒有憂傷，一切忽然那樣靜謐、那樣安詳。媽媽的心，像沉入太平洋的堅冰，緩緩地融化了。媽媽閉著眼，輕聲問：「姆媽，爸爸在重慶好嗎？」

外婆也輕聲說：「你們都在跟前，就最好，睡吧！」

外公租住的是重慶南岸，南方印書館的房子。清朝二百幾十年間，湖北黃岡、黃安和麻城三縣商家，從漢口販棉花到重慶，從重慶販生鐵回漢口。往返都以長江運輸，用帆船，連年不斷，數量很大。因而湖北三縣商會上百年來，在重慶長江南岸置下一望幾十里的山谷土地。抗戰軍興，湖北三縣人士，紛紛來此，聚集居住，躲避戰亂，經商之外，還開辦了儲材小學和英才中學。南方印書館，亦即湖北人產業之一。廠房設在山腰上，大門在山腳下，出入都須步行穿過廠房，沿山坡拾級上下。媽媽一家住的房子是幾間新蓋的磚瓦房，房前靠山坡邊有個院子，正是夏時，外婆在院子裡晒麵醬，用瓦罐裝了，整整齊齊。下雨天把瓦罐一個個搬進屋，雨過了又一個個搬出去。媽媽和幾個舅舅，只要在家，經常幫忙外婆把這些麵醬瓦罐搬進搬出。晚上悶熱，幾個舅舅在院裡的水泥地上鋪涼席睡覺。房子後面，再上一層坡，是兩湖同鄉的公共墓地，二百多年下來，墓地裡當然墳墓很多，有的已經倒塌，有的墓碑已經拆下來鋪了路面。剛住到這地方，幾個舅舅跑到後面玩耍，覺得那片墓地有些害怕。媽媽來到以後，第二天去後院看見，也有些不舒服。外公為什麼要在墓地附近租房子住呢？多不吉利。

外公笑笑說：「那都是兩湖同鄉，和我們有鄉誼，有什麼事自然會照應。怕什麼？」

媽媽想想，也笑了。

外婆閒不住，到湖北商會去，在房子周圍借了幾塊地，左手圈起一塊，種菜養豬，右手一塊圈起養雞。打豬草、煮豬食、拌雞食，外婆一個人忙碌。忙不過來，臨時雇個鐘點工，挖地擔水。外婆也在山坡上一層一層開出菜地，準備第二年春天種下番茄、辣椒、白菜、蘿蔔、豆子各種菜蔬。

學校開學了，媽媽舅舅們大大小小都去上學。媽媽過江到沙坪壩的中央大學上課，住在學校裡。泰來舅因為大半年間都在逃難，高三沒有讀完，現在念補習班，準備過了年再報考大學。恆生晉生范生三個舅舅，都上南岸的儲材小學，離家很近，上學放學方便。外公照舊每天過江，到侍從室和《中央日報》兩地上班，有時晚上不及過江回家，便住在上清寺。

家庭團聚，生活安定，人人心滿意足。每天下午，四個舅舅放學回家，做完功課之後，范生舅到後面墓地捉蟋蟀。晉生舅趴床上抱一本書看，恆生舅安裝他的收音機，泰來舅要麼幫助外婆做家務，或者開菜地、餵豬雞，要麼溫習功課備考。星期六晚上，外公和媽媽都回家來，一家人熱熱鬧鬧吃晚飯，各人講學校裡的笑話。

恆生舅說：「今天有一個老師念《孟子》：孟子見梁惠王，王曰：叟，不遠千里而來……是哪個打屁？快點開窗。我們都笑，有人還以爲孟子文章裡寫了打屁。」

晉生舅問：「德國、意國和志國在哪兒？」

媽媽問：「哪裡來的志國？」

晉生舅說：「地理老師講，德意志共和國，就是德國、意國和志國。」

外公搖頭說：「胡說八道，貽誤後代。」

恆生舅說：「昨天下雨，我不小心跌進路邊的水溝，剛讓訓導主任看到，問我做什麼。我順嘴回答：淸水溝。今天全校朝會，校長宣布：陶恆生大雨中爲大家服務，值得表揚。」

媽媽笑說：「無功受獎，臉紅不紅？」

范生舅說：「好多天，我每天上學找不到我的板凳。昨天跑去找校長說明。校長調查了，是隔壁的屠夫每天早上殺豬，到學校來拿我坐的那條板凳去用，因爲我的板凳比別人的寬些，好用。」全家又笑了一陣。

晉生舅問媽媽：「老師敎唱歌，希聖一道最好罐頭，什麼意思？」

媽媽愛唱歌，每次回家都敎舅舅們唱歌，可是怎麼也想不出有一首歌，會用外公的名字和罐頭作歌詞。晉生舅唱了幾句，有了點調調，媽媽才明白，那是《抗敵歌》裡的一句：**同胞們向前走，把我們的血和肉，去拚掉敵人的頭，犧牲已到最後關頭**。晉生舅把犧牲聽成外公的名字，又不曉得關頭是什麼，便自己拚了一句沒人懂的詞。

好像是要補回那些因爲逃難而失去的歡樂時日，一家人圍坐一處，吃著外婆做的醬麵，喝外婆養的雞燉出的雞湯，說說笑笑，七顆大大小小在逃難日月裡受盡折磨的心，充滿了幸福。

過了幾個月，突然之間，外公像變了一個人，一連幾個週末沒有回家。回來一次，也整天默默無語，或坐在桌前發呆，或在院裡背著手踱步。沒有外公說笑，家裡的輕鬆歡樂也便消失。媽媽看出，近來外公做事走路，小心翼翼，好像心驚膽顫。不論外婆、媽媽或者舅舅們，誰找他說話，他都不耐煩，揮手叫喊：「去去去，不要煩我。」

外公飯也好像吃不下，每餐飯不過扒幾口了事，只是一個勁喝稀飯。睡覺當然更壞，吃了安眠藥也沒有用。好幾次，媽媽看見，半夜三更，外公披衣在院子裡踱步好幾個鐘頭。媽媽看得出，外公現在心事格外重。外公前幾年在上海的時候，心情再壞，也沒有現在這樣大的脾氣。那時看見外公半夜散步，媽媽還敢去跟他說話，可現在她不敢，只有在窗前望著。

外婆也在自己屋的窗邊望，發現媽媽在窗前，便輕輕走進媽媽的房間，跟媽媽兩個人一塊，看外公在星夜裡踱步的身影。媽媽問：「爸爸近來怎麼了？」

外婆說：「他在替蔣委員長寫一部書。」

媽媽說：「什麼叫替蔣委員長寫書？」

外婆說：「蔣委員長要自己寫一本書，可是寫不出來，要你爸爸替他寫。他講意思，你爸爸寫出來，署蔣委員長的名，算他寫的書。」

媽媽說：「什麼名字？」

外婆說：「《中國之命運》。」

媽媽說：「爸爸寫過那麼多書，寫這麼一本書，會難成這樣子嗎？」

外婆說：「爸爸寫過許多書，都是寫他自己的書。這一次不一樣，這本書是替蔣委員長寫。

每天要去見蔣委員長，只怕一句話說錯，就丟了全家人性命。中國有句老話：伴君如伴虎。」

媽媽不說話了，看著外公踱步的模樣，眞像是在幾分厚的薄冰上行走，輕起輕放，生怕一步不對，傾刻沉下冰海，永無出頭之日。外公垂著臉，不敢昂頭，好像上方懸一把鋼刀利劍，說不定什麼時候，爲了什麼原因，隨時砍砸下來，斬掉他的頭。

媽媽問：「爸爸一個人寫嗎？」

外婆說：「一個人。原來是要陳布雷先生執筆，他心裡有數，曉得這事不容易，推說身體不好，辭掉了，跑到成都去養病。蔣委員長便找你爸爸來寫。你爸爸從來不會說個不字，蔣委員長找他做事，也不敢說不，又覺得欠他許多情，心裡不喜歡，也只好從命。」

媽媽說：「爸爸從上海跑出來，帶出來日汪密約，也算立了功。」

外婆說：「如果要殺，還是一樣殺頭。重慶很多軍政要員駡他，只有蔣委員長一個人保護他。我們剛到，家裡無米下鍋，蔣委員長聽說，馬上派人送一袋米來。你爸爸曉得感恩。」

媽媽聽了，又說：「我想不來，兩個人怎麼寫得成一本書。」

外婆說：「你爸爸每天去晉見蔣委員長，聽他講一段意思，回上淸寺，絞盡腦汁，按蔣委員長的意思，寫成文字，又要照應前後文章，連貫一氣，不出矛盾。所以常寫了一段，免不掉又重寫前邊文字。然後請你阮繼光表哥用蠅頭小楷整整齊齊抄好，第二天送給蔣委員長過目圈改。」

媽媽說：「好幾十天了，快寫完了嗎？」

外婆說：「聽你爸爸提過一次，蔣委員長想明年春節前後出版。那麼現在應該完工了。」

媽媽說：「姆媽，你也成寫書專家了。」

外婆說：「整天聽你爸爸喊叫截稿、清樣、校對，耳朵要長老繭了，還學不會麼？快睡吧！你爸爸失眠是沒辦法，你年紀輕輕，不要也學會了失眠。」

媽媽躺下睡了。外婆走出屋，輕輕帶上門。

果如外婆所料，又過了一個多星期，外公星期六晚上回家來，好像鬆了一口氣的樣子，叫嚷要喝外婆最拿手的豬肚湯。外婆星期天忙了一整天，晚飯時候，媽媽幫忙，擺了一桌子。當中一個高高大大黑乎乎粗糙糙的湖北湯罐，上面蓋著蓋，熱氣從蓋子四周冒出，霧騰騰的。湯罐旁邊擺了外婆拿手的冬菇髮菜、魚丸，還有外婆到重慶才學會的麻辣肉片。

「發明這個菜的人臉上也有麻子嗎？」恆生舅問外公。他記得外公講過麻婆豆腐的典故。

外公說：「我沒有聽說過。」

恆生舅問：「那麼怎麼會麻辣？」

「放了花椒，自然會麻；放了辣椒油，所以辣。快吃吧，那麼多事，道道菜都有典故麼？」外婆嘴裡罵著，心裡美孜孜的。全家人能高高興興輕輕鬆鬆圍一桌吃飯，就是她最幸福的時刻。

「菜色紅亮，」外公揀一塊肉片，放進嘴裡嚼一會，點頭笑說，「麻辣味濃，鮮嫩適口。」

「麻辣肉片冬天春天吃最好。」外婆邊說，邊打開湯罐，問，「誰要豬肚湯？」

六個碗一齊伸過來，圍著湯罐，外婆站得高，看下去，好像桌上開了一朵蓮花。外婆的心裡樂極了，忙不迭給每個碗裡盛肚子湯。外公說：「這樣好的菜，缺一點酒。」

外婆不出聲，走到廚房，取來一瓶酒，放到桌上說：「余啓恩幾日前送來的，四川大麯。」

外公問：「余啓恩到重慶來了嗎？我沒見到。」

外婆說：「人家來過幾次，哪裡碰得到你人！」

外公問：「他住哪裡？我要去看看他才好。」

外婆說：「不遠，也在馬鞍山。泰來去過，下次他帶你去好了。」

泰來舅說：「他家門前有塊平地。余啓恩在那裡踢足球，羅月好在那裡打排球。」

范生舅說：「山裡可以踢足球嗎？姆媽不許我在院子裡踢足球，怕掉到山下去。」

恆生舅很老道地說：「余啓恩是足球健將，當然能把球黏在身上那樣踢法，不會一腳踢下山去。你要學，我來教你好了。」

范生舅說：「誰要跟你學！我去跟余啓恩學。」

外婆說：「眞的，要去看看他才對，書也算寫完了。」

外公喝一小口酒，說：「四十多天，總算沒出大錯，順利完成。不過只是完稿而已，後面還有校訂、排印等等。還要忙很久。」

媽媽說：「你覺得寫得好嗎？」

外公搖搖頭說：「好壞不是我寫的，是蔣委員長親筆一個字一個字改過的，都是他寫的。這樣改改抄抄了七八次，不，我想有十幾次，反覆修訂增删，昨天全書才算完工。交南方印書館印出樣本二百冊，送黨政高級幹部簽註意見。本來說是交正中書局排版印刷，他們官架子十足，不給回音，那就給我們同鄉來做了，我也方便。」

媽媽問：「這種書會有人看嗎？」

外公說：「我想會。紙張印刷都求最好的，價錢也會最便宜，人人都能買一本。」

外婆問：「那麼就賠本麼？」

外公說：「國內賠，國外賺。這書給外國書店出英文版，可以收版稅補國內的賠。」

外婆說：「快吃，快吃，湯又冷了。」

媽媽說：「沒有，姆媽，湯罐裡怎麼會冷呢？你坐下，吃你的。」

外公喝一口酒，忽然說：「全中國只有兩個半人會寫文章。」

媽媽問：「哪兩個半人？」

「一個是陳布雷先生。」外公說完，停下來喝酒。

「另一個呢？」媽媽問。她有預感，知道外公會說誰。

外公說：「另一個嘛，那就是陶希聖。」所有的人都睜著眼睛望著外公。

外婆說：「好意思，自賣自誇。」

「這叫自知之明。」外公搖著頭吃一口肉片，在嘴裡嚼著。

媽媽又問：「還有半個呢？」

恆生舅問：「人怎麼會有半個？」

外公不答，又喝一口酒，還是不說那半個會寫文章的人是誰。

元旦過完，《中國之命運》第一版印出幾十本來，精裝燙金面，送委員長和各界政要閱讀，徵求意見。外公幾日悶在家裡，心神不安。一個星期過去，委員長的蕭秘書突然傍晚打電話來，要外公去一趟。外公慌慌忙忙去了，第二天晚上才回家，滿頭大汗。

外婆忙問：「什麼要緊事？」

外公說：「前天，二月九號，張治中惹禍，他作演說，提到蔣委員長這本書，還講了其中內容。委座曉得了，大爲光火，下令說：快把張治中那本書要回，不給他看。本來發書的時候，專門通知，三月十二日正式出版之前，誰也不許私談此書內容。蕭秘書找我去對證，發書時有沒有發這個通知給張治中。我當然發了，有紀錄。」

外婆放心說：「所以沒有你的事。」

「當然沒我的事。」外公說完，又補充，「果不出我所料，委座行武出身，衆所皆知，忽然有著述出版，很多人懷疑書是我寫的，委座署了名而已。重慶城裡沸沸揚揚，都在罵我。」

外婆問：「會出什麼事麼？」

「不會，我早有準備。」外公微微一笑說，「今天下午，蔣緯國將軍跑到上淸寺來。蔣緯國將軍是蔣委員長的小兒子，拿著書跑來對我發脾氣，說我寫得不對。我把原稿一本本拿出來，給他看，對他說：全部初稿都經過委員長親自改寫，沒有一行可以看見我的筆跡。蔣緯國將軍站在那裡翻看了半天，沒有話講，才走了。」

外婆說：「完事了。」

外公說：「哪裡完！委員長又在印好的書上改。他一改，我就要改，書局又要重新改版。誰知要改多少次？人年紀大了，總是絮煩。」

一家人陪著外公，圍著這本打轉，忽晴忽雨，過了幾個月。三月十二日，書正式出版。又過一月，外公宣布：「我們今晚再到海棠溪別墅去吃飯。這本書的事全部結束。」

外婆不相信，問：「這麼快麼？」

媽媽說：「姆媽，六個月還不夠嗎？」

外婆說：「哪裡會這樣，說結束就結束。我看還會有事，不用去吃飯。」

外公說：「要去，再有人說什麼也無所謂了。今天中午，委員長跟我一道吃午飯，聽我匯報外界評論。聽完之後付之一笑，說：我寫了一本書，若是沒有強烈的反響，那才是失敗。所以我可以放心了，從今以後，隨人怎麼說，反正委員長不在意。這件事就正式完結了。」

媽媽說：「今天我要喝酒。」

七十一

這年暑假，恆生舅小學畢業，成績優異，找媽媽商量報考中學的志願。他最敬佩，也最信任媽媽，對媽媽說：「我第一想投考重慶求精中學，離上清寺近，考取了可以住在爸爸那裡。」

媽媽笑了，望著恆生舅說：「我知道你老早想去跟爸爸住上清寺，在城裡好玩得多。」

恆生舅有些不好意思，但不理會媽媽，繼續說：「第二想考國立三中，有公費，不必花錢，可以減輕家裡負擔。」

媽媽說：「你上學，念得好，爸爸姆媽不會節省。」

恆生舅說：「那你說我應該報考哪間中學？」

媽媽說：「如果要考國立三中，就不如多跑幾里路，去考沙坪壩的南開中學。」

恆生舅臉有些紅，很興奮地說：「我知道南開中學好。不過那麼有名的貴族學校，學費貴不說，入學成績特別高。我這樣儲材畢業的土包子，想也不能想。」

媽媽搖搖頭說：「你還沒有考，怎麼曉得不行？我當初在香港，只念高中二年級，就報考西南聯大，心裡自然也有些怕。可是我從小立志，長大一定要念爸爸念過的北京大學，所以我在香港報名的時候，第一志願是西南聯大，怎麼樣？我考上了。朱自清教授教我國文。」

恆生舅很服氣：「你那麼想念北京大學，又那麼喜歡西南聯大，眞不該轉學到重慶。」

媽媽說：「我在昆明孤獨夠了，想你們想得發瘋，所以非轉學不可。世上一切，都不能跟家人親情相比。你長大一些，才會明白。」

恆生舅搖搖頭，說：「那是你們女孩子，多愁善感。」

媽媽說：「好，我記下你這句話，以後看你孤零零一個人的時候，會不會哭。」

恆生舅說：「我怎麼會哭，我從來不哭！」

媽媽說：「那好吧，既然你是那樣一條硬漢子。過幾天，我帶你去南開中學看看，報考南開，有沒有那個膽量？」

恆生舅不肯表示自己膽小，只好點頭：「去就去，我就報考南開，非考上不可！」

放暑假，大家都睡懶覺，第二天起床，已是半上午，吃過中飯，媽媽和恆生舅兩人坐船過江，換乘汽車，到沙坪壩。從小龍坎車站下車走過去，遠遠看見南開中學校園高大氣派的紅磚樓房。恆生舅心裡咚咚地跳，低頭看看自己身上的舊衣服，覺得臉上發燒，不知該進該退。再看看媽媽，她昂首挺胸，那麼自信的走進校門。恆生舅也便鼓起勇氣，跟上媽媽，走進學校去。

校門裡是一個大廣場，左右各有一座教學大樓。正面是大操場，暑假期間，還有許多學生穿了運動衣在操場上踢足球或者跑步。操場左邊是三座紅磚男生宿舍樓，右邊是女生教學樓、女生宿舍和圖書館。媽媽問：「怎麼樣？要不要報考南開？」

恆生舅興奮地喘著氣，說：「要，要！」

可是已經下午，學校辦公室下班了。

媽媽說：「不要再過來過去，跑路渡江，到中大過一夜，明天再來南開領取報名表。現在暑假，許多同學不在，我在宿舍裡找一間屋給你睡好了。我給家裡打個電話。」

聽說要睡在女生宿舍裡，恆生舅渾身的不舒服，說：「我可以回家去，明天早上再來。」

媽媽笑了，說：「上中學了，男子漢了，我又沒有要你睡在女生宿舍裡。跟我走，先到男生宿舍給你找個地方，再到我們宿舍去玩。」

恆生舅跟著媽媽走進中央大學校園。校園中心，是一個小山坡，叫作松林坡。坡下散落著教室和飯堂。前坡的一邊是校部辦公室，另一邊是女生宿舍，像一個大穀倉，爲了便於管理，女生全部集中住在這穀倉裡面。媽媽帶恆生舅走過松林坡，到了後坡的男生宿舍。

宿舍裡沒有多少人，媽媽從前沒有來過，也不認得路，逢人便問，找到外文系男生住的房間，一連看了好幾間，都上著鎖。恆生舅有點喪氣，說：「我回家好了。明天我一早趕回來。」

媽媽站在樓道裡想了想，忽然說：「我們去圖書館。我知道系裡有男生暑假留在學校裡；宿舍沒有，準在圖書館。」

進了圖書館，媽媽領著恆生舅，踮著腳尖走進一間閱覽室，一排排書架裝滿了書，書架之間，有一些長方桌和木椅，有的桌上散亂放些書。媽媽低聲告訴恆生舅：「這是外文閱覽室。」

順書架一行一行看過去，走到一個角落，看見窗邊一張小桌旁，坐著一個男生在看書。媽媽對恆生舅的耳朵說：「這是我們班的，我沒跟他說過話。我們去試試。」說完，媽媽走過去。

那男生抬起頭，看見媽媽，慌忙站起，不知所措，書掉到地上。他更不好意思，紅著臉，彎腰把書拾起，說：「陶……小姐，你好。」

媽媽說：「你好。很不好意思，有件事想求你幫忙。」

那男生還紅著臉，站著，說：「儘管說，儘管說。」

媽媽說：「你坐下好不好。」

「是，是。」他說著，坐下來。

媽媽把恆生舅拉到跟前，說：「這是我的弟弟陶恆生，他明天要去南開中學拿報名表，不想再過江到南岸去了，今晚想在中大過一夜。你能不能在男生宿舍裡幫忙找個床位？」

那男生說：「沒問題，沒問題！隔壁豐華霑回家了，可以睡他的床。」

媽媽問：「豐華霑？」

那男生說：「哦，也是才從貴州遵義的浙江大學轉來。」

媽媽說：「哦，我曉得了，豐子愷先生的公子。」

那男生點點頭，取出一張紙，寫了幾個字，遞給媽媽說：「這是我的房間號，晚上只管領了令弟來找我，我領他到豐華霑的屋裡去。」

「謝謝。」媽媽拿了紙條，說，「我們大概九點半左右去。」

那男生說：「我會在宿舍裡面等你們。」

媽媽站起身來，說：「晚上見。」

那男生也趕緊站起來，說：「晚上見。」

媽媽領著恆生舅踮著腳尖走了。到門邊，恆生舅回頭看看，那男生又坐在那裡專心看書。

出了圖書館門，媽媽鬆口氣，告訴恆生舅：「他叫沈蘇儒，浙江嘉興人，是沈鈞儒的堂弟。你曉得，沈鈞儒是中國鼎鼎有名的大律師，小矮個，長鬍子，跟爹爹很熟。爸爸說，他小時候在河南住的時候，還跟沈鈞儒學過八段錦。這位沈蘇儒去年暑假才從上海國立暨南大學轉來，是班裡的老大哥，有他幫忙，住一晚沒問題。」

兩個人說著話，到了前坡的女生宿舍，走進那個大穀倉。到了媽媽宿舍門口，媽媽先進去通知舍友們，恆生舅站在門外，聽見裡面幾個女生吱吱哇哇叫過一陣，門才打開，媽媽招手讓恆生舅進去。兩個女舍友還在擺弄衣裙，笑著跟恆生舅打招呼。

媽媽介紹說：「這位是陳璉，歷史系的；跟我一樣，去年才從昆明西南聯大轉來。陳布雷先生的女兒，你看她長得像不像一顆文膽？」陳布雷號稱蔣委員長的文膽。

陳璉伸手在媽媽肩上捶，笑罵：「我那麼苦味道嗎？」

媽媽笑著躲開，又介紹另一位：「這位是蔣合，我們同班，外文系。她父親是大名鼎鼎的蔣百里將軍，德國留學的軍事家，百戰百勝。所以她也所向無敵，沒人敢惹。」

蔣合胖胖圓圓的臉，坐在窗前，朝恆生舅微笑，不像將門之女。

陳璉又跳起來追打媽媽，叫：「好啊，你只會欺負我，打死你！」

兩個女孩子鬧過一陣，才停下手，理著衣服喘氣，笑。媽媽對恆生舅說：「這位蔣合小姐，你以爲她文文靜靜的嗎？一不留神，她就跑到重慶城裡去跳舞……」

蔣合一邊叫，一邊撲上來：「陶琴薰，你今天皮癢癢，惹了一個不夠，又來找我麻煩！」

媽媽一邊倒在床裡邊，舉手護住頭，一邊還在說：「你曉得跟誰跳舞？蔣緯國將軍……。」

蔣合壓在媽媽身上，兩手堵媽媽的嘴：「你要死了，你……」

陳璉拍著手，跳著腳，又彎腰笑，過一陣，才走過去，拉起蔣合，說：「你們害不害臊，來了客人，什麼話都沒說，只管自己打架。」

蔣合爬起身，臉紅紅的，嘴裡嘟囔：「陶琴薰今天吃錯了藥，到處挑釁，找打！」

媽媽坐在床上，理好衣服，喘勻了氣說：「我弟弟明天一早要去南開中學拿報名表。」

陳璉說：「南開？那可是好學校。恭喜恭喜！」

蔣合也說：「走遍全世界，一說是南開人，都很自豪。」

陳璉又說：「那位張伯苓先生很了不起，遠見卓識。南開人學識都好，但不是書呆子。」

媽媽反問：「我們是書呆子嗎？」

蔣合說：「算啦，算啦！一天到晚鬥嘴。你們兩位父親居然能在一處和氣辦公？」

媽媽問：「我們出去吃晚飯，你們要不要一起去？」

陳璉說：「不要了，我們已經吃過了。」

蔣合問：「陶弟弟今晚在中大過夜麼？」

「對。」媽媽說，臉有些紅，「已經講好了。」

陳璉問：「什麼講好了？隔壁有空房，馬陽蘭的床空著。」

馬陽蘭是馬寅初教授的女兒，跟媽媽同班，也是媽媽的好朋友。

媽媽說：「他今晚住男生宿舍。」

「呵，這麼個講好了。」陳璉意味深長地望著媽媽問，「住誰那裡？他們八人一間。」
媽媽說：「你怎麼那麼熟，常去嗎？去做什麼？會男朋友麼？」
陳璉倒是大大方方，說：「我是常去找人，不過不是男朋友。要是沒地方，我可以幫忙。」
媽媽說：「我想不用了，他也許可以睡豐華霑的床。」
蔣合問：「還沒說定，那叫講好了？」
「沈蘇儒答應幫忙安排。」媽媽說，聲音很小。
蔣合說：「難怪你今天不對勁，原來跟沈蘇儒講好了。長得好帥，像葛雷哥萊畢克。」
媽媽臉紅著辯解：「你們別瞎說！我有事當然找Authority，班裡誰有事都是找他。」
陳璉說：「瞎說什麼，要找沈蘇儒還不容易。」
蔣合聽了，反不明白，問陳璉說：「你常常跟他講話嗎？」
陳璉說：「很多年了。沈蘇儒同我們姐妹在杭州師範同學。」
媽媽好像很有興趣，問：「眞的嗎？我們怎麼不知道。」
陳璉說：「你們不曉得的事情還有很多呢！他剛從暨大轉來，你們怎麼曉得他在浙江的事情。在杭州師範，他跟我姐姐同班，我低一年級；現在我姐姐比他高一級，我跟他同級。」
媽媽說：「難怪你說你常去男生宿舍，原來是去找沈蘇儒。」
蔣合說：「哈，要不要寫小說，叫青梅竹馬，陶琴薰臉都發青了。」
陳璉和媽媽聽了，對望一眼，突然同聲一吼，兩個身體四隻手，一齊撲到蔣合身上。打鬧一陣，陳璉和蔣合還在難解難分，媽媽悄悄拉上恆生舅，溜出了門。

媽媽對恆生舅說：「不趕快跑，她們還要找碴子說我們。」

走出一段路，恆生舅問：「她們兩個暑假也不回家嗎？」

媽媽說：「蔣百里將軍在前線打仗，蔣合沒地方可去，只有住學校。陳璉從來不回家，從昆明轉學過來以後，從來沒去過上淸寺，我約她一起去，她也不去，不知道爲什麼。陳布雷先生不要見她，還是她不要見陳布雷先生，誰也沒問過。」

恆生舅問：「你在昆明認識她嗎？」

媽媽說：「不認識，我去西南聯大那年，她正好休一年學。我跟你說這些陳璉的事，可別跟別人說，也別跟爸爸說。」

恆生舅說：「你們女孩子的事，我說什麼！」

兩人從校園出來，到沙坪壩一家小店吃擔擔麵。恆生舅學四川人喊：「多加紅，多加青。」

媽媽說：「你考取南開以後，我們可以常常一起來沙坪壩吃飯。」

恆生舅吃得滿臉流汗，嘴裡不住吸氣，連聲說：「好辣，好吃！」

媽媽忽然說：「沈蘇儒的話，倒是提醒了我。明天我們拿了報名表，回家路上，在小龍坎停一停。我帶你到豐辰寶家問問，你來沙坪壩南開中學考試的期間，或許可以在他家住幾天。」

恆生舅問：「誰是豐辰寶？」

媽媽說：「同學。沈蘇儒剛說的那個豐華霑的妹妹，也在我們外文系，同班。」

恆生舅問：「他家裡有地方嗎？」

媽媽說：「我想有。豐子愷先生是中國有名的文豪畫家，他的畫桌大概能睡下十個你。」

恆生舅問：「他們會答應嗎？」

他們答應了。豐子愷家在小龍坎，中央廣播電台發射塔附近一片平地上，竹籬笆圍住小院子，門口掛個小竹排，上書「沙坪小屋」四字。房屋是竹架子外面塗石灰泥，屋裡傢具也大都是竹器。豐子愷先生平時每天穿一身中式衣褲，留著山羊鬍，對媽媽和恆生舅非常和氣。恆生舅在南開參加考試期間，在豐子愷先生家住了兩天三夜。臨走，豐先生還送給恆生舅一本自己的小畫冊。

七十二

秋天開學，沙坪壩街頭立刻擠滿人，都是學生，南腔北調，西裝馬褂，長鬍子、圓胖臉、布鞋、皮鞋、便帽、禮帽、高的、低的、男的、女的，有的匆匆忙忙，有的慢慢悠悠，很有一番景觀。這些人裡，今年又多了三個結伴遊逛的人：媽媽、泰來舅和恆生舅。

中央大學從南京搬到重慶，在這裡沒有自己的校舍，借重慶大學旁邊地面，蓋了一些臨時房屋作教室、宿舍、辦公室，圖書館、操場、禮堂都很簡陋。離校園不遠是嘉陵江，山秀水美。一處中渡口，有幾個茶館，是中大學生最常去的地方。

媽媽在中央大學外文系念三年級。泰來舅剛考上重慶大學工程系，念一年級。恆生舅考上了南開中學念初一，成了最新一代南開人。媽媽和泰來舅等於住隔壁，你來我往很方便。媽媽剛轉學到中大，念二年級的時候，獨自一人在沙坪壩，每逢週末，總要過江回南岸家裡去。現在沙坪壩多了兩個舅舅作伴，有時週末不再跑路回南岸了。

他們眞是難姐難弟。在上海，他們三人留在日寇汪精衛手裡作人質，一起千辛萬苦逃出個活命。在大後方讀書，又是他們三個聚在沙坪壩。現在當然快樂得多，可以邊走路邊說話，大聲歡笑，坐車同一部，吃飯同一桌，只有睡覺不在同一處，各回各校宿舍。

不回家的週末，媽媽和兩個舅舅就到沙坪壩蕩馬路。街上飯館很多，比較有名的有金剛飯店、六合飯店、味斟香幾個。三個人最常去的是六合飯店，喝片兒湯吃包子。更常泡茶館，靠街找張桌子坐好，邊喝茶，邊張望街上的西洋景，最便宜，也最好談天。

沙坪壩裡有好幾家茶館，其中一個叫作蘭亭茶莊。進門正中高懸王羲之天下第一行書《蘭亭序》，遒逸勁健，圓轉自如，點畫多變，婉潤清新。媽媽帶泰來恆生二舅，進了蘭亭茶莊，找靠窗一個小桌坐下，對著窗外街景。媽媽很得意，一邊剝橘子皮，一邊說：「看那幅字，大大有名，文章書法雙絕。」

旁邊一個胖胖的男人，中等個子，胖乎乎，穿藍色長衫，戴瓜皮小帽，一手捻著唇上兩撇小鬍子，微微笑著，聽媽媽講解。

媽媽看他一眼，不理會，接著講：「晉穆帝永和九年農曆三月初三，王羲之帶子侄王獻之幾個，與當時名士謝安等，共四十二人，一起到會稽山陰縣的蘭亭集會。那日天朗氣清，惠風和暢，崇山峻嶺，茂林修竹，美景宜人。王羲之他們臨水而坐，飲酒賦詩，情趣盎然。那一天衆人共做詩三十七首，編爲《蘭亭集詩》，由王羲之撰寫序文，就是這篇有名的《蘭亭序》……」

恆生舅忽然站起，對旁邊那胖男人說：「喂，你有什麼事麼？一直在這裡看我們做什麼？」

媽媽和泰來舅都停下剝橘子，轉過臉，看著那人。

那男人趕緊過來，摘下瓜皮帽，露出禿頂的頭，點頭哈腰說：「在下姓周，實在難爲情。」

媽媽看了泰來舅一眼，又轉頭問那人道：「你要怎樣？」

周先生說：「我是店主，酷愛此字。小姐講來娓娓動聽，不禁迷了。」

媽媽臉紅起來，說：「周先生既酷愛這幅字，一定研究得更多。我不過在課堂上背了點課文，怎敢班門弄斧，還請老先生指教。」

周先生說：「小姐氣度不凡，言辭脫俗，想是書香門第，大家出身。」說罷等待回答。

媽媽和兩個舅舅聽了，互相望一眼，並不作聲。

周先生繼續說：「現在重慶，名人薈粹，全中國有識之士都聚於此，也不枉這幅字了。」

媽媽聽他一口江浙口音問：「你從江浙來的嗎？」

周先生答說：「小姐聽得出我的口音，難道也是江浙人麼？」

媽媽說：「不是。可是從小在上海住過很多年。」

周先生說：「難怪，難怪！在下是浙江紹興人，便是《蘭亭序》所出之會稽山陰縣。我本在紹興開一家字畫書店，與杭州西冷印社常有來往，也常同吳昌碩先生一起切蹉。日本人打來了，一把火燒光我的店鋪，只搶出這一幅《蘭亭序》。那時我才曉得，世上再沒有比看見字畫遭焚更爲慘烈的事了，眞是肝腸萬段，痛不欲生。」

媽媽點點頭說：「日本人確實罪惡太大。周先生到重慶以後，不再收集字畫了嗎？」

周先生說：「字畫是還在收集，重頭做起，不過只是個人消遣而已，不再開店。也沒有資本開字畫店，只開一家茶館，了此一生。」

媽媽說：「過幾年抗戰勝利，周先生當然衣錦還鄉，再回紹興，重開字畫店。」

周先生驚奇地看著媽媽，說：「小姐眞以爲我們能夠打敗日本人麼？」

媽媽說：「當然，我們一定打敗日本人，不過三五年，抗戰就要勝利了。」

周先生說：「小姐這是猜想，還是有所依據？」

媽媽說：「蔣委員長的書裡，分析時局，說得清清楚楚。周先生聽我剛才亂講一通《蘭亭序》，可有哪裡不對，指教一二如何？」

周先生聽見問，好像頓悟過來，笑了說：「小姐剛才所言，一絲不錯。不過，這一幅《蘭亭序》，只是後人臨本，並非王羲之親筆。」

媽媽滿臉通紅，說：「慚愧，慚愧，我……」

周先生忙搖手，說：「小姐勿要慌。實在《蘭亭序》眞跡自晉代問世之後，二三百年間，曾一度失傳。直至唐代，才被太宗找到。唐太宗酷愛王右軍書法，命弘文館書人馮承素、諸葛貞幾人，雙鉤輪廓，塡摹副本，分賜王公大臣。褚遂良當時檢校其事，所以也有褚氏摹本。另外大書法家虞世南、歐陽詢等，也均做過臨本。唐太宗死後，遺詔命將《蘭亭序》眞本陪葬昭陵。從此一千三百年來，再沒人見過眞本。」

媽媽指著牆上那字，問：「周先生這個臨本，是誰臨的呢？」

周先生說：「這字上有唐中宗神龍小印一個，據說是馮承素照著王羲之眞本臨摹出來，神采飛揚，生動自然，最接近眞跡。這字確實臨得精妙，毫芒轉折，纖微備盡，側媚多姿，神清骨秀。後人明知是臨本，還是要從中討生活，少則十，多則百，臨摹不厭。蘇軾、黃庭堅、米芾、蔡襄、趙孟頫等等，都崇尚《蘭亭序》，而成爲一代宗師。」

媽媽笑著說：「以後我們要常來你這裡喝茶，多長些學問。」

周先生忙說：「不敢，不敢。我去招呼夥計，小姐公子今天這壺茶，小店奉送。」

媽媽說：「那怎麼可以，周先生……」

周先生不聽媽媽叫，自顧走到後面去安頓夥計們。

恆生舅笑著，對媽媽說：「姐姐平時講話，平平常常，今天咬文嚼字，像個老先生。」

媽媽說：「他說不定原來是個秀才舉人。不說這些了，曉得嗎？前天鼎來哥找我一次。」

恆生舅問：「他來重慶了嗎？怎麼沒到家裡來？他是機械專家，我有問題問他。」

泰來舅說：「他只來一天，給姆媽打過電話，也去上清寺跟爸爸吃過一次飯。」

媽媽說：「他考取官費出國，到美國留學。在昆明時候，跟他談天，他要學農業機械。」

恆生舅問：「他說過要學多少年嗎？什麼時候回來？」

「他說只學兩三年。」媽媽說著想想，「算起來一九四六或四七年他就回來了。」

恆生舅問：「兩三年？那麼他只念碩士，不念博士了？」

媽媽說：「他說要急著回國來效勞呢！」

三個人都停口不說話，扭著頭，望著沙坪壩的街上。對面的時與潮書店，是沙坪壩最有名的書店，賣書賣文具，還出版一本雜誌叫《時與潮》。書店門大開，學生們隨便出入，隨便看書，書架上擺出的書，很多沒有賣出去就都捲了邊。所有沙坪壩各學校的學生，差不多每個週末都要到那書店去逛逛。

媽媽說：「前幾天我在時與潮翻到一本書，講德國大音樂家勃拉姆斯的身世。他小時候家裡窮得很，十幾歲就到漢堡海員們聚會的酒館裡去彈琴賺錢養家。他寫的《匈牙利舞曲》據說天下第一。因爲他年輕的時候，很多匈牙利人逃難，經過漢堡，常到他演奏的酒館消磨時間，所以匈牙利民間音樂留給他很深的印象。」

泰來舅說：「小時候日子過得窮點，其實好。」

「就是。」媽媽接著說，「爸爸常對我說，我們陶家也有一些人，不努力，揮霍家產，到頭來落魄不堪。我們小時候受過很多罪，所以看到海菲斯勃拉姆斯這樣的身世，特別同情。」

泰來舅說：「從恆生開始，就沒有我們小時候那麼受罪了。」

恆生舅嘟著嘴說：「我也沒享過多少福！在上海也看見姆媽到處找零錢買小菜，從北平逃難出來，我也餓過肚子，從上海逃到香港，從香港逃難到桂林重慶，我沒比你少走一步路。」

媽媽說：「比起別的許多孩子，你受的罪確實夠多。所以你比別的孩子更有出息。」

「唉，坐在這兒喝茶，眞難想像我們小時候怎麼過來的？」泰來舅今天忽然多話，「只有在北平那幾年，算是過好日子。」

媽媽說：「現在總算好了，希望從此再沒有生離死別，再沒有擔驚受怕。」

恆生舅說：「我在時與潮發現一本《基度山恩仇記》，太貴，有空我就到書店去看，在角落找塊空地，坐下來看一陣。有時找不到，只好靠在書架上，站著看，那就看不久。」

媽媽說：「你喜歡，買一本好了。這種名著，總合算。」

恆生舅說：「不用，幾個月就看完。反正沒事，站著看就站著看。」

泰來舅說：「可惜裡面技術方面的書不夠多。我要找的工業技術資料難找得很！倒是對面新開的那一家，技術方面的書多些。」

隨著泰來舅的手指，媽媽和恆生舅才注意到那家新開的書店。

媽媽說：「那裡原來是一家乾糧店，我在裡面買過點心當中飯。」

恆生舅站起來提議：「我們去看看。」

泰來舅說：「看什麼！門一天到晚關著，書架上貼著紙條：不准亂動。誰還願意進去？」

媽媽說：「不讓學生翻書，就不要在沙坪壩開書店。」

話音未落，看見一群男學生從街頭七嘴八舌，指手劃腳，說說笑笑，蜂擁著走過來，轉彎走進這家新開的書店去。

媽媽笑起來，說：「你們等著，有好看的了。」

恆生舅剛坐下，又忍不住站起來，說：「我要去看看。」

媽媽說：「別去，這是我們中大的學生。想必是去尋事的。」

恆生舅站在那裡張望，問：「你怎麼看出來？」

媽媽還沒答話，那新書店裡便發出吵鬧聲，接著就聽見有打破東西的聲音，而後是書架推倒之聲、書籍落地之聲、責罵聲、討饒聲，夾雜一起。滿街學生都湧過來，圍在書店門前看熱鬧，不少人一邊大聲叫好，兩手舉到天上拍得啪啪響。那夥鬧事學生從書店裡走出來，大喊大叫，幾個人同時伸手，把書店招牌摘下來，丟在地上，拿腳在上面踩踏，更引起街上圍觀的學生歡呼喝采。

恆生舅到底不聽媽媽說，跑出茶館，鑽進人群裡去看。

一邊兩個警察慢慢走來。圍在外面的學生擠得緊緊，警察也進不去，只能吹警笛，大學生們沒人理會。鬧了好一會，人群散開，看熱鬧的、擁著鬧事的，全走光，只有恆生舅一個還站在那裡。警察這才走到門邊，對站在門口的書店老闆問話。

書店老闆哭得嗚嗚不停，說：「長官大人，你們要替小的做主。小店遭砸，生意全賠。」

一個警察手裡搖著哭喪棒，問：「怎麼回事？」

店主揮著拳頭，大喊大叫：「小的要告他們！」

另外那個警察舉手扶扶警察帽，問：「告誰？」

店主手指著那群遠去的學生背影，說：「告那些大學生。」

兩個警察異口同聲，問道：「哪間大學的？」

店主說：「中央大學的，我聽見他們講話提到是中大的。」

「哦，那就算了吧，你認倒楣吧！這些天子門生，你告不下來。」一個警察說。

另一個警察說：「你能找到人麼？就算找到，不在現場，也不會有人作證，告不成功。」

店主哭得傷心，坐在門口地上。兩個警察走掉了。恆生舅回到茶館裡。

恆生舅問媽媽：「什麼叫天子門生？」

媽媽笑了說：「中大校長是蔣委員長，所以中大學生就算天子門生。」

泰來舅於心不忍，說：「他只好關門，眞可憐。」

媽媽說：「他早晚要關門。不讓學生隨便看書，沒人去買書，他能開下去嗎？」

恆生舅從來不安分，忽然說：「我們去磁器口走走，好嗎？」

媽媽不同意，說：「有二十里呢，誰要走那麼遠！」

恆生舅說，「磁器口的花生米，香脆花生，人人愛，還有花生糖、五香豆腐乾、炒米糖。好多同學細細品過，說花生米配五香豆腐乾，有火腿味道。我們去一次，二十里路，沒多遠。」

媽媽說：「我不去！我還要回去看一會書，明天英國詩詞考試。俞大絪教授很嚴格。」

恆生舅想起來了，就不肯丟開，央求：「去吧，姐姐，就一次。」

「姐姐回去看書，我陪你去好了。」泰來舅在家做大哥，從來對弟弟們是有求必應。

「姐姐，我們給你留一點，嚐嚐豆腐乾加花生米的火腿味道。」恆生舅對媽媽眨著眼睛說。

「要走，快走吧，還囉嗦什麼，二十里路，回來要天黑了。」媽媽笑著，推他們出門。

舅舅們走出門，媽媽又追出去喊：「回來了，到圖書館找我，一起吃晚飯！」

恆生舅說：「還吃什麼晚飯！就吃我們帶回的豆腐火腿好了。」

「那能當飯吃麼？」媽媽假裝板個臉。

泰來舅答應：「是，我們不會吃很多。」

媽媽說：「我們今晚去味斟香，吃粉蒸肉、小籠包、擔擔麵。」

恆生舅果然受了誘惑，說：「眞的，那店我還沒進去過。」

「快走吧！路上小心。」媽媽望著他們兩人走遠，才轉身往學校走，心裡喜洋洋的。

七十三

離上課還有十分鐘，媽媽走進教室。奇怪，通常她進教室算是早的，只有一兩個同學在。可今天，她是晚到的，教室裡已經坐滿人。她猛然站住了，睜大眼睛，愣在那裡。教室裡的同學停住相互說話，轉過頭來，看著她笑。媽媽不知大家笑什麼，下意識低頭看看自己。頭髮捲好了，搭在肩上，很妥貼。淡藍色印花布旗袍才洗乾淨，也熨平了，腳上黑皮鞋上星期才買，新的。手裡提著書包，臂下夾著《英國文學》講義，一切都正常，沒有錯。同學們笑什麼？

蔣合幫忙，朝媽媽招手說：「你沒有錯，小姐，還是漂漂亮亮，雍容大方。不過你在門口嚇一跳的樣子可笑就是了，過來吧！」滿教室同學們聽了，笑得更厲害。

媽媽紅著臉，朝教室後面走。中央大學臨時蓋房屋作教室，都很小。英文系四一班，總共二十幾人，也把這間教室坐滿了。媽媽個子高，平時坐在教室後排；今天她來晚了，平常自己坐的位子，坐了豐華霑。媽媽走過去，站在旁邊看他，豐華霑搖頭笑，故意不讓。

「Margaret，坐我這邊。」馬陽蘭對媽媽招手，指指身邊兩個空座。英文系每個學生有一個英文名字，媽媽的英文名字叫 Margaret。媽媽橫了豐華霑一眼，走去挨馬陽蘭坐下。

這時，教室門口走進來沈蘇儒。他一年四季穿一件灰白長衫，夏天拆下裡面夾層當單衫。冬天裝上裡面夾層當棉袍。他家境貧寒，功課優秀，大家都敬他。沈蘇儒頭髮朝一邊分著，因爲跑路，有一縷掉在額頭，顯得很瀟洒。他一進門，媽媽才猛然想起，班上早說好，今天要歡送三個同學從軍做翻譯官，所以都早早到教室來，她竟然忘得一乾二淨。

沈蘇儒的英文名字叫 George，他在班裡年紀較大，能力強，社會經驗比其他同學多些，所以班上有什麼活動，都由他負責組織安排，凡需跟教授們交涉，也由他代表，就像一班之長，同學們稱他爲 Authority。他站在教室前面，用一口江浙國語，對同學們說：「兩位俞教授都不好講話，英國詩詞照考，英國文學史照上。」

教室裡一片嘆氣聲。中央大學當時校舍雖簡陋，但教授卻有名。范存忠、樓光來、初大告、徐仲年、許孟雄、楊憲益、葉君健、孫晉三、丁乃通都在其列。兩位俞家姐妹留英歸國當教授，都說一口流利的英文，也都對英國文學爛熟於心。同學們愛上俞大絪教授的英國小說和英國詩詞，她講起來繪聲繪色，生動逼真，引人入勝。大家又都怕上俞大縝教授的英國文學史，什麼歷史年代、作家生平、代表作、文學風格等等，都要求一字不差地背。今天特別，可俞大絪教授的課要考試，俞大縝教授的課要照上。哪怕調換一下，也會好過得多。

「不過，」沈蘇儒故意停頓一下，又接著說：「下午課的兩位教授都同意我們的提議，調到明天自習課補上。」教室裡翻了天，男生們站起揮臂叫好，女生們坐著拍掌。

沈蘇儒擺擺手，說：「所以上午課一完，大家到江邊，我去請吳文津他們三個。」

同學們摩拳擦掌，恨不能現在就奔出去。媽媽心裡發慌，她忘了這事，沒準備吃的東西。

沈蘇儒說：「不過，我自己從不做飯，頂多會炒個雞蛋，還沒有準備好帶什麼去 picnic 。」

蔣合說：「你給大家辦事，就免了做飯。我們帶的多，夠你吃。」

沈蘇儒說：「我也要帶。下了課哪位同學去江邊路上，幫我買一點？」

「我去給你買。」媽媽應聲回答。這是個好機會，她也可以給自己買點東西，帶去picnic 。

話音剛落，同學們都一齊轉過頭來，盯著她看，把媽媽弄得不好意思，臉也紅了。

俞大絪教授這時走進來，解了媽媽的圍。俞教授低低個子，身體微微有點胖，頭髮黑亮黑亮，全梳到腦後，甚至沒有留海，所以額頭顯得很大，很飽滿。眼睛不大，微微有點下斜，嘴帶微笑，像要隨時講話。她穿一身黑絲綢對襟褂子，一排黃色布鈕釦排列在胸前，站在門口，左臂下夾著一堆書本。俞教授見沈蘇儒站在教室前面，便問：「George 在替我上課嗎？」

沈蘇儒不說話，快步走到後面，在媽媽旁邊座位坐下。媽媽坐下時沒有注意，旁邊空座位上，放的是沈蘇儒的書本。沈蘇儒坐下，側頭看她一眼，正巧媽媽也在斜眼看他，兩人相對一笑。附近幾個同學都看見了，吃吃笑起來。媽媽臉更紅了。

俞教授走上講台，放下手裡書本，說：「我曉得你們今天有picnic ，所以不講新課，馬上考試，很容易，一個鐘頭可以考完。我也跟下節英國文學史俞大縝教授講好，她八點半鐘來上課。你們曉得，她是一定要上滿兩個鐘點的，十點半鐘可以下課。你們就去瘋好了。」

同學們都放聲笑起來，拍手感謝。俞大絪教授馬上取出考卷，發下來。教室裡立刻安靜了，每個人都快快地寫。俞教授坐在講台後面，看她的書。一小時後，大家交卷。

俞大縝教授八點半整走進教室，她跟俞大絪教授雖是姐妹，卻毫無相像之處。瘦個子，穿一身白色西式制服。臉瘦長，鼻子也略長，眼睛很大，戴個眼鏡。她走上講台，一聲不吭，把書翻開，頭一抬，就問問題。媽媽沒有聽，別過頭去，偷看旁邊的沈蘇儒，想問他要買什麼菜。

「Margaret。」俞教授看見媽媽的動作，就點名。

媽媽慢慢站起來，回答不出。她沒聽清俞教授的問題，滿臉通紅站著，答不出。

俞教授不說話，靜靜等。同學們都覺得奇怪，平時不論什麼問題，媽媽總能對答如流，有時發揮得過分，今天忽然啞口無言。大家轉過頭看她，媽媽低著頭，微微笑，難爲情模樣。

過了大約七八秒鐘，媽媽忽然抬起頭，開始回答：「One of the Victorian Women Novelists is Bronte, The Brontes, the Bronte sisters. Charlotte Bronte, the oldest sister published *Jane Eyre* which was an immediate success． Emily Bronte publised *Wuthering Heights* . The novel had no such spectacular reception as *Jane Eyre* but among English novels, *Wuthering Heights* stands on a lonely peak. All of the novels of the Bronte sisters, mostly written in……（維多利亞時代女小說家勃朗蒂姐妹，最大的一個出版《簡•愛》，非常成功。艾蜜莉出版《咆嘯山莊》，像《簡•愛》一樣轟動。但是在英國小說中，《咆嘯山莊》獨居高峰。勃朗蒂姐妹的小說，都是……）」

媽媽好像還要不休止地談下去，俞大縝教授已經滿意了，擺擺手讓媽媽坐下。媽媽知道幾隻眼睛盯著她，不敢亂看，低著頭，悄悄把手裡一張小紙條折了，夾進土黃紙的油印講義。那是俞大縝教授的問題，旁邊坐著的George 剛才偷偷寫了傳給她的。媽媽臉紅著，整節課都沒怎麼聽清。一下課，誰也不理，快快跑出門去，給自己和沈蘇儒買食物。

那天晴朗明媚，全班同學到嘉陵江邊去聚齊。還是上課時間，這裡清靜極了，只有他們一群人說笑。媽媽提著兩個包跑來的時候，沈蘇儒也剛好陪著三個離校從軍的同學走過來。這三個同學都已經穿上草黃色軍裝，胸口縫著一塊白布軍銜番號。朱立明個子最高，瘦臉尖下巴，戴副眼鏡。王晉希中等個，方臉眯眼。吳文津矮個子，胖胖圓臉大眼睛，笑笑呵呵。

沈蘇儒一聲令下，同學們就衝進碼頭，上了船，一路唱歌說笑，轉眼渡過嘉陵江，登上北岸。上了岸沿江邊石子路走一陣，到了一塊綠草地。大家圍坐一棵大樹蔭涼下，看藍天裡白雲飄浮，四周青草瑩瑩，野花錯落，細聽時有小鳥閒叫幾聲，數步之外嘉陵江水歡快的流動。

馬陽蘭說：「看不出，蘇儒還有點眼力，能挑這麼個地方。」

蔣合說：「他辦事還有什麼說的。」

「江那麼長，兩條岸邊，真夠他找一陣。」榮墨珍說。她是江蘇無錫大富榮老闆的千金。

忽然有人叫：「蘇儒，報告一下，你是什麼心態，挑這麼一個羅曼蒂克的地方。」

幾個男生附和著叫起來：「對，一定要說明！」幾個女生紅了臉，尖聲叫著反對。

「我們今天是歡送這幾位軍官同學，先請他們講話，好不好？」倒是沈蘇儒想得周到，不慌不忙地說，又得體，又給自己解了圍。

同學們鼓起掌來，三個當兵同學你一段我一段地講了一講。

美軍為了支援中國抗日戰爭，在昆明建設了一個空軍基地，供美國空軍第十四航空隊使用，這第十四航空隊由大名鼎鼎的飛虎隊改組。此外美軍又在昆明設立了一個步兵訓練團和炮兵訓練團，訓練中國軍隊使用美國武器。這三個訓練團裡，美軍教官都不會說中文，受訓的中國軍人又不會說英文。所以中國軍事委員會決定招一批翻譯官，最方便是到中央大學和西南聯大英文系招人。中大外文系好幾人報名，只有朱立明三人當選，被派作中尉翻譯官。

王晉希說：「抗戰勝利以後，我回中大繼續學業。我不過要賺些學費，才去當兵。」

朱立明說：「我也一樣，訓練團結束，我回中大。」

吳文津說：「我不想那麼遠，只是走一步看一步。訓練團結束以後，看情況再說。」

沈蘇儒說：「大家舉杯，歡送三位翻譯官！」

大家打開盒子瓶子袋子，拿出碗筷刀叉。大小一共帶了十幾個杯子，男生斟酒，女生斟果汁，都舉起杯，歡送三個當兵同學。然後嘻嘻哈哈說笑著，吃喝起來。

媽媽把路上買來的一包遞給沈蘇儒，說：「這是你的，滿意不滿意也沒辦法。」

「謝謝，什麼都好。」沈蘇儒打開包，「哇，叉燒包！上海人最喜歡吃帶甜的東西。」

媽媽臉紅起來，低頭不說話，打開自己買的一包，東坡肉，自然也是帶甜的。

藍天作頂，青草爲墊，野花吐香，江水伴唱。一個鐘頭，交盞換碟，帶著醉意，緩緩地過去，人人酒足飯飽，盡享美妙時光。有的靠在樹上，有的躺在草地上，兩個女生跪著收拾碗碟。有人歡呼一聲，跺一下腳，跳起踢踏舞。會唱歌的同學拍著手打拍子，幾個沒有音樂細胞的人，拍手打不到節奏上，讓人推到一邊去，只得笑著看。跳完舞，一個華僑生唱了首印尼民歌。

忽然幾個人同時喊起：「Margaret，唱一個。」

媽媽把頭低下來，藏在蔣合背後。一陣鬨鬧之後，女生聚到一起商量一下，站起來，或獨唱英文歌曲，或合唱中國歌曲，一個接一個。

媽媽唱了一段崑曲。她在北平時常跟外公去聽崑曲，學過幾段，唱得很好。同學裡大多是南方人，很少北方崑曲知識，聽得如此妙音，不由拚命叫好：「Bravo！Encore！」媽媽羞紅著臉，低著頭，用眼角看看同學們，看到沈蘇儒有些驚訝讚歎的模樣，心裡更砰砰跳。最後沒有辦法，媽媽又只好再唱了一段京戲，學著梅蘭芳的《遊園驚夢》。同學們又一大陣叫好。

靜下來之後，沈蘇儒忽然問：「現在唱京劇，誰最有名？」

媽媽臉紅紅，說：「青衣花旦最有名的是梅蘭芳、尙小雲、荀慧生、程硯秋四個。老生是譚富英、馬連良、楊寶森和奚嘯伯四個。我父親最崇拜譚門子弟，他相信譚鑫培是京劇開山祖。」

沈蘇儒看著媽媽，口張老大，說不出話。

馬陽蘭搖頭道：「不得了，如數家珍哪！這陶琴薰日後怎樣得了。」

「別打岔，我們要聽。」蔣合打斷她，又轉頭問，「我聽說老生裡還有言菊朋也很有名。」

媽媽答說：「對，他跟余叔岩是一輩，是譚富英這一代的老師。譚富英的曾祖父譚鑫培死了以後，人稱余叔岩新譚派首領。言菊朋稱舊譚派領袖，譚富英是跟余叔岩學戲。」

馬陽蘭問：「說一大堆人名字，有沒有點好聽的故事？有點人情味的？」

媽媽想了想，說：「好吧，說點有人情味的。譚鑫培的一個老師叫余三勝。後來譚鑫培改造京劇，出了大名，余三勝讓孫子余叔岩拜譚鑫培作師父學戲。余叔岩在譚鑫培之後就是最高峰，他又收譚鑫培的曾孫譚富英作徒弟。現在譚富英是最有名的了，代代相承，怎麼樣？」

沈蘇儒問：「你看過他們演的戲嗎？」

媽媽說：「我沒看過余叔岩演戲，可是跟余叔岩一起吃過飯。」

蔣合問：「他們吃飯時候，說話是不是也像道白一樣有韻有腔的？」

「哪裡，跟平常人一樣。不過走的時候，兩手一抱拳，說：多謝，告辭了。就走了。」媽媽學著模樣，大家都笑起來。媽媽接著說：「我看過譚小培一場演出，譚小培是譚鑫培的孫子。對了，有人情味的。現在都稱楊小樓是武生宗師。當初楊小樓的父親臨終託孤，讓楊小樓做了譚鑫培的義子。我在上海跟父親一起去看的，是楊小樓、譚小培和尙小雲同台演出。」

馬陽籣說：「眞有意思，三個小。」

媽媽說：「就是。那個譚小培天賦不差，但不常常唱戲。他是學英文的，跟我們一樣。」

耿聯瑞問：「眞的？唱戲的世家，會有人學英文嗎？」

媽媽說：「譚小培念的是匯文學校，洋教會辦的。他的專業是英文，知識很淵博。」

馬陽蘭說：「再淵博也不如我們陶小姐。」

沈蘇儒感嘆：「確實，確實。難怪戲唱得那麼好。」

媽媽臉上飛紅，小聲嘟囔：「你也唱一個嘛！」

女生們一聽，馬上集體大反攻，點起沈蘇儒的名，要他表演。

沈蘇儒倒大方，站起身，清清嗓子，張口就唱。唱的是中國民歌《在那遙遠的地方》。他聲音很好，也會用嗓子，抑揚頓挫都很在行，尤其拖長音的時候，氣很足，還打著顫音，聽著是一種享受。曲終掌聲爆起，同學們叫起來：「再來一個，再來一個！」

沈蘇儒略想一想，說：「離家鄉已經好幾年了，常常想念。我唱一段蘇州彈詞吧！彈詞原本是女人唱的，我隨便哼哼幾句就是。」

蔣合說：「你那麼秀氣，做個女生也是漂亮的。」

一群人笑得你推我搡，東倒西歪。媽媽滾在地上，捂住肚子喊疼，半天爬不起來。

沈蘇儒不理會，清清嗓子，唱起《西廂記》的一段。全是蘇杭口音吐字，清楚委婉，曲曲折折，好似遊絲。中大外文系學生，家裡大都有點蘇杭背景，忍不住輕輕跟著哼，幾個女生落下淚來。

最後，沈蘇儒唱完，衆人都靜靜地坐著，半天沒有出聲。每個人都在想念上海豫園黃浦江，杭州三潭映月柳浪聞鶯，蘇州滄浪亭拙政園，揚州史公祠瘦西湖，錢塘江驚世濤起，東海濱白浪連天……

七十四

端午節前一天星期六，媽媽下午早早到南開中學去等恆生舅一起回家。南開中學很嚴格，全體學生住校，每個學生給回家證，記錄回家住宿次數，每學期只准回家住宿十二次。要回家住宿的學生，星期六下午必須上滿兩節自習課才許離校，星期日晚七時前返校。早退或者遲到，都要罰禁回家一次。第一節自習還沒有上完，訓導主任孫元福老師走進教室，把恆生舅叫出去，輕聲告訴他：「你姐姐來了，在校門口等你，快走吧！」

恆生舅鞠躬道謝，然後悄悄回教室，收拾自己的紙筆書包，走出教室。

媽媽老遠看見，揚手大叫：「恆生，恆生！」

恆生舅低著頭，快步走過去，說：「姐姐，不要大喊大叫。」

媽媽突然愣了，不知發生了什麼事。

恆生舅說：「跟你說過，放了學我去找你。十幾歲的男生，還要姐姐接，同學看見笑話。」

媽媽聽了，笑著說：「我不是來接你。我來了，碰見孫老師，許你早點離校。說好今天先去上清寺彎一彎，跟爸爸一道過江回家，晚了擠不上車。泰來在小龍坎等，快走吧！」

兩個人趕緊跑到小龍坎車站，找到泰來舅。他已經拿到三張號單，按號排隊買車票，可是一直等不到。前後左右很多人手裡拿著特約證，可以不拿號單，也不排隊，優先買票，一連兩部空車都讓這些人坐滿。等到第三輛車，輪媽媽和舅舅們買票，走到窗口才發現，三張號單丟了一張。媽媽軟硬兼施都沒成功，只得買兩張車票。三個人兩張票，怎麼辦？又是泰來舅忍讓。

媽媽問泰來舅：「你再拿號單，重新排隊嗎？」

泰來舅說：「不，我去搭巴縣公司的車到上清寺，然後走過去。」

媽媽說：「我們在美專校街口等你，再一起到侍從室去。」

沒想到，媽媽和恆生舅兩個，在美專校街街口等了快一個鐘頭，還沒等到。恆生舅轉來轉去，幾次說：等大哥來了好好罵他一頓。又過半天，才看見泰來舅匆匆趕來，擦著汗，搖著頭說：「從沒想到過，走這一趟路簡直比做任何事都困難。」

聽了這話，恆生舅閉住嘴巴。泰來舅一向極少抱怨，現在這樣說，可見其難。恆生舅一邊走，一邊問：「姐姐，爸爸會帶我們去吃西餐嗎？」

媽媽問：「什麼西餐？」

恆生舅指手劃腳說：「那個星期天，爸爸帶我們一起去吃的。菜做得好，五百元一客。」

泰來舅還在喘氣，插嘴說：「我們四個人，一共一千六百元，怎麼會五百元一客？」

媽媽刮他的臉皮，對恆生舅說：「哈，南開的高材生。」

恆生舅辯解：「我看菜牌子上寫五百元一客。可能那人認識爸爸，給他便宜一百元。」

三個人說著話，進了侍從室。到外公辦公室的時候，天還蠻亮，卻已經到了晚飯時間。外公沒有提出去吃西餐，帶他們到飯廳吃晚飯。恆生舅想開口問，又不敢，悶悶不樂跟著走。

外公說：「快點吃過，我們去伯伯家坐一坐，再回南岸。」

原來如此，恆生舅才明白過來，便不再賭悶氣。

侍從室好幾位叔叔伯伯們，都坐在飯廳桌邊吃飯。外公專門領媽媽三個人繞過幾張桌子，到一張桌子邊，指著坐在那裡吃飯的一個人，說：「你們都過來，見見陳布雷先生，叫人。」

媽媽、泰來舅、恆生舅三個，一起恭恭敬敬叫：「陳伯伯好。」

「好，好。」陳布雷白晰清瘦，一身藏青中山裝，坐在那裡，直起身，伸手對媽媽三個招招，答應道，「一道來吃飯，歡迎歡迎。」

外公對泰來舅和恆生舅說：「你們坐在這裡等，不要吵陳伯伯吃飯。我領姐姐去買飯。」

兩個舅舅便不聲不響坐下，兩手放在腿上，像小學生。

陳布雷搖搖頭，說：「吃飯不是寫文章，哪裡怕吵。」

恆生舅坐著，看見陳布雷面前的飯，覺得很奇怪，忍不住問：「陳伯伯晚飯只吃幾片烤麵包，別的什麼都沒有？」

陳布雷苦笑笑，說：「我腸胃不好，餐餐都是這東西。」

恆生舅望著陳布雷的臉，清瘦微黃，眼圈發黑，睡眠不足的樣子，忽然想起媽媽告訴他：陳布雷的女兒陳璉跟媽媽同宿舍，從來不回上清寺。恆生舅想不通，陳先生看來很和氣，爲什麼陳璉不要見他呢？可是媽媽說過，這話跟誰都不能說，所以也不敢問陳布雷先生。

陳布雷先生吃完烤麵包，兩手在桌上抹麵包渣，抹進盤子裡去。

外公和媽媽把飯菜端過來，剛剛坐下，外面防空警報響起來。

陳布雷先生站起身來，端起桌上一杯茶，又苦笑笑說：「喝茶本來倒是清靜些才好，可是現在，只好鑽到洞裡去喝了。」

外公對媽媽他們說：「我們只好把飯菜也帶到防空洞裡吃。」

滿飯堂裡的人，都不慌不忙，不情願地站起身，依次朝門口走。

外公端起飯菜，招呼媽媽三個，跟著人群朝外走。到門口，外公拿腳指指門邊一堆小板凳，說：「每人拿一個，泰來幫我拿一個。」

進了防空洞，大家坐下，有的捧著飯盒繼續吃飯、有的看書、有的抽煙，有的手裡端個茶杯喝茶。陳布雷坐在恆生舅旁邊，茶杯放在地上，摸摸恆生舅的頭，問：「在哪裡讀書？」

恆生舅坐著，恭恭敬敬答：「南開中學。」

陳布雷高興地說：「那是個好學校，很好很好。」

外公把端來的飯，分到舅舅每人手裡，大家開始吃，沒人再說話。外面並沒有飛機俯衝或者投彈爆炸的聲響，根本沒有飛機飛來。防空洞裡人不少，但是靜悄悄。侍從室的人都不多說話，互相之間更少交談。既然沒有飛機來轟炸，警報便很快解除，晚飯也吃完。大家又都回到侍從室飯廳，放下飯碗板凳。外公到辦公室門房，領了三張坐車特約證，帶著媽媽舅舅一塊出門。

鼎來舅去美國留學，伯公伯婆搬來重慶，在國府路住，媽媽和舅舅們有空也來過。伯婆個子矮矮小小，腮邊掛個大瘤子，顛著小腳，行動不便，但總會弄出很多奇奇怪怪的小吃。

進了客廳，外公便問：「大哥，這是你新近弄到的麼？」

客廳牆上掛了一幅豎長的中國山水畫軸。左側山峰，占畫面半幅，石壁平直，頂天立地，堅凝厚實，具排空出世之雄姿。右邊三個石峰，大小不一，與左側石壁呼應，突兀而起，凌空無依，顯堅韌不拔之氣勢。奇松參差，姿態清瘦，錯落有致，或立於峰頂，或懸於空中，或橫於峭壁。石山以枯筆勾寫，線條剛勁，配以水墨渲染，斧劈披麻，融爲一體。苔點細草，一絲不苟，著墨精微，設色淡雅，高古簡潔。伯公說：「對，江六奇的《黃海松石圖》。」

外公說：「原來是弘仁大和尚的黃山，我還想著是廬山。」

媽媽問：「怎麼又是江六奇，又是大和尚？」

伯公笑了，說：「此人原名江韜，字六奇，是明代新安畫派先驅。明亡之後，悲憤難消，落髮爲僧，雲遊四方，取名弘仁，是詩書畫三絕的大師。他最愛黃山，畫得最多，也最好。」

伯婆端了茶來，招呼：「莫站著講話，喝茶，喝！」

外公坐下說：「對我來說，廬山更重要。一次廬山會議，從此再回不成北大教書。」

伯公也坐下來，喝著茶，說：「你現在是政治家。」

外公說：「非也。我自命還是史學家，但願早些有機會，再去作學問，出版《食貨》。」

伯婆招呼媽媽和泰來恆生舅，說：「琴薰，你來我屋裡，我給你看件新衣服。你們兩個，這是鼎來從美國寄來的照片，看看吧！」

媽媽跟著伯婆到屋裡，試衣服梳頭髮，泰來舅恆生舅坐在客廳裡，翻看鼎來舅寄回國的照片。過一會，外公招呼走了。四個人告別出門，伯婆在門口送了一包肉粽，要泰來舅提回家。

恆生舅說：「美國很好玩。看鼎來哥寄回來的照片，美國很漂亮。」

媽媽說：「你以後大學畢業了，自己去看。」

恆生舅問：「姐姐，你明年畢業，去美國嗎？」

媽媽說：「不曉得。我喜歡英國文學，更想去英國。我常夢見Hardy和Brontes筆下的英倫三島、草原、牧場，那些大愛大恨的人，Jane Eyre和Tess，很想去看看。」

恆生舅說：「我也要去留學，去美國，學工程。」

外公說：「好，有志氣。姐姐也是上初中的時候，下了這個決心。在北平，還存了錢，給她出國用。日本人一來，什麼理想都打破。」

不管哪裡來哪裡去，只要是進出重慶，就要在車站上擠。端午節週末，傍晚時分，人人要回家，車站上更擠。可是，現在他們四人手裡，各拿一張特約證，不必排隊，直接走到賣票窗口，買票上車，而且可以挑好座位坐，人山人海之中，如入無人之境。

泰來舅不住搖頭，嘟囔：「天淵相隔，天淵相隔。」

恆生舅說：「在小龍坎，我有時要擠一個半鐘頭才擠得上車。等我長得像余啓恩那樣，再來擠，車門一開，我頭一個上車。」

在牛角沱下車，走下石板台階，到儲奇門碼頭，坐渡輪到南岸。在海棠溪上岸，走到馬鞍山，大約有六七里路，中間有一段崎嶇不平的石板路，高一腳低一腳，很難走。恆生舅一邊走，一邊說：「重慶大學的江邊，有輪船定時直放龍門浩。開船時間晚些，可是回家還早一個鐘頭。再說，在小龍坎擠汽車也擠不動，這條路又不好走。」

「當然，這條路上會有鬼追。」泰來舅忽然意外說了一句。

恆生舅不高興，說：「叫你不要亂講。」

外公轉頭問恆生舅：「怎麼回事？」

恆生舅說：「沒事，他瞎說。」

媽媽要求說：「我們走路，還要好半天，說說省些力嘛！」

「說就說，有什麼了不起！」恆生舅便講起來，「去年冬天有一天回家，我在上清寺買無線電零件，又買了兩本雜誌，錢差不多用完。過江上岸，走這條路，肚子餓了，想買吃食，可身上錢只夠買一支火把。天已經黑了，沒有火把不好走。可是肚子餓，心一橫，這路常走，都在心裡記著，摸黑就摸黑，誰怕誰？就買了一碗陽春麵。吃完上路，就後悔了。要記路，就想到路上哪兒有墳場，哪兒露出棺材，心裡發毛，身上直起雞皮疙瘩。天黑、風硬螢火閃、野狼嚎，好嚇人。偏偏路上石板又鬆，一走一響，不走不響，我跑他跑，我停他停，好像有鬼追我。好不容易看到印書館大門，我放下心來，忽然眼前一條影子迎面撲來。我嚇得大叫一聲，跌倒在地；那影子聽我慘叫，好像也嚇了一跳，掉頭就跑。我忙爬起來，跌跌撞撞趕回家，一身汗，氣喘不勻，直叫有鬼追我。把姆媽和大哥嚇了一跳。後來想想，那一定不過是條野狗。」

外公，媽媽和泰來舅都大笑起來。泰來舅說：「誰叫你要逞英雄，那天不肯跟我一道走。」

恆生舅說：「我再也不敢不拿火把走夜路，肚子再餓也要忍住。」

外公笑說：「以後多給你幾個錢就是，用不著挨餓，也要買火把。」

四個人說著話走路，晚上十點前後才到家。外婆坐在門口包粽子，腳邊放了一盞油燈、兩個竹筐，一筐放生糯米，一筐放粽葉，旁邊幾個罐罐放豆沙、豬肉、火腿。看見他們說笑走來，外婆搖手，說：「小丫都睡了，你們輕些，刷牙洗臉洗腳睡吧，有話明天再講。」

媽媽蹲下身子，說：「我要跟你包粽子。」

外婆說：「不要。累了一天，早些睡。要包，我留幾個，明天早上起來再包。」

四個人躡手躡腳走進門，洗臉洗腳各回各屋，上床睡覺。

第二天，端午節，媽媽一直睡到太陽照上半牆才醒來。跑出臥房，外婆已經大著喉嚨吆三喝四，張羅擺桌子，準備吃粽子。灶台上大盆小碟擺了一排，大蒸鍋竹編蓋上熱氣騰騰，鍋邊上裹了一圈抹布，防止鍋蓋不嚴，漏蒸氣。

外公坐在窗前飯桌邊看報紙。恆生舅跟范生舅蹲在門外陽光下看蟋蟀，泰來舅和晉生舅按照外婆指揮，擺桌椅碗筷。媽媽吐一下舌頭，忙跑到洗手間刷牙洗臉。再回到餐廳，大家已經坐好，外婆把一大盆粽子搬上桌，昇騰的熱氣，立時瀰漫整個屋子，粽子的清香隨之而來。

媽媽快快坐下，伸手抓一個，燙了一下，縮回手在嘴邊吹吹，又去抓一個，丟到自己的碟子裡。解開繩子，剝開粽葉，是一個火腿肉粽，糯米金黃油亮，還沒咬，口水就滿嘴洶湧奔騰。

吃著粽子，喝著肉湯，一家人喜氣洋洋，說說笑笑。外婆自然罵這個掉落糯米弄髒了地板，又罵那個豆沙黏了衣服洗也來不及。罵聲裡帶著心滿意足，誰也不理會，讓她去罵。

外公搖著筷子，眉飛色舞，講說：「美國飛機大顯神威，在鄂西前線助戰，我軍大獲全勝。說是參加助戰的美國飛機有空中堡壘六架，炸彈每顆重四公噸。日軍大形慌張。這是蔣委員長早所料到，日軍已開始顯露敗勢，兩年結束戰爭大有希望。」

媽媽咬著粽子，燙得哈氣，說：「那就好了。」

外公說：「不過，日軍四月發動全面攻勢以來，已經入侵鄭州、醴陵、湘潭，目前正進逼湘鄉，看來衡陽局勢危急……」

范生舅一手沒有拿住，一整個粽子掉到地上，外婆跳起來，大聲喊叫。泰來舅忙彎腰，把粽子拾起，放到自己碟中，說：「沒關係，我可以吃。」

外公兩手搓搓說：「我吃夠了，要有一碗稀飯就更好。」

外婆說：「那還少得了麼？」說著，走到灶間，端來一碗稀飯，冒著熱氣。外婆一邊把稀飯放到外公面前桌上，一邊問：「哪個還要？」

桌邊沒有人應聲。外婆笑了，說：「糟糕，沒有人繼承這個喜好。」

外公笑笑，不說話，低頭喝稀飯。

媽媽對幾個舅舅說：「馬上又放暑假了。差不多要兩個月，你們在家裡準備做什麼？」

恆生舅應聲說：「我裝收音機。」

媽媽說：「裝多少收音機！不論你們各人做什麼，我規定，每人每天寫一個鐘頭毛筆字。」

恆生晉生兩個舅舅一齊嘆氣，臉吊老長。泰來舅沒說話。范生舅問：「我寫麼？」

晉生舅看他一眼，睹氣說：「當然也要寫。」

媽媽繼續派任務：「每人每天寫一篇日記，晚上讀給大家聽。」

舅舅們又發一聲長長的「唉」。

忽然，恆生舅說：「我們班上有壁報，我投過兩篇，都登在壁報上。我們幾人在家裡辦個壁報吧，又寫文章又寫字，有趣些。」

范生舅看著他，問：「什麼叫壁報？」

恆生舅說：「你同意，做起來就曉得了。我教你。」

范生舅馬上舉手說：「我同意辦壁報。」

晉生舅也高興起來，說：「我也同意。」

媽媽點點頭，說：「那好吧，分工。」

恆生舅說：「我在班裡做過，我有經驗，我當編輯，排版畫圖。哥哥做文書，買紙筆墨硯。晉生范生做記者，寫文章。姐姐自然做主編，主編不大做事，只管檢查別人做得好不好。」

外公一直聽著，這時答說：「當主編並不是什麼都不做，主編和編輯也都要寫文章。」

媽媽說：「那麼爸爸給我們的壁報起個名字吧！」

「好。」外公想了一下，說，「就叫《愚報》好了。」

恆生舅問：「《愚報》，好聽麼？」

晉生舅和范生舅齊聲喊起口號來：「《愚報》，《愚報》……」

媽媽笑了，說：「好，我是主編，就定了，叫《愚報》。每星期出一期，報紙一樣大小，四開一大張。每個人每期要寫起碼三篇文章，抄整齊，題目用毛筆寫。個人家裡大小事都可以寫，要寫得生動，讓人喜歡看，不許湊合了事。」

恆生舅說：「標題要響亮，比如……我想想：三千肉粽，媽媽技壓群雄。或者……啊，有了，泰來哥貓兒石學打鐵，練就一身鋼筋鐵骨。還有……姆媽晒麵醬，香滿庭院。」

晉生范生兩舅拍手稱好。外公、外婆、媽媽，笑得前仰後合。泰來舅笑是笑，不大動。如外公所料，端午節過後二十天，日軍果然包圍衡陽。衡陽守軍與日軍血戰四十七晝夜，彈盡糧絕。日軍八月七日衝入城內，與守軍激烈巷戰。守城將領方先覺軍長，電告蔣委員長：

敵人今晨由北城突入以來，即在城內展開巷戰。我官兵傷亡殆盡，刻在無兵可資堵擊，職等誓以死報黨國，絕不負鈞座平生教育之至意。此電恐爲最後之一電，來生再見。職方先覺率參謀長孫鳴玉、師長周慶祥、葛先才、容有略、饒少偉同叩。

外公命《中央日報》頭版全文刊出這份電報。中國流下熱淚。

七十五

外公一年多來，日夜奇忙，除了侍從室的工作，每星期要給《中央日報》寫三到四篇社論和幾篇署名短評。他失眠更厲害，每天早上空肚子吃安眠藥睡覺。左右兩肩分別疼痛數月之久，臉色蒼白，身體疲軟。周綸醫生開了藥，每天注射維他命B_1和肝精，幾次警告說：「你如果不好好休息一段時間，腦貧血有致命危險。」

因此，外公最近回家次數比以往多些，於是，媽媽幾個也都每個週末過南岸回家。

外公靠在沙發上，說：「我實在沒有辦法，有一次晉見委座的時候，只好當面直陳我惡性失眠，腦貧血，請求允許休息一段時間。委座自己從來沒有什麼病，完全體會不了失眠的痛苦，對我說：睡不著覺，休息幾天就好了。我叫他們給你買藥，重慶現在有藥廠，可以造維他命B，可是肝精是進口貨，不好買到。現在每天總統府醫務室護士，來給我打針救命。」

外婆縫補著衣服，說：「只是不准你躺下，要你繼續給他賣命。」

外公說：「這也是無奈，抗日戰場正發生變化，一方面日軍發動全面進攻，向西南進犯，意在重慶。另一方面中國勝勢始顯，日方敗形已露，戰況瞬息萬變。這時候我確實無法休息。」

這時，泰來舅與恆生舅回到家，兩人都吊著臉，不說話，丟開書包，坐在桌邊生悶氣。

「什麼事？」媽媽問，有些奇怪，泰來舅永遠平平靜靜，不會生氣，更不會跟恆生舅爭吵。

恆生舅努著嘴說：「徵兵處不收我們。」

媽媽明白了。蔣委員長爲加強兵力，準備反攻，號召青年從軍，殺敵報國，誓復血恥。「一寸山河一寸血，十萬青年十萬軍」的號召發出，各地青年學生紛紛爭先恐後，投筆從戎。沙坪壩當然更熱鬧，中央大學也有許多男生去報名參軍。媽媽說：「你不到十五歲，當什麼兵。」

恆生舅眼淚都快掉下來，說：「我個子又不比汪希苓小。他扛得動槍，我也扛得動。」

泰來舅啞著喉嚨說：「說我近視五百度，不合格。戴眼鏡一樣看得清，有什麼關係！」

媽媽笑了，說：「好了，你們報國心誠，大家都感激。哪天同學們出發，我們一起去送行，祝他們旗開得勝，凱旋而歸。」

恆生舅氣沖沖問：「你的那位沈蘇儒報名了沒有？」

媽媽臉通一下變紅，慌慌張張說：「什麼我的沈蘇儒？」

恆生舅說：「沈蘇儒呀！常送你到重慶上船回家的那個帥哥。」

「你瞎說什麼！」媽媽更慌張了。她在家裡從來沒有提起過這件事，現在外公外婆都聽見。媽媽紅著臉，搶辯道，「還不是因爲你！他覺得你有意思，想跟你聊天，才陪我們一道走路。」

「你們兩個一路說英文，不讓我聽懂，還說跟我聊天。」恆生舅跳下椅子，跑開去，一邊又補一句，「問大哥好了，他也曉得。」

媽媽臉更紅了，說：「他曉得什麼？」

「泰來，你曉得什麼？」外婆問。她一直站在旁邊，緊盯住媽媽。

泰來舅看了媽媽一眼，說：「沒什麼？」

「說。」外婆提高聲音，大家一聽就曉得，她要發脾氣了。

泰來舅馬上啞著喉嚨說：「是……姐姐來找我的時候，總是……沈蘇儒上樓來找。」

媽媽喊起來：「你們男生宿舍，我不好每天進去，才請人幫個忙。倒惹下事來了。」

泰來舅不多說話，更不說閒話。他說出來，外公外婆一定相信。

外婆發話了，問媽媽：「怎麼回事？講清楚。」

「沒什麼事。」媽媽說著，轉身要離開。

外婆叫起來：「站住！你二十三歲了，以爲我不操心麼？」

外公倒平心靜氣地問：「他是誰？」

媽媽急得要哭出來，說：「根本不是男朋友，不要瞎說。」

外公說：「好，好，不是男朋友，不過是候選人之一。」

媽媽噗嗤笑出聲，伸手擦掉臉上的淚，說：「候選就候選，他是沈鈞儒的堂弟。怎麼樣？」

外公吃了一驚，問：「你說衡山先生麼？」

媽媽說：「就是，所以他叫沈蘇儒，沈家儒字輩。」

外公說：「沈鈞儒，光緒年進士，授刑部主事。後來赴日留學，歸國參加憲政運動。一九三七年廬山牯嶺茶話會，商討抗戰方略，組織國防參議會，我和沈鈞儒都在內。政見不合，我常與他爭論。一次散會，我們一道吃飯。他說：庚子年八國聯軍的時候，尊大人由北京到西安；我和他是莫逆之交。我只有恭恭敬敬回答：沈先生後來到開封赴北闈，寄居舍下，我叫您沈大叔，您教我八段錦。那時我只有三四歲，如今還記得。他說：以後希望你我客氣點。我說：世交是世交，辯論還是辯論，才是民主。他說：那又何必。」

媽媽說：「沈蘇儒並不是共產黨，也不是民主同盟。他跟我同年轉學來中大，他原來在上海國立暨南大學讀歷史系。」

外公應了一聲：「沈家也是世代官宦人家，書香門第。」

媽媽說：「我聽沈蘇儒說，周文王十一子受封河南沈地爲王，是沈姓的祖宗。避番寇經戰亂，輾轉南遷，定居浙江嘉興。沈蘇儒正好是第一百代，所以稱文王百世孫。」

外公說：「原來如此。那次你們的爹爹赴京趕考，遇八國聯軍之亂，逃往西安。當時陝西提學使沈衛，也是他們沈家人。」

媽媽說：「沈蘇儒講過，那是他的一個堂叔父。」

外公點頭說：「你們的爹爹那些日子寄居在他家。這位沈衛很了不起，甲午年進士，授翰林院編修，到陝西辦學，啓新學之風，關中名士于右任、張季鸞都是他的門下。慈禧太后避八國聯軍，兩宮西狩，到了西安，由他接待，頗得老佛爺賞識，一意要帶他進京，把他嚇得乾脆隱退回鄉，到上海做寓公，不聞朝政。激流勇退，膽識過人。」

媽媽見外公對沈家很讚賞，便大了膽子，說：「沈蘇儒說，沈家世代讀書當官，出類拔萃的人數不勝數。他的五代直系，曾祖父中進士，在江蘇安徽兩地當官。祖父中舉，翰林院出身，在浙江當官。他父親考過秀才，遇辛亥革命，朝廷考試撤銷，斷了進士之途，只好在當地政府做職員。沈家在浙江嘉興地方辦教育很有名，人稱師橋沈氏。」

「那麼你要怎樣？」外婆問。她不管那麼多歷史政治，她操心的是人，是女兒的終身大事。媽媽不好意思地說：「我沒有要怎樣，還不曉得。」

外婆說：「哪天帶回家來，我們看看。」

「他不會來。」媽媽一邊跑出門，一邊說，「他憑什麼來我家？」

恆生舅說：「他是個帥哥，像美國電影明星葛雷哥萊畢克，追他的中大女生太多了。他陪姐姐去找大哥，重慶大學女生也都要追。」

「你不要亂講……」媽媽在門外聽見恆生舅的話，轉頭朝裡喊。忽然看見侍從室送文件的通訊員走進院子，便跑過去，接過文件袋，又跑進屋，送給外公。媽媽怕外婆繼續講沈蘇儒的事，忙說：「快看看，又是什麼急事嗎？不要又催你上班，今天星期天，委員長也要休息吧！」

外公拆開文件袋，取出文件看看，嘆口氣說：「他們開始發動了。」

媽媽問：「什麼事？」

外公說：「共產國際幫助延安中共，大興輿論，對抗政府，爲發動內戰鋪路。中國贏得抗戰勝利之後，並不會得到和平。」

外公搖搖頭說：「蘇俄不顧事實，編造歷史，硬說中國抗戰全是中共的功勞，指責重慶政府只打內戰，不抗日。蘇俄操縱共產國際，世界各國共產黨，都跟著罵重慶政府。最可恨美國共產黨也在美國大衆裡搧風點火，引導輿論，干預美國對華政策。所以問題相當嚴重。」

媽媽問：「你又要寫社論嗎？」

外公站起身，說：「會有別的主筆寫。我打電話去問問看。」

外婆問：「琴薰，你有那個沈蘇儒的照片麼？拿來我看看。」

媽媽臉又紅起來，說：「姆媽，他怎麼會給我照片。」

恆生舅在一邊說：「下次見了，我去幫你討一張。」

外婆伸個手指頭，指著恆生舅，大聲說：「姐姐的事情，你不要搗亂。小丫，跑遠些。」

恆生舅對媽媽做了個鬼臉，跑出門，找晉生范生舅玩去了。

媽媽講的是實話。她和沈蘇儒不過這個暑假才開始多一些接觸，說戀愛也還早一點。從西南聯大到中大，不是沒有男生圍著媽媽打轉，西南聯大有幾個學生，甚至跟著媽媽轉學到重慶來。媽媽並不眼紅哪個人家有權勢有金錢，也看不起那些小白臉紈袴子弟花天酒地。媽媽尊敬人窮志不窮，刻苦努力，才學好，誠實正直的青年。這樣的人，媽媽好像在沈蘇儒身上發現了。

夜深人靜的時候，媽媽常躺在床上，手枕著頭，睜大眼睛，望著窗外的星空幻想。馬上畢業了，要不要交男朋友呢？要不要畢業以後先出國留學呢？留學是自小定下的志願，要交男朋友，就不再出國留學了嗎？現在不交，捨得嗎？到哪兒再去找這樣一個人呢？又英俊又和氣，又有才華，又勤奮刻苦。人人都說，在大學交朋友最可靠，學生時代人比較單純，地位金錢都還在其次。過幾年再想，只有到社會上去找，人變複雜了。留了學回來，做了教授，還能交到沈蘇儒這樣的人嗎？那時人家是跟陶琴薰要好，還是跟陶教授的聲名或者陶教授的房子要好呢？

沈蘇儒家窮，當然他自己無法出國留學。可是他那麼用功，也會像鼎來哥一樣，考取官費留學。那麼他們可以一起出國，一起回來當教授。如果沒有考官費的機會，也不要緊，他們畢業以後留在國內結婚，先過幾年苦日子，省吃儉用，也能存些錢供他出洋，也是一樣。或者沈蘇儒很快出名成功，有別的機會送他們出國學習。出國機會很多，可以找一個沈蘇儒那樣的人，機會可不那麼多。怎麼辦呢？媽媽想了一晚，又一晚，又一晚。

這樣想著，不由自主地便覺得跟沈蘇儒難捨難分了。過了一學期，到一九四五年初，他們兩個人終於把要好的消息報告給同班幾個好朋友。

外文系同班一夥人擁了媽媽和我未來的爸爸，到中渡口的茶館去喝茶慶祝。當了兵的朱立明放假回重慶，正好碰上，也來參加。爸爸還約了兩三個中大歷史系和中文系的學生。爸爸喜愛歷史，也酷愛中國文學，常跟歷史中文兩系的同學一起討論，交了幾個朋友，媽媽和外文系的同學都不認識。十幾個人，拼了兩張方桌，擺了四五把茶壺，二十碟糖豆花生米，一堆橘子。

媽媽燙髮捲曲垂在肩頭，穿著一件藍色呢大衣，坐在那裡，低著頭，紅著臉，不言不語。大學學生碰到一起，擺起龍門陣，海闊天空，立刻不分彼此。外文系的西裝，和歷史中文兩系的長袍，混雜相間，高談闊論。爸爸依然穿著那件洗舊的長衫，大大方方的跟同學們說笑。

蔣合說：「我和琴薰兩個同宿舍，你們講話小心一點，惹了琴薰，她現在不說，晚上回宿舍鬧，我們不要想睡覺了。」

媽媽紅著臉推蔣合，說：「你別瞎說，誰晚上會鬧。」

桌角耿聯瑞說：「琴薰轉來以前，我原以為陶希聖的女兒，一定架子大得不得了。可是接觸三年，琴薰平易近人，也很直爽，一點也沒有官小姐的架勢。」

旁邊劉延朗嘟囔：「水漲船高。我們班裡官小姐太多了。官小姐的標準就提高了。」

蔣合大喊：「你說誰有官小姐架子？吃不到葡萄，倒說葡萄酸。」

劉延朗說：「怎麼不是？琴薰若是在別的學校，還得了，侍從室少將組長的大小姐！在我們班，平平常常。你看，蔣百里將軍的小姐，軍銜比陶先生高吧！還有國民政府考試院院長的小姐，青島警察局長的女兒，實權也可能比陶先生大些。加上馬寅初教授的小姐，豐子愷先生的公子和小姐，無錫榮老闆的千金。一班十六個人，一半大少爺大小姐。」

耿聯瑞說：「那也有你我和蘇儒這樣窮出身的子弟。」

歷史系姓王的同學說：「蘇儒，我們原來還以為你在追求我們系上的陳璉呢！」

爸爸笑了笑，微微有些臉紅，說：「那是因爲我常跟她講講話，我跟陳璉姐妹在杭州師範同學。我家裡窮，當時只能念師範，畢了業一定有工作。我跟陳琇同班，陳璉低一級。陳琇小名叫琇兒，陳璉小名叫憐兒，可憐的憐，因爲生她，她母親死了。陳布雷很悲傷，所以叫她憐兒。」

蔣合說：「喂，陳璉不在，你們不要亂講她的事情，我跟她同宿舍，琴薰跟她很要好。」

爸爸說：「我們又沒有講她壞話，都是眞事，並沒有捏造，你可以找她對證。我從上海轉學來重慶，誤了一學期，重念二年級，所以現在陳琇高我一級，陳璉跟我同級。」

王同學說：「青梅竹馬未成眷屬，卻沒想到千里相會，跟陶希聖的大小姐結了姻緣。」

爸爸說：「能不能不提陶希聖？將來成功失敗，我都靠自己本事吃飯，不走岳父的門路。」

王同學說：「完了，蘇儒。憑你這種態度，這輩子成不了大氣候，還會有倒楣日子。」

爸爸問：「此話怎講？」

王同學說：「大概是你念了太多西洋文學的緣故。文學本來不過是理想的虛構，何況是洋人的虛構，不能用來當作中國的現實。在中國，清高只有到山裡去修仙成道。李白、陶淵明本事比你沈蘇儒強多了吧，也只能借酒澆愁東籬種花。你若要在塵世裡混，天時地利人和，一條不能少。要麼做共產黨，要麼做國民黨，總得投靠一方。就算造反作亂，土匪流寇，打家劫舍，造反造大了，朝廷鎮壓不住，也會招安，封你做大官。」

蔣合打個哆嗦，說：「這人學歷史，走火入魔，講出話來，鮮血淋淋，陰森可怕。」

馬陽蘭說：「沒看出來，這位竟是中國現代思想家，跟尼采比美。」

爸爸說：「我不參加政治，尊崇自由主義，以後只想做新聞，事實才是立場。」

中文系的李同學說：「你以為你逃得脫政治麼？你們外文系學生，西洋小說看得太多，說些西洋書呆子話。愛情嘛，本來就是迷魂藥，心裡一生出愛情來，理智就喪失了。平時挺聰明的人也糊塗了，只會幹傻事。你說梁山伯祝英台到底怎麼回事？你說羅蜜歐茱麗葉怎麼回事？愛情其實是一種病，跟流感差不多，一生出愛情，人就發燒，情令智昏。」

馬陽蘭說：「我以為中文系的都是詩人，最會歌頌愛情，想不到會有你這樣的臭嘴巴。」

李同學大笑一聲，說：「哈，在下從不會寫詩，只寫過兩部小說，一名《荒野奇俠》，一名《神鏢傳》，都壓在箱子底下，尚未出版，如蒙不棄，敢請覽正。」

馬陽蘭和蔣合笑成一團，連說：「好，好，一定拜讀。」

王同學說：「愛情好像確有神奇之力，可以壓倒世間的一切。比如，古有卓文君，愛上窮光蛋司馬相如，不惜私奔。今有陶大小姐愛上窮光蛋沈蘇儒，但願能像卓文君有個圓滿結局，但那是精神方面的意義。再偉大的愛情，也得吃飯、住房子、穿衣服，卓文君也得當爐賣酒爲生。到了現實這方面，愛情的力量就很渺小了，管不了什麼事。你們相愛，一定要萬般珍惜，準備好了，富貴貧賤，兩相廝守，生死禍福，無棄無怨。」

桌邊一夥人都閉著嘴不聲響。爸爸低頭生悶氣，媽媽眼圈紅紅的。

忽然劉延朗說：「我倒想出一條路，出國去，還躲不開嗎？」

人群馬上重新活躍起來，七嘴八舌。外文系學生最熱中出國留學，說起來最有勁。

朱立明問：「琴薰，聽說有外國學校錄取你了，眞的嗎？」

媽媽小聲說：「英國倫敦的一個女子學院。」

耿聯瑞說：「蘇儒考上的是美國密蘇里大學新聞學院。」

劉延朗大叫：「哇，不得了，那是全美國最好的新聞專業。世界聞名的中國第一記者趙敏恆，就是那學校畢業。學新聞，上那學校，沒畢業，就會有多少報紙來搶人了。」

馬陽蘭說：「你去那學校念過多少次了?那麼老道。」

劉延朗答：「我把圖書館裡所有英美大學的介紹都念過了。」

蔣合說：「申請也寄了三千六百封。」

耿聯瑞說：「可是沒一個學校錄取。」

大家嘩嘩笑起來，前仰後合。媽媽笑得捂著臉，爸爸笑得擦眼淚。蔣合與馬陽蘭頭靠頭肩抵肩舞著兩手亂叫。朱立明一口茶噴了一身，跳起來忙不迭擦。過了一會，笑聲停下，又有人問：

「你們兩個一英一美，怎麼辦法呢？」

爸爸說：「我們正在設法，最好能去同一個國家。」

朱立明站起來，舉著茶杯說：「來來來，大家舉杯，以茶代酒，慶賀蘇儒琴薰戀愛成功，慶賀大家就快畢業，慶賀今後每人如願，二十年後重逢，兒女成群，功成名就。」

「我的媽呀！二十年，牙都掉完了。」

「說好了，還到中渡口來。一言爲定，我們的子女都做好朋友。」

「天南地北，海枯石爛。」

「我們大家今天集體訂婚嗎？哈哈哈……」

一隻隻茶杯高舉，一張張笑臉相迎，一雙雙美目互視，一顆顆年輕的心震顫。青春在蕩漾，幸福在等待，未來在召喚。這是一個神聖的時刻，雖然，他們腳下的土地已經開始斷裂。純眞而熱情的年輕人，哪裡會想到，他們這一代人必不可免一個巨大的歷史悲劇。

七十六

一九四五年夏天，爸爸媽媽大學畢業，誰也沒有出國。既然兩人不能去同一個國家一起讀書，他們便決定哪國也不去了。一英一美，相隔大西洋，怎麼行？爸爸也根本沒有錢去美國留學，一英一華，也不是辦法。媽媽不願意一個人出洋，把爸爸留在國內。爸爸書讀得好，經沈鈞儒介紹給金仲華、劉尊棋，入美國新聞處中國局中文部，做英文翻譯。

媽媽決定不去英國留學，外公有些失望，但也沒有辦法。他愛媽媽，也信任媽媽，所以很尊重媽媽的決定，便介紹媽媽到化龍橋中國農業銀行總管理處做翻譯。

畢業前幾天，禁不住外婆催促，爸爸終於到南岸媽媽家裡去了一次。爲這次會見，爸爸特意跟他的堂姐夫借了一身淺棕色的西裝、一條斜條紋紅領帶、一雙黑皮鞋。因爲是西裝，爸爸又瘦，身長還過得去，但是衣袖和褲腳顯得短。那晚兩人都在重慶城裡，媽媽住伯公家，爸爸住他堂姐夫家。媽媽把爸爸借的上衣袖子和褲腳襯裡都拆開，放出半寸，熨平，再折邊縫起。爸爸去洗了澡，理了個髮。第二天早上，媽媽抱著改好的衣服，趕到爸爸堂姐夫家，讓爸爸穿戴起來。

爸爸本來身材瘦長，眉清目秀，西裝皮鞋一穿，實在英俊得不得了。兩人走在街上，少男少女見了，都要回頭多看爸爸幾眼。少男們嫉妒，少女們羨慕。媽媽挽著爸爸的手臂一路走，心花怒放，得意萬分，沒注意到爸爸領她走進一家書店。

媽媽問：「來這裡做什麼？」

爸爸說：「總不能兩袖清風去你們家吧！我想買點小禮物帶去。」

媽媽差點笑出聲來，說：「書店是買那些東西的地方嗎？」

爸爸說：「我只熟悉書店，別的商店不大懂。」

媽媽說：「你想給爸爸買書，可不容易。他差不多什麼書都看過。你哪裡曉得買什麼書可以討他歡心！想給姆媽買東西，買點生活用品，吃喝的東西最好。」

爸爸聽了，站在書店中央，不知該怎麼辦。

「所以，你呀，什麼都不要給他們買，他們什麼都不缺。你也不用討他們歡心，嗯……只要討我歡喜就行了。」媽媽說著，伸頭在爸爸耳邊補充一句，臉紅起來。

爸爸轉頭看看媽媽，笑起來說：「那就容易了。」

媽媽假裝生氣了，說：「討我歡喜就容易嗎？我那麼不值錢。」

爸爸趕緊說：「不是，我是說，要給你買禮物，容易些。跟我走，給你買一張這個。」說著，爸爸拉著媽媽，快步走到賣唱片的櫃台前，從架子上取下一張唱片，遞給媽媽說，「史特勞斯。我早想送一張給你，沒錢買。你說不用給你家送禮了，正好買這張唱片送給你。」

媽媽仔細念唱片上的說明，是英文，奧地利維也納愛樂樂團錄製。一張兩個曲子，一個《雷電波爾卡》，一個《藍色多瑙河》。

媽媽說：「坐船時好像聽過圓舞曲，沒大注意，只是記住了李斯特的鋼琴協奏曲。」

爸爸說：「外國郵輪上開舞會，一定是史特勞斯，圓舞曲之王。很多曲子都有名，《維也納森林的故事》、《藝術家的生活》。《藍色多瑙河》是代表作，你聽了一定愛得不得了。」

媽媽問：「你怎麼那麼熟悉？」

「我們去付錢。」爸爸說，「我杭州師範畢業以後，考取上海的小學教師資格，在上海教過一年小學。學校裡有位音樂教師是跳舞迷，一天到晚聽史特勞斯，週末常拉我陪她去跳舞。」

媽媽跟著爸爸走出書店，問：「男的女的？那音樂老師。」

爸爸明白了，看媽媽一眼，說：「那是古代歷史了，你還吃醋嗎？」

媽媽說：「那一定是女的了，她追求你？」

爸爸想了想，說，「可能。不過，那個時候，我一心要上大學，根本不想在小學裡教一輩子書，怎麼會那樣settle down？」

媽媽問：「你們沒好過？」

「你今天怎麼啦？」爸爸摟住媽媽的肩膀，邊走邊說，「告訴你，沒好過，放心了吧！我到音樂教室去聽史特勞斯是有的，也跟她去跳過兩次舞。我那麼窮，連去跳舞會的衣服都沒有，都是她請我。去了兩次，她也請不起了！她又會唱又會跳，當然找得到有錢的人請她跳舞。」

媽媽不說話。爸爸理由充分，尤其說他沒有衣服去跳舞，絕對不錯。

爸爸很遺憾地說：「我只有這麼一點錢，不夠買一個唱機。所以你只能保留好這張唱片，等我到美國新聞處工作以後，積攢幾個月薪水，再給你買唱機，那時才聽得成。」

媽媽問：「她長得漂亮麼？那個上海小學音樂老師。」

爸爸嘆了口氣，說：「你怎麼還想著……她漂亮呢算不上漂亮，個子也沒有你高。不過上海人嘛，比較會打扮。你在上海長大，也見過很多，還要我講嗎？」

媽媽說：「我們去給姆媽買一串辣椒吧！」

最後，爸爸媽媽兩人抱著唱片，提著辣椒，過江回家。

邁進門檻，爸爸站也不是，坐也不是，紅著臉，發了半天傻。平時熟識的泰來舅和恆生舅都不在，外婆專門把所有舅舅們都差到余啓恩家去了。媽媽用手戳戳爸爸，爸爸才醒悟過來，忙抬手把那一串辣椒遞給外婆，說：「實在不曉得該買什麼來，琴薰說你喜歡吃辣椒，所以……」

「謝謝，來了就好，何必買東西。」外婆接過辣椒說著，斜過眼去，瞪媽媽一眼。

媽媽紅著臉，站在爸爸身邊，微微低頭，笑著。

外婆還提著那一串辣椒，連忙叫：「坐呀，坐呀，喝茶，喝茶。」

「謝謝。」爸爸鞠個躬，走到桌邊坐下，覺得後頸上一脖子的汗，眼望茶杯，手不敢動。

媽媽也跟著，在桌邊坐下，把手裡唱片放到桌上，低頭不語。

外公端起茶杯，說：「你會喝茶嗎？現在年輕人，會喝茶的不多了。這是正宗烏龍。你看，橙紅明艷，喝一口，齒齦留香。」

外婆把辣椒拿進廚房，提了一個熱水瓶，走出來，聽見外公的話，說：「賣茶葉麼？」

爸爸小聲說：「我去過福建，見過他們在茶山上採茶。」

外公說：「哦？你去過福建？倒蠻有趣，怎麼回事，講來聽聽。」

爸爸笑笑，說：「陶先生會講上海話。」

外公舉起手，兩個指頭比比，說：「一挨挨（點點），一挨挨。」

外婆給茶壺裡澆些開水，說：「不要賣弄了，聽沈先生講。」

爸爸說：「陶太太也請坐喝茶。」

外婆把熱水瓶放到旁邊櫃上，擺擺手說：「我從來這樣站，慣了。」

「姆媽，你就坐下嘛！」媽媽說著，站起來，過去拉住外婆，走到桌邊，挨著坐下。

爸爸便講起來：「一九四一年底，太平洋戰爭爆發，我在上海暨南大學讀二年級。日軍進占上海，暨南大學只好內遷福建建陽。我們衝過幾道日軍封鎖，步行數百里，搭車數十天。到建陽已經是四二年春夏之際。我的一個堂姐夫，剛好那時從貴陽到福建，收購電動機，運往大後方。他同意把我帶到重慶，一路幫他押車，從福州出發，經過江西、湖南、貴州，最後到重慶。」

外公說：「你是上海暨南大學的學生。我過去在上海的時候，也在暨南大學兼過課。」

爸爸說：「我在暨大時，名教授周予同、周谷城、孫大雨幾位的課我都聽過。」

外公點點頭，問：「聽琴薰講，你原在杭州師範讀書，還跟陳布雷的兩個小姐同學。你曉得嗎？我跟陳布雷先生是同事。」

爸爸點點頭，說：「是。我是浙江嘉興人，初中畢業成績是浙江省立二中第二名。但是家境貧寒，難以負擔高中，只好讀省立杭州師範。讀師範，學校管一切費用，包括吃飯，畢業出來也好找工作。陳布雷先生是浙江慈溪人，爲什麼送他的兩個女兒讀師範，就不知道。」

外婆插話問：「你怎樣到上海去的呢？從浙江考進暨南大學麼？」

爸爸說：「不是。我十八歲杭州師範畢業，回鄉任教。同年參加上海教育行政人員會考，獲得第二名，調到上海市教育局實習。結業後，留在上海同善小學教書。從小，上大學一直是我的夢想，經濟上一直做不到。抗戰之後，政府規定，戰區學生免繳學費，並發伙食費，我這才有了機會。一九三九年，我在上海參加統一考試，考三門：國文、數學、史地。我的數學是零分，但文科總分仍夠錄取，所以進了暨大先修班，一年後，成績合格，轉入大學。我原來報歷史系，後來聽人說學外文將來好找事，所以轉學外文。」

外公說：「你在上海教書讀先修班的時候，我們一家也在上海，或許還在哪裡見過面。」

爸爸說：「陶先生是黨國要員，我是大學窮學生，上海那麼大，哪裡有見面的機會。」

外公說：「話不是這樣講。我在上海、南京、北平，教過許多大學，從來待學生們很好。在上海的時候，學生坐船走，我去送，沒錢吃飯，我給，結果我自己無錢坐車，雨地裡跑回家，得了一場傷寒，病了一年，差點送命。」

爸爸說：「我那時如果能遇到陶先生這樣的老師，就好了。」

外公說：「你上大學時候，我已經不教書了。唉，那年在上海，真不如到暨南大學教書。」

爸爸說：「陶先生一家為中國做出犧牲，大家永遠不會忘記。」

媽媽問：「你在上海的時候，聽說過這件事嗎？你從來沒講過。」

爸爸說：「高陶事件，哪裡會不曉得。一九四〇年頭幾個月，上海整天戒嚴，如臨大敵，人心惶惶，流言紛飛，再不關心，也聽說是什麼事情。不過，我真正明白到底發生了什麼，還是轉到中大以後，聽同學們講陶小姐經歷，我去圖書館，找出那年香港報紙看，才了解淸楚。」

媽媽忙問：「那是哪一年？你剛轉來那年？還是今年？」

爸爸說：「那有什麼關係？」

媽媽著急地說：「當然有關係，說，哪一年你去翻查我的東西？」

爸爸只好回答：「不是剛來那年，也不是今年，三年級第一學期。」

媽媽說：「那時候？我還沒跟你講過話，你就注意我麼？」

爸爸臉紅得像醉了酒，趕緊端起茶杯來，喝一口茶，早已冷了，還是連喝了幾大口。外公外婆都笑起來，媽媽自覺說露了嘴，別過臉去，扭轉身子，藏在外婆腰後面。

外婆提起桌上茶壺，站起身，說：「茶冷了，熱水瓶的水也不夠燙，我去燒些開水吧！」

媽媽跳起來，搶過茶壺，說：「我去燒。」跑出客廳。

外婆重又坐下，說：「雖然讀大學不必交學費，總還要錢，在上海那地方，你怎樣生活？」

爸爸說：「陶太太說的是。我家裡無法接濟我讀大學，教一年多小學也沒有什麼積蓄，上大學靠我自己半工半讀。我有個表兄叫王蘧常，畢業於國學泰斗唐文治先生的無錫國學專修學校。無錫淪陷後，唐文治先生把國專遷到上海租界，請我表兄擔任敎務長，他允許我在國專做些雜活，賺生活費。我白天在暨南大學上課，晚上到國專做工。」

外婆聽了，點點頭，說：「也是吃苦讀出來的。」

外公說：「王蘧常先生是有名的國學家和書法家，長於草書，卻不知是你的表兄。」

媽媽端了新沖的茶壺走出來，放到桌上，朝爸爸斜一眼，然後把桌上所有茶杯都拿到門口，把杯裡剩茶潑到門外土地上，再把茶杯拿回來，放在桌上，從茶壺裡倒出新茶。做完了，又靠著外婆身邊坐下。爸爸看著媽媽做這一切，然後端起茶杯，小小飲了一口。

外公忽然問：「衡山先生可好？」

爸爸聽問，忙放下茶杯，說：「二哥很好，謝謝。」

外公笑了，端起茶杯喝一口，然後說：「我跟衡山先生相識的時候，你還沒有出生。」

爸爸低著頭說：「是，我曉得，沈家與陶家原是世交。二哥講過，他在河南陶老爺府上寄居的時候，陶先生還小，跟他學八段錦。二哥很喜歡琴薰，他也託我問陶先生好。」

「好，好，好。」外公笑了，說著，又端起茶杯，喝一口茶。

外婆說：「那麼，你家裡的人都見過琴薰了麼？」

爸爸說：「我在重慶只有兩個親戚，一個是堂姐夫，一個是二哥，他們都很喜歡她。」

「琴薰，準備開飯。」外婆站起來叫。媽媽站起身，跟著外婆，進了廚房。

外婆一邊收拾中飯，一邊說：「我叫你帶他來，你不肯。你可是到他家裡都去過了。」

媽媽擰著身子，說：「姆媽，那又不是他的父母親。」

外婆說：「模樣很俊，但願心眼也好。盛紅燒肉吧！」

媽媽紅著臉，一邊從鍋裡盛紅燒肉，一邊說：「他跟爸爸當年一樣，自己奮鬥起來，這樣的人，將來會有出息，你說對不對？」

外婆在爐子上炒著菜，說：「只要他待你好，我就滿意了。起碼他不是那種花花公子，肯上進，你爸爸會喜歡。不過，你爸爸跟那個沈鈞儒合不來，常要鬥嘴。」

媽媽說：「那有什麼關係！我喜歡他，他待我好。姆媽，你幫我對爸爸講點好話嘛！」

外婆嘆口氣，說：「你的脾氣，我還不曉得麼？我哪裡能管住你，就是不許，你也還是要嫁給他。只要你喜歡，我幫你對爸爸講。你爸爸別的什麼心思都沒有，你們從小，他就只有一個心願，要讓你們過上好日子。只要你們將來不受苦，他就心滿意足了。」

媽媽摟住外婆的肩膀，說：「姆媽，我嫁給他，也不會離開你們。我捨不得！」

外婆和媽媽兩人，端著飯菜出來，擺好碗筷，四人坐好，開始吃午飯。爸爸有點驚奇，一鍋雞湯、一盤炒豆絲、一碟炒雞蛋、一碗紅燒肉。就這麼點東西，還提來一瓶葡萄酒，四個酒杯，好像擺宴席。委員長侍從室的少將官員，家裡吃飯居然如此平常。

外公給酒杯裡倒酒，說：「今天歡迎沈先生第一次來，我們破例，中飯也喝一點酒。」

爸爸捂住自己的酒杯，說：「謝謝陶先生盛情，我沾酒便要臉紅，不好意思，最好免了。」

外公還是給爸爸倒了半杯酒，說：「喝酒臉紅，有什麼不好意思，只要不醉，就不怕。」

媽媽說：「你能喝多少喝多少，喝不下了，倒給我，我幫你喝。」

外婆斜她一眼，說：「別人不能喝，你能喝麼？」

媽媽說：「你又不肯把他剩的酒倒掉，我只好喝光。」

爸爸聽了，只好說：「恭敬不如從命，我把這些酒都喝乾好了。」

外公說：「好，來，我們乾杯，歡迎沈先生光臨。」

爸爸舉著杯，說：「謝謝陶先生陶太太。請你們相信，我一生一世一定好好對待琴薰。」

四個酒杯碰在一起，發出清脆的響聲，然後每人喝一口，放下酒杯，拿起筷子，開始吃飯。

外婆問：「你父母還在浙江鄉下，接濟不上你，在重慶怎樣生活呢？」

媽媽說：「戰區來的學生，免交學費，學校還發生活費和飯票。」

外婆說：「那恐怕只夠吃飯洗衣，總還要些零花錢吧？」

爸爸說：「我週末經常去幫堂姐夫做些文書工作，他們給我些零用錢和衣物用品。我生活簡單，有飯吃、有衣穿，就夠了，不用許多錢。這身衣服也是跟堂姐夫借的。」

外婆聽這一說，笑起來，不說話了。小夥子連借衣服穿見岳丈，也會講出來，可見爲人算老實，這是找女婿第一等重要的。

那天之後，爸爸媽媽開始各自上班。才過兩個月，八月六日，美國對日本廣島投下第一顆原子彈。重慶美軍司令部人員密切注視日本反應，緊張工作。美國新聞處中國局也一樣繁忙，爸爸整天在辦公室翻通訊稿，兩天沒見到媽媽。八月九日，美國又在日本長崎投下第二顆原子彈。日本皇室軍方大爲恐慌，通過蘇俄表示求降。外公這時病重，在家休養。

晚飯桌上，外公告訴外婆和媽媽舅舅們，英美已經通過瑞典政府，通知日本，接受日本投降，八年抗戰，就要結束了。

忽然，旁邊櫃子上的電話鈴響起來。

七十七

聽見電話響，外婆說：「不要又是找你回去寫社論。」

外公說：「是也沒辦法，非常時刻，大家都忙。」

泰來舅走過去，拿起電話，應了一聲，轉過頭，對媽媽說：「找姐姐，聽聲音像是蘇哥。」

「這傢伙，一會兒不見，就要打電話來找。」媽媽說著，臉紅起來，心裡甜滋滋的。媽媽老早把家裡電話號碼給了爸爸，但是爸爸從來沒有打過。今天怎麼了？他正在上班，現在是最緊張的時刻，居然急著給她打電話。媽媽想想，騰雲駕霧一樣，拿起電話，說一聲喂，就不再作聲。不到半分鐘，她忽然跳起來，眉飛色舞，大聲喊叫：「日本投降了！日本投降了……」

電話聽筒掉到地上，她也顧不得拾，只是兩個腳跳，拚命大喊：「日本宣布投降了，日本宣布投降了……」

「什麼？什麼？」所有人幾乎異口同聲問。每個人都清清楚楚聽到媽媽嚷的是什麼，但都不相信這消息來得這麼快，這麼突然。外婆把聽筒放回到電話機上，問：「琴薰，他說什麼？」

媽媽兩手捂著胸口，說：「蘇儒在美新處，每天晚上這時候收聽美國舊金山電台廣播，接收最新戰況，翻成中文。兩分鐘以前，他剛聽到美國電台廣播：日本宣布，無條件投降了。」

語不成聲，媽媽抱住外婆，一起蹲下，放聲大哭。外公坐在桌邊，兩手垂在兩側，低著頭，眼裡流淚。泰來舅、恆生舅、晉生舅、范生舅，一塊跳起來，踢翻座椅，跌跌撞撞衝出家門，一路狂呼：「日本宣布投降了！日本宣布投降了！」

院外山上，夜色籠罩，四野裡一片寂靜。四個舅舅站在山邊，兩手攏住嘴巴，扯開喉嚨，拉長聲音，向著山野天空，一遍遍齊聲高呼：

「日—本—投—降—啦—。」

「日—本—投—降—啦—。」

喊過一陣，幾個舅舅前前後後，撒開腿，往山下衝，一路繼續高喊：「日—本—投—降—啦—。」「日—本—投—降—啦—。」

年輕響亮的喊聲，在山谷空曠的夜空裡飄蕩迴響，層層疊疊，經久不息。左近幾戶人家跑出來看，不知怎麼回事。只見陶家幾個男孩，拚命喊叫著衝下山。余啓恩夫婦大老遠聽見喊聲，忙披著衣服，高一腳低一腳，趕到外公家來問。

四個舅舅衝到山下，衝進小鎮商店，掏出每個人身上所有零錢，全部買了大大小小的鞭炮。商店老闆聽說是要慶祝日本投降，尚不能完全相信，但這是陶希聖先生幾位公子說的，又不由得不信，高興起來，白送舅舅們幾串小鞭。

泰來舅、晉生舅和范生舅三人，抱著大小鞭炮，在前面往家跑。恆生舅乾脆在店門口站著，先點燃一掛小鞭舉著，一路劈哩啪啦地爆響著，往山上跑回家去。

「日—本—投—降—啦—。」「日—本—投—降—啦—。」

幾個舅舅參差喊叫，伴著歡騰的鞭炮聲，又在山谷夜空飄蕩迴響起來。舅舅們回到家，把「二踢腳」放起來，砰一聲飛到天上，再爆一聲啪。還放「麻雷子」，像炮聲一樣地震耳。

半個鐘頭以後，重慶電台開始正式廣播這條新聞。頓時，山上山下、山前山後、江北江南、城裡城外、這裡那裡，陸陸續續，都開始響起喊聲、叫聲、歌聲、笑聲，和鞭炮聲。接著，所有重慶報紙都印出號外，滿街散發，像發傳單一樣，滿天飄飛。外公獨自迎風，外婆和媽媽相互摟抱，余啓恩夫婦手拉著手，幾人一起，站在山坡前，聽著身後舅舅們放鞭炮，隔江遠遠張望，重慶城裡燈火通明，鞭炮花炮彼伏此起，不絕於耳，半個夜空都亮著粉紅色，煙霧升騰瀰漫，人們吶喊之聲轟轟作響。想必滿街是人，跳舞歡慶。

舅舅們買的鞭炮都放完了。外婆從圍裙底下掏出錢來，數也不數，一把都遞給恆生舅，叫：「再去買來放，再去買來放！」

余啓恩夫婦也忙從自己身上掏出錢來，盡數塞給泰來舅，連聲喊：「多買些，多買些。」

泰來舅、恆生舅和晉生舅三個，又一次衝下山去買鞭炮。外婆拉住范生舅，不許他再下山，怕他擠丟。這時候，山下鎮裡，大街上已是人潮洶湧，小巷裡早就水洩不通。商店裡哪裡還買得到鞭炮，店主店員，面紅耳赤，從客人手裡往回搶鞭炮，今天生意不要做了，店裡人自己也要放炮慶祝。買不到鞭炮，恆生舅坐在店門口生氣，聽見路上一個人邊跳邊喊，手舞足蹈：「勝利了，格老子我事也不要做了。」不知他說的是廣東話還是四川話，逗得恆生舅憋不住又笑了。

重慶的那一個夜晚，恐怕是中國歷史上唯一眞正歡樂的時光，唯一的一次，中國人民發自內心的，忘情的歡樂。

抗戰勝利了，重慶大批人都趕去華北華東，重返家園，爸爸也是其中一個。一九四五年八月十五日，日本天皇正式頒發詔書，宣布無條件投降。九月中旬，爸爸便接到美國新聞處中國局通知，立刻飛往上海，建立記者站，開展戰區接收報導工作。

九月二十九日星期六的凊晨，天陰沉沉的。三點二十分，鬧鐘把媽媽喚醒。她起了床，梳理一下頭髮，從枕下掏出一面小鏡照照，用手抹抹臉，走出門。爸爸睡在外屋，因爲今早媽媽要送飛機，所以爸爸借住伯公家。他們還沒結婚，爸爸臨時支個帆布行軍床睡。媽媽蹲下身，拍拍爸爸的肩膀。爸爸翻兩次身，見媽媽在身邊，問：「你一夜沒睡嗎？」

媽媽說：「我才被鬧鐘叫起來。」

爸爸搖頭不相信，媽媽用力解說，爸爸只是不信。一個躺在行軍床上，一個蹲在床邊，拌嘴。最後媽媽用嘴唇堵住了爸爸的嘴。

山城的九月，天又陰，淸晨四點鐘，很冷。爸爸和媽媽挽著臂，提著皮箱，匆匆在路上走。四周靜悄悄，戰爭已經結束，中國人終於可以放下心熟睡，不必擔心空襲警報，不必從往事的惡夢中哭醒。爸爸媽媽默默走路，沒有什麼話要說，該說的早說過多少遍了。

到航空公司接送乘客的車站，剛好五點鐘。車站裡已經有幾個人在等，排隊、行李過磅、貼標籤、付錢。全部手續辦完，也快六點了。卡車開來，爸爸拿著票上了車。媽媽沒有票不能上車，在這裡告別，心裡很難過，朝車上的爸爸擺手。

車子離開，爸爸走了。媽媽坐在車站長椅上，覺得身體虛弱，走不回家。不一會，又一部航空公司的卡車開來接客人。這次人少，幾分鐘就上完了。司機到候車室裡張望，看見長椅上只坐媽媽一人，便朝她揮手叫：「還等什麼，上車走啦！」

機會來了，媽媽突然有了力氣，跳起身，衝過去，轉眼爬上卡車，心裡說不出多高興。到了中航公司門口，往下跳，聽見爸爸在背後叫她。原來爸爸來到這裡，也盼望媽媽有機會坐下一班車，所以在門外等著，到底讓他等到了。媽媽撲到爸爸懷裡，心裡說不出怎樣的感覺，好像久別重逢，又甜、又苦、又喜、又悲。

兩個人挽著臂，隨中航客人搭船過江，到飛機場，又辦一次手續。上飛機時，已經是九點鐘。媽媽多麼希望爸爸因爲什麼原因，多耽誤一會，可是此刻，爸爸確確實實坐進飛機裡去了。

媽媽站在停機坪欄杆後面，遠遠地望著爸爸坐的窗口，爸爸在飛機裡向她招手。過一會，爸爸在窗上哈一口氣，用手指在哈氣上寫：HOT，然後看見他脫下外衣。過一會，爸爸突然快速在窗上哈氣，用手指寫：BYE, SWEET，連連打來幾個飛吻。接著飛機就起動了。

媽媽呆呆地站在那裡，望著窗上爸爸揮動的手漸漸消失，淚水奪眶而出。媽媽覺得，飛機騰空的一刹那，她成爲這塊土地上最可憐的孤獨者了。她想伸手去把這飛機拉住，她想衝過去鑽進飛機，同爸爸一起飛走，飛到天涯海角。

離開重慶之前，爸爸同媽媽舉行訂婚儀式，宴請沈陶兩方家長。爸爸那時在美國新聞處工作，每月薪水一百二十美元，請得起客。沈鈞儒來了，代表爸爸的家長。外公身爲媽媽家長，自然出席。兩人平時政治爭論不斷，此時在酒席上握手言歡。《中央日報》九月十九日登出啓事，公布爸爸媽媽一九四五年九月十七日在家兄沈鈞儒、家父陶希聖主持之下訂婚。

爸爸對媽媽說：「眞沒想到，你爸爸會登這樣的啓事。」

媽媽說：「怎麼啦，我們訂婚，爸爸當然會登這樣的啓事。」

爸爸說：「他肯把自己的名字跟沈鈞儒一起登出來。」

媽媽說：「他甚至同意把女兒嫁給沈鈞儒的弟弟，還會在乎跟沈鈞儒一起登啓事麼？」

爸爸說：「訂婚是兒女的私事。在報上登啓事可不同。他實在超越了政治，勇氣可嘆。」

媽媽說：「你向來這樣誇張嗎？你訂個婚，就那麼詩意。爸爸愛我們，從來不打折扣。只要是我們的事，爸爸從來不顧惜自己。他爲我們，願意自己去死；當然，我們也會爲他去死。」

爸爸堵住她的嘴：「你怎麼回事？我們才開始生活，離死還遙遠得很！」

飛機遠去，再也看不到蹤影，天邊只剩幾絲白雲，悠閒飄蕩。媽媽隨著送機的人群走出機場，上路坐車，懵懵懂懂，回到南岸。她頭發暈，身發軟，沒有精神回化龍橋上班，乾脆回家睡覺。又睡不著，躺在床上想，爸爸這時候飛到哪裡了，可能過了武漢，可能已經到了南京。

晚上下起大雨，電閃雷鳴，雨注傾盆。媽媽忽然想，幸虧爸爸早上走了，否則這樣天氣飛行，才讓人擔心死了。又一想，如果爸爸早上沒走，這樣下雨，飛機不能起飛，今天也許就走不了，又可以跟自己在一起。媽媽想來想去，半睡半醒，又過了一夜。

第二天大雨才漸漸停下來，媽媽不得不上班。一路走，見景生情，非常難過，到民生路買個本子記日記，又買些航空信紙信封，每天給爸爸寫一封信。再到光華照相館取加印的爸爸照片，聽櫃台裡人說：「沈先生講過，他到上海去了。」媽媽覺得喉嚨堵堵的，差點哭出來。走在國府路上，媽媽心裡更覺淒涼。

這條街上，平時總是兩個人一起走，爸爸常攙扶著媽媽，說說笑笑，相親相愛。現在獨身一人，在雨地裡蹣跚。他今天是不是已經開始上班了，昨夜他在哪裡住的呢？買了床和鋪蓋沒有？他寫信來了嗎？什麼時後才能收到他的信？什麼時候，他們才能團聚？

苦熬了兩個月，十二月初媽媽終於獨自一人從重慶到上海。美國新聞處租用民聯江輪，運送美新處人員家屬。媽媽作爲爸爸的家屬，得到一張船票。十二月中，他們搬進上海狄思威路1084弄四號，一個花園式雙併三層樓房。那是國民政府分給外公的一處住宅。

過了元旦，一九四六年一月二十六日，爸爸媽媽正式舉行婚禮，在《申報》上刊出結婚啓事。爺爺奶奶從浙江嘉興鄉下來上海，參加婚禮。外公也爲媽媽的婚禮，獨自一人專程從重慶飛到上海。抗戰勝利，軍事委員長侍從室撤銷，外公由少將組長轉爲國防最高委員會參事，受任國民黨中央宣傳部副部長，仍兼《中央日報》總主筆。他的到達，備受上海黨政各界尊崇。

婚禮在上海金門大酒店舉行。上海市長錢大鈞是證婚人，美國新聞處中文部主任劉尊棋爲男方介紹人，陳布雷的弟弟《申報》社長陳訓悆先生是女方介紹人。本來並沒有對外發出請帖，只想親朋好友們聚聚而已。不料那一日，婚禮還沒有開始，金門酒店門前已經車水馬龍，賓客如雲，足有六七百人之多。

陳訓悆按著鐘點到了門口，門裡門外人群擠得水洩不通，陳先生滿頭大汗，西裝折了，領帶歪了，還是擠不到禮台邊。實在前進不了，眼看婚禮進行在即，情急之下，他只好大聲呼叫，請禮台附近一個朋友代行任務。蔣委員長平時不大為喜慶場合題字，那天也專門派人，送來親筆條幅一件。豐子愷先生特意畫了一幅字畫，一棵高大的松下，兩個小娃娃並肩站立，上書「雙松同根百歲長青」幾字。其他各種禮品物件堆積如山，桌上地下，到處都是。賀儀紅封套關金二十元一封，堆滿一張八仙桌。爸爸請在上海銀行做會計的堂兄代執帳房，手忙腳亂，滿頭大汗。

禮台上，我的爺爺奶奶都穿著到上海以後新做的棉長袍，端端正正坐著。爺爺的圓眼鏡，在大電燈照耀下反著光；奶奶的頭髮，梳得油光發亮。他們從來沒有見過這樣大的場面，心裡很慌張。爸爸結婚有這樣的排場，自然又讓他們很驕傲。鄉間小職員，並不曉得陶希聖的名字，可是看見這裡許多華服筆挺氣度軒昂的人，對外公鞠躬行禮，畢恭畢敬，陪笑說話，便自然看出這位親家地位非常。外公西裝革履，胸前插一朵紅色鮮花，只是剛上禮台時與爺爺奶奶打躬行禮，說了兩句喜慶話，馬上被人群擁著走開了，這裡那裡說話，點頭應酬。

婚禮開始，伴著輕輕的《婚禮進行曲》，爸爸媽媽挽著臂，走上禮台。滿廳滿樓幾百人一時看見，都睜大眼，張著嘴，被眼前這一對麗人驚呆。從早晨開始，幾個鐘頭，到此刻方有了幾分鐘安靜，所有的人都呆望著爸爸媽媽，顧不上自己和他人，也不聽台上人講話。

媽媽穿著雪白的一領婚禮紗長裙，腰束得細細的，裙拖得長長的，一走一擺，像雪浪翻滾。新燙的頭髮蓬鬆整齊，頂上披一塊雪白的紗巾，從烏髮中央伸到額前，紮起一朵小白花。鵝蛋形的臉，撲了粉，拍了胭脂，白是白，紅是紅，眉毛修得細細彎彎，又長又烏。眼睛描得又黑又亮，靦腆幸福之中，偶爾眼神一揚，飛光流彩。她手裡捧一大束鮮花，白花綠葉，生機蓬勃。

爸爸穿一身藏青雙排釦英國嗶嘰西裝，英俊挺拔。西裝裡小坎肩壓住同一深色的領帶。白襯衫衣領漿硬挺立，折著兩個尖尖小角。左胸口袋插一塊白色方巾，支起高低兩端。頭髮兩分，顯得一個額頭更加高大，閃著光亮。長臉尖下巴，眉清目秀，鼻直口方，難怪人拿好萊塢影星叫他外號。他一手捏一副雪白的手套，另一手在長紗裙後輕輕挽著媽媽的臂。兩個人緩緩走來。

禮台下一潮又一潮讚美的呼聲，此起彼落。上海人，中國人，剛剛經歷了長達八年的艱苦抗戰，在血腥烈火中掙扎，在貧困骯髒裡呻吟。惡夢才過，尚未全醒，眼前突然出現這樣一對少男少女，好像代表著就要降臨到中國千家萬戶的和平、美好、幸福，好像顯現出中國人所憧憬的明朗未來。所以這一個婚禮，這一對新人，格外地讓人嚮往傾心。

禮畢，是吃飯。事先沒有準備幾百人的飯，所以只留了十張圓桌，親友貴賓，有頭有臉的都坐下，其他桌子都撤去坐椅，擺滿飯菜酒水，任何人隨便取隨便吃。婚禮上有些什麼飯、什麼菜、什麼酒、什麼點心，爸爸媽媽一概不知，也沒有吃一口，只是讓禮儀官領著，一桌一桌繞著走，一個人一個人地敬酒喝酒，聽話陪笑。三個鐘頭過去，爸爸臉紅得像塗滿胭脂，脖子都紅了，映得白衣領也顯出粉色。媽媽則完全支持不住，又累又醉，東倒西歪，靠爸爸托住支撐。到最後，爸爸也站立不穩，禮儀官只好宣布，新娘新郎告退回新房，賀客儘管繼續享樂。

就這樣，新婚之夜，爸爸媽媽在狄思威路新居裡，昏睡一天一夜，開始了自己的小家庭生活。第三天，外公又坐飛機回重慶去了。重慶正開著政治協商會議，外公是國民黨中央黨部聯絡小組成員，參加修訂《和平建國綱領》，無法在上海久住。

小樓前院是個花園，鋪著草皮，還長著花樹。樓下是客廳和飯廳，中間有拉門相隔。二樓上是兩間卧房，三樓一間閣樓，有一個尖尖的窗。後面廚房樓上是亭子間，另有兩間小屋。蜜月在繁忙的應酬和瑣碎的家事中度過。媽媽離開重慶時，辭去中國農業銀行工作，婚後在上海，到行政院善後救濟總署任翻譯。

五個月後，媽媽重新開始寫日記：

民國卅五年七月一日　星期一　大雨傾盆

這個本子是去年九月廿九日蘇儒離渝來滬時特地買來作日記的。誰知只寫了兩篇，以後便沒記下去。那時的心情眞是不可想像的，充滿著多少懷戀，多少孤寂。如今翻出來再看時，那股難以形容的哀愁似乎還縈迴於字裡行間。然而，我卻早已從重慶到了上海，從少女變為太太了。

算起來，我到上海馬上有七個月了，（我是去年十二月四日到的），這七個月中的生活眞是再複雜沒有，再變幻沒有。從到上海，找房子、做新娘、小產，這些事說來，我已經嘗夠了心理上的打擊，曾有一度我眞地想脫離這個世界，因為我覺得太失望了。我的理想與希望，在這個世界上似乎簡直不能存在。我失去了自信，更失去了對所有人的信心，於是我便像斷了線的風箏，飄忽無主，恨不得立刻將自己擲入渺無人煙的深壑之中，作個永久的休息。可是，我仍然是一個沒有勇氣的、懦弱的女人。當我想脫離痛苦的羈絆的時候，我竟為另一種痛苦的羈絆纏住了，留住了。我望著蘇儒瘦削的臉，我退縮了回來。我意識到自己的殘酷，便又開始收斂起這種殘酷的心思。我只有假設我已經死了，現在活著的並不是我自己，而是一個為了愛而忍受一切的美麗靈魂。這樣，我才能又安靜下來，也使可憐的蘇儒安靜下來。

而，從安靜中，我似乎又慢慢地拾回了失去的生之樂趣。譬如昨天是陰曆初二，我的生日。事前我並不曉得，約了四位女同事和一位男同事來玩，並且吃午飯。忽然想起這一天恰好是自己的生日，心中便加倍興奮起來。我究竟仍是幸福的。在目前的境況之下，有幾個人能爲自己的生辰而請客慶祝？又有幾個人能和自己的丈夫快樂的享受婚後第一個生辰的樂趣？而蘇儒居然能一早便去買了一束鮮花獻給我。我也能忙中偷閒地自己做了一點麵大家吃吃，總也算可以滿足了。

今天蘇儒又和我冒了雨，到南京路去買了兩副墨鏡。一副是送給我的生日禮物，另一副是他自己的。從去年七月他一進新聞處，便想買這個東西，想了一年，今天才算了了這樁心事。他還在大雨傾盆的當兒，請我到冠生園去吃了一杯咖啡兩塊點心。從前往往會讀到作家們敘述他們婚禮後第一個生辰時，想買禮物獻給愛妻而無能爲力的文章，以爲我和蘇儒結婚後也不過如此，現在看來，我們仍是一對天之驕子，不禁頗爲自慰自滿。

又譬如今天是蘇儒辭掉美國新聞處而入《新聞報》工作的第一天，大家竟能歡笑相祝，不也是目前的境況中的大幸福？多少青年失業，多少青年爲了生活，出賣了自己的整個力量和時間，卻得不到工作上的絲毫興趣。蘇儒竟能如願以償，走入自己想望了十年的路，並且懷著希望，帶著笑容，輕快地往前走。我祝福他，蘇儒，他畢竟是一個得天獨厚的青年。

因爲他入了《新聞報》館，算是正式走入了新聞界，所以他有點緊張。我想這是必然會有的心理表現，因爲他對新聞事業憧憬得太久，希望得太大，如今竟然開始幹了，心中的驚喜當然是不可抑制的。然而，他這個倔強的青年，有著多了不起的理想和自信呵！他眞以爲自此以後，他便可以逐漸變成一個成功的偉大的新聞記者呢！

可是，我想，他的確可以成功。他有才能、有智慧、有毅力、有理想……不論做哪一種事情，只要他有興趣，便可以做得好，做得成功。

我願永遠仰望著他這種充滿希望、幸福和驕傲的笑容。在這個笑容中，我還可以看出別人所看不見的甜蜜。

七十八

馬陽蘭從重慶到上海來了。爸爸媽媽家裡房間多，請她在自己家裡暫住。媽媽離開大學兩年多，經過許多變化之後，得以重溫學生時代無憂無慮的快樂，純眞誠實的友情，她非常高興。

爸爸在報館工作，上夜班，上午在家睡覺。媽媽和馬陽蘭一早輕輕起床，一起出門，坐同一個黃包車去上班。大學畢業以後，在重慶時，馬陽蘭跟爸爸同在美國新聞處工作。現在到了上海，馬陽蘭進了行政院救濟總署，又跟媽媽在同一處辦公。下午下了班，兩個人又坐同一個車，到上海老城隍廟去逛。爸爸那時已經到報館去了，要到半夜以後，才會回家。

上海老城隍廟，也叫豫園，十九世紀中葉建起，已有上百年歷史。園內建築多建於淸代末年，一色中國古建築的風格。石板道路狹窄，小店鱗次櫛比，商品琳琅滿目，遊客熙熙攘攘。

馬陽蘭說：「上了一天班，肚子也餓了，我們吃點什麼呢？」

媽媽說：「到了城隍廟，最不用發愁的就是吃。綠波廊的特色點心、松月樓的素菜包、桂花廳的鴿蛋圓子，還有南翔小籠、酒釀圓子，你要吃什麼？」

馬陽蘭說：「我來過幾次了，還記不得那麼多。你是這裡常客嗎？」

媽媽說：「也不是。我們以前住上海，跟爸爸來過幾次，年紀小記性好。我們還是去松雲樓吧，那裡八寶飯最有名，蘇儒喜歡吃這種甜黏東西，給他帶一點回去。」

馬陽蘭說：「我本來想吃素菜包，無所謂，吃什麼都行。你連吃飯也跟著蘇儒改了麼？」

媽媽說：「哪裡，既然來了，帶一客八寶飯，他喜歡。我們去吃素菜包，走的時候再買。」

馬陽蘭說：「這麼好的天，坐在飯店裡面，不舒服，我們到荷花池九曲橋去坐吧！」

媽媽說：「那裡只是茶館，沒有飯吃。」

馬陽蘭說：「我去飯店買包子，你去茶館占座位。」

媽媽說：「很好。我們一邊喝茶，一邊吃飯。」

十分鐘後，馬陽蘭抱一個荷葉包，走到九曲橋上的湖心亭。媽媽在樓上看見，老遠招手。荷花池九曲橋中心的湖心亭，建於一七八四年，尖頂飛簷，廊柱格窗，古色古香。媽媽占了樓上最好的座位，靠著窗，可以邊品香茗，邊賞湖景。馬陽蘭抱了包子，走上樓坐下來。茶也已經泡好，近水樓台，當然是杭州的龍井茶。

馬陽蘭咬一口菜包，說：「我不喜歡大魚大肉，更喜愛素菜。你看這包子，粉絲、木耳、豆腐、青菜、黃花、冬筍，吃起來多香。」

媽媽忽然說：「很久沒有聽你父親講課了，很想再聽一次。」

馬陽蘭說：「他又有新課要講了。他在研究新理論，主張控制中國的人口增長問題。」

媽媽說：「那有什麼可研究的？」

馬陽蘭說：「人口在世界上是個大課題，中國人只是還不懂。」

媽媽說：「你父親總是先走一步。」

馬陽蘭說：「打先鋒的常常要吃虧，鶴立雞群，雞就要罵。」

「那當然，雞做了君王，鶴自然只有倒楣。」媽媽說著，又笑道，「你去美國，也念人口論嗎？」

馬陽蘭說：「你別老把美國掛在嘴邊，八字還沒一撇，讓同事們聽見不好。」

媽媽說：「怎麼叫還沒一撇，入學許可有了，學費也夠了。」

馬陽蘭說：「入境簽證還沒有拿到。」

媽媽說：「有美國大學許可，又有錢，又是大學者馬寅初的女兒，還有不准的嗎？」

馬陽蘭說：「希望能趕上秋季學期。」

媽媽嘆口氣，說：「唉，眞羨慕你。」

馬陽蘭說：「琴薰，你過去天天叨嘮要去英國念書，怎麼突然一結婚，就把這個理想丟開了？你們宣布要好的時候，我還以爲你們說好了，會一塊出國留學呢！蘇儒功課那麼好。」

媽媽沒有說話，悶頭喝了幾口茶，過了好一陣。

馬陽蘭又說：「不過，還會有機會。我也是最近才辦到。」

媽媽說：「出國留學是我從小的志願，現在也並沒有放棄。蘇儒也很想有出國的機會。我們有時說起來，心裡急，半夜睡不著覺。」

這回馬陽蘭不說話，悶頭喝茶，過了半天。

媽媽又說：「如果沒有蘇儒，我自然大學一畢業就去英國了。當時想，出國留學的機會可以等一年兩年。碰到一個中意的人，像蘇儒這樣的，錯過就沒有了，不能等一年兩年。」

馬陽蘭說：「那也是，當時中大校園裡，追蘇儒的女生那麼多，你可是不簡單。」

媽媽笑了，說：「你別瞎誇張。其實是他來追我，又不是我去找他。他自己承認的。」

馬陽蘭說：「我回去問他。」

媽媽又笑了，說：「你問，他怎麼肯說實話。」

馬陽蘭說：「你們打算什麼時候再申請出國?你跟蘇儒一起來美國吧，咱們可以一塊玩。」

媽媽說：「現在再要出國，我當然會跟蘇儒一道去美國。」

馬陽蘭說：「我們一起去華盛頓，去密西西比河，去紐約。」

媽媽說：「還是沒影的事，就做美夢。」

馬陽蘭說：「有夢想的人才會有生活，我們有夢想，我們的生活當然就美。」

媽媽說：「我現在跟你不一樣，我們成了家，要過日子，還要照顧蘇儒的雙親，錢很緊。去美國留學，拿到許可很容易，我拿到過，蘇儒也拿到過，可是我們怎麼也積攢不起足夠的錢。」

馬陽蘭嘆了口氣，點點頭。

媽媽說：「我後來想，那麼我自己不去了，只要我們攢夠錢，蘇儒一個人去。他學成了回來，當名記者名教授也是一樣。」

馬陽蘭說：「琴薰，你這樣肯犧牲自己，眞偉大。」

媽媽說：「蘇儒進了《新聞報》，又多一條路。他好好幹幾年，爭取一下，或許報社會派他到英美去，做駐外特派記者，我們就可以一起去。《大公報》的楊剛就這樣出了國。」

馬陽蘭說：「不要去英國，去美國。」

媽媽說：「《新聞報》有錢，到現在還沒有駐外特派記者。總編輯趙敏恆也表示過，《新聞報》要向這方面發展，所以蘇儒有希望。」

馬陽蘭說：「《新聞報》是中國三大報之一，趙敏恆鼎鼎有名，一定辦得到。」

媽媽說：「趙敏恆以前一直是英國路透社中國分社主任，國際新聞界認識的人很多。二戰期間四巨頭開羅會議的消息，是他第一個報導出去的，所以在全世界都很有名。如果趙敏恆肯寫一封推薦信，蘇儒可以走遍天下。蘇儒就希望成爲他那樣一個名記者。」

馬陽蘭說：「蘇儒一定做得到。」

媽媽說：「趙敏恆好像很賞識蘇儒的才能。報社新記者通常都要一段時間學習實習，蘇儒剛從美國新聞處轉到《新聞報》，第三天就出簡訊，兩個星期後就獨自跑新聞。一個月後就給派往南京協助採訪政治新聞。我爸爸補選國大代表的消息，就是蘇儒從南京發回上海來的，多有意思。去年十一月二十六日的報紙，我還留著呢！」

馬陽蘭說：「當記者，也很辛苦，總要出差。」

媽媽說：「蘇儒一出差，我就每天從《新聞報》上找他的消息。有兩個星期，他在廬山牯嶺，採訪蔣委員長籌備國民代表大會的工作，碰上美國馬歇爾將軍兩登廬山，向蔣委員長引見司徒雷登大使。那時我剛流產，心裡難過極了，從《新聞報》上看到蘇儒從廬山發出消息，知道父親當時也在牯嶺，他們一定有機會見面談天。又從《新聞報》上蘇儒與蔣委員長握手說笑的照片看見他，我才好受一點。」媽媽說著，眼淚險些落下，趕緊拿手絹擦。

馬陽蘭問：「我幾次想問，沒敢問，琴薰，你怎麼會流產了呢？你身體一直不壞。」

媽媽哭起來，說：「不願上班遲到，跑路追電車，就把孩子跑掉了……是個女兒。」

馬陽蘭拍拍媽媽的手，沒說話。她知道，說什麼都沒法子解除媽媽心裡的悲哀。

媽媽說：「蘇儒的父母親又老是提防著我，不肯把我當自家人，老覺得我對他們的兒子不好。當著面做給我看，只有他們愛他們的兒子。我不曉得該怎麼辦。」

馬陽蘭問：「琴薰，你這話有點過頭了。」

媽媽說：「這是眞的。我母親每次來上海，千方百計照顧蘇儒，還爲他來罵我。可是他的母親來上海，只操心他一個，根本不理會我。我流了產，起不來床，需要人照顧。因爲蘇儒不在上海，他母親不來，我母親來上海，早早晚晚招呼我。」

馬陽蘭問：「你也放寬點心，何必爲這傷了你自己的身體。」

媽媽說：「那是我的公婆，要一道過一輩子。蘇儒是有名的孝子，全聽他父母的話。他母親告我的狀，他就來跟我吵一頓。爲了他父母，他什麼都肯犧牲。我們以後日子不知會怎樣。」

「好了，我們不說這些傷心事，家家都有一本難念的經。不過家務事，一會兒就過去了，小兩口沒有隔夜仇。吃好了沒有，我們到外面走走。」馬陽蘭說著，拉著媽媽站起來。

兩個人付了賬，走出湖心亭，順著人群，在九曲橋上走。

馬陽蘭說：「你不是說過，給蘇儒買點八寶飯嗎？我們去買。」

媽媽說：「算了，蘇儒常咳嗽，城隍廟的梨膏糖很有名，買一點回去。」

馬陽蘭說：「好，我來買，送你們。」

媽媽說：「爲什麼要你送。」

馬陽蘭說：「表示感謝呀！在你家住，在你家吃，還不該感謝嗎？」

媽媽說：「你每天買小菜回來，我們每天吃你買來的菜，哪裡是你在我家吃！」

馬陽蘭說：「反正一樣。那邊有五香豆，我們去買兩包。城隍廟五香豆，有五十年歷史。」

媽媽說：「回家路上，我想去買兩張唱片。這藥攤上有梨膏糖，我們就在這裡買吧！」

馬陽蘭跟媽媽轉到攤裡前，說：「怎麼想起要買唱片？」

媽媽說：「兩瓶梨膏糖，謝謝儂。……還在重慶，蘇儒送給我一張史特勞斯的唱片。那是他送給我的第一件禮物。當時他窮，買不起唱機，聽不成。他進《新聞報》，才買了一台手搖唱機。」

馬陽蘭說：「說好了，我付錢，你不要跟我搶，不好看。」

媽媽拿過梨膏糖，笑了，說：「好吧，你付就你付，不客氣了。」

兩人離開小鋪子，繼續閒逛。馬陽蘭說：「你還要買史特勞斯麼？」

媽媽說：「不了，我想買一張海菲斯的唱片，美國小提琴家。」

馬陽蘭說：「有嗎？那邊小鋪子裡賣五香豆，去買兩包。」

媽媽跟馬陽蘭走進小鋪，由她買五香豆，繼續談話：「也許沒有，太新。」

馬陽蘭接過五香豆，遞給媽媽，說：「我到了美國，你有什麼需要，我從美國給你買。」

媽媽把五香豆丟進嘴裡，嚼著，說：「那太好了。不過，希望用不著你幫這個忙。」

馬陽蘭嚼著五香豆，轉頭看看媽媽。

媽媽笑了，說：「我們也到了美國，不用你幫這個忙了呀！」

馬陽蘭也笑著叫起來：「對呀，對呀！」

過了兩天，馬陽蘭接到美國入境簽證。媽媽陪她買了船票，置辦了路上的用品，收拾好行裝。媽媽給她煮了十五個茶葉蛋，放在她的書包裡。馬陽蘭說：「又不是去春遊，你還能帶夠我船上一個月的飯。像個大姐送妹妹出門一樣。」

媽媽說：「我本來就是大姐。跟母親一起，帶幾個弟弟逃難。我曉得出遠門的滋味。」

馬陽蘭說：「我的天，我這是坐英國郵輪，去美國，可不是在日本飛機轟炸之下逃難。」

媽媽幫馬陽蘭弄妥行裝，跟爸爸一起送她到十六鋪碼頭，上了船，找到艙位，放好行李。三個人又一起回到碼頭上站著，等開船。媽媽依爸爸站著，默默望著馬陽蘭，心裡很難過。

馬陽蘭忽然說：「看你們一對小夫妻，郎才女貌，好羨慕。」

媽媽說：「看你上船去美國，才讓人羨慕。」

馬陽蘭說：「你們一定到美國來，我們在自由女神像前面重逢。」

輪船鳴響汽笛，媽媽默默擁抱住馬陽蘭，好半天不撒手，在她背後擦去自己的淚。

「我會回來，琴薰，一定回來。如果我們不在美國相會，我一定回來看你們。」馬陽蘭臉靠在媽媽肩上，輕聲說。她萬沒想到，這句承諾，竟要三十年之後才得以實現。

「我等著。」媽媽也輕聲地說。她說了，也等了三十年。

三個大學同學，互道珍重，各奔西東。爸爸和媽媽站在碼頭上，望著郵輪啓動。時近晚秋，風已蕭瑟，送行人的頭髮都在風中直立搖晃。媽媽瞇著眼睛，擺動手臂，朝那緩緩轉身的輪船，送去最後的祝福。甲板上，馬陽蘭揮動的頭巾望不見了，媽媽還在招手。什麼時候，才有一艘船，能夠載著媽媽自己，漂洋過海呢？

送走了馬陽蘭，媽媽接著就送爸爸。爸爸被報社派往南洋，隨國民政府宣慰專使李迪俊，去印度尼西亞採訪。十月出訪，一去三個月。這期間，因爲流產的後遺症，媽媽得了子宮炎，加上心情不好，身體實在難以支持，便辭掉救濟總署的工作，在家休養。那些日月，陪伴媽媽度過寂寞的就是那一架手搖唱機，那兩張史特勞斯唱片。每天，媽媽躺在床上，望著窗外，隨著那些圓舞曲，在冬月的藍天白雲裡遊蕩，忘卻身心的苦痛。

維也納森林的故事，多麼流暢。遠山重疊，曲線起伏。近處一片森林，深秋風中，落葉飄零，枝杈伸展，遮去太陽，只把那千絲萬縷的光芒四散透射，將那些樹、那些叢、那些葉、那些花，都染得五顏六色。藝術家的生活，輕柔飄逸，彷彿一個個少女，披著薄紗長裙，或紅、或綠、或雪白、或天藍，閃著光亮，漫舞翩翩。纖腿飛揚，若流星射月，玉臂輕落，似柳枝拂水。柔得像一絲雲、一滴水、一片玉蘭花瓣。藍色多瑙河，萬籟靜寂之中，只要法國號輕柔的幾個音符一起，人心就立刻融成一片水，隨著冬日陽光下的藍色多瑙河而去。慢板樂段，大小提琴匯成廣闊的河面，漫無邊際，靜靜流淌。小快板樂段，透明的木管三角和聲，像翻滾的波浪，像迸濺的水花，輕盈跳盪，五光十色。藍色多瑙河，述說歡樂、述說安寧、述說遠方、述說愛情。

媽媽在這些音樂裡療治心頭的創傷，熬過孤獨的歲月。數年之後，我們兄妹三人，都是在史特勞斯的音樂之聲裡度過童年。我最早聽說和記住的樂曲名，就是《藍色多瑙河》。

報社終於通知，爸爸一月二十一日回上海。媽媽那一天早早到飛機場去接。天氣很好，萬里晴空，沒有下雨的跡象。媽媽穿著一件灰色的呢大衣，領口塞緊一條花頭巾。西裝裙下是絲長襪黑皮鞋，站在停機坪地面上等飛機。她忽然想起在重慶送爸爸上飛機到上海，也曾這樣站著，看爸爸在機窗上哈氣寫字。這次，媽媽已經三個月沒有見爸爸，今天特意打扮，頭髮燙得蓬鬆披肩，眉毛修得細細彎彎，口紅抹得適度鮮亮，臉蛋上勻勻撲了粉，青春洋溢，光采照人。

飛機降落了。機門打開了，幾個不認識的人走出，從梯子上走下。爸爸怎麼還不走出來呢？他不要沒有坐這架飛機回國吧？媽媽有些著急，喉嚨裡咕嚕咕嚕作響。

爸爸出現了。他還是那麼俊秀挺拔，一出機門，讓人覺得眼前一亮。他穿著深藍色的雙排釦西裝，呢大衣搭在左臂彎裡，左手拿著禮帽。右手提一個公文皮包，手指間捏著一束鮮花。

媽媽看見他，尖聲叫起來，一隻手用力在空中搖擺。爸爸在人群裡認出了媽媽，舉起提包捏花的手，朝媽媽揮。媽媽看見了，跳起來叫。旁邊幾個女人轉過頭看她，又看到爸爸快步走過來，對媽媽笑。多麼美麗幸福的一對，大家都羨慕地看著他們。

爸爸放下皮包，丟下大衣，伸出雙臂，緊緊地抱住媽媽，久久不放。他想吻她一下，但在飛機場，大庭廣衆，他不敢。媽媽的心酥了、墜落了、融化了。她閉著眼，淚從眼角流出。好一陣，爸爸才鬆開媽媽，把手裡的鮮花，送到媽媽面前，說：「這是今早在香港轉機的時候買的，一定新鮮。」

媽媽拿著鮮花，聞著花香，看著爸爸，說：「好想你。」

爸爸說：「我也好想你。你看這是什麼？」說著，從上衣口袋裡掏出一個小巧玲瓏的盒子。

打開一看，裡面是一隻眞正的鑽石戒指，一粒精雕細刻的鑽石，在陽光下變幻著亮光。

媽媽驚叫起來：「好漂亮！」

爸爸說：「我在印度尼西亞專爲你買的。我挑了很多地方，眞是手工做的。戴上吧！」

媽媽伸出左手。爸爸小心地捏著她的無名指，慢慢把那鑽戒戴到媽媽手上。

媽媽問：「怎麼會剛剛好？」

爸爸笑了說：「走前我專門量過你戴的戒指，記下了尺寸。」

媽媽踮起腳尖，伸手抱住爸爸的脖子，左右張望一眼，快速地輕輕吻了他一下。

七十九

「報社已經決定，派我擔任特派記者長駐南京，主採外事，協訪政治。」爸爸告訴媽媽。

媽媽一聽，跳起老高，說：「那麼我們可以搬到南京去了？跟爸爸姆媽在一起？」

外公一家一九四六年五月隨國民政府還都，回到南京，住在鄧府巷田吉營。泰來舅和恆生舅都曾來上海幾次，住在媽媽家裡。他們姐弟三人有一次專門坐車子，到環龍路、愚園路、霞飛路、滬西煤球場，十六鋪碼頭幾個地方，轉過一趟，回想當年從日汪手裡逃出時的驚險。勝利以後，看見那些和平景象，難以想像當年準備在槍戰之中衝出上海，曾有過怎樣的勇氣。他們坐了出海的那艘義大利郵輪威爾蒂號，後來用作運兵船，太平洋戰爭期間被美軍擊沉。汪夫人陳璧君好多年來，一直對外公成功出走耿耿於懷，幾次對人發狠說：老娘一生玩英雄於股掌之中，想不到栽在一個鄉下婆手裡，日後必殺之不能解恨。結果戰後在青島法庭接受審判的，是她自己。

爸爸媽媽搬到南京之後，住《新聞報》報社宿舍，在城左營，離報社辦事處所在市區太平路不遠，離田吉營也很近。爸爸在報館收入優厚，還每天開報館的汽車出入。外公給媽媽在總統府掛了個名，算是國府顧問陶希聖的秘書，沒有固定工作，有時間到外婆家去，幫助外公整理些資料文稿之類。一切都如願，生活平靜而溫馨。

當新聞記者，工作時間沒有規律。爸爸不說幾點要回家，突然意外早早回家，媽媽會高興得跳起來。但常常爸爸說好回家時間，媽媽準備好爸爸最愛吃的排骨。到時間，爸爸打個電話，不能回來吃了，又惹媽媽生氣，可是也沒有辦法。

一直等到夜裡十二點鐘，還不見爸爸回家。媽媽坐著，望著昏黃的小燈流淚。爲什麼他一定要這樣好強，一定要拚命奮鬥，不能像一般人那樣，安安靜靜地過平庸一點的生活？爲什麼他要對新聞事業下這樣大的決心，將自己的時間和身體都貢獻給它？這不僅僅是爲了維持生活，他不幹新聞事業，也可以維持生活。這完全是由他的興趣、他的志願和理想促成。媽媽輕輕地自語：

「蘇，我了解你，我們都年輕，我們都有理想，要爲理想吃苦、忍耐。好好地、勇敢地做下去，不要頹喪，蘇，你的每一分鐘都會得到報酬。而且，只要我能幫助你一絲一毫，我都可以盡我的全力。蘇，只要你心裡覺得這種生活不是被生活壓迫來的，只要你覺得這是你必然要經過的一個辛苦階段，而你的內心是興奮和快樂的，那麼，我們便每天都是天之驕子，蘇……」

媽媽想著，靠在椅背上睡著了。爸爸回家，她沒有聽到，反是爸爸給她蓋大衣，把她驚醒。

「剛回來嗎？呵，一點半了。」媽媽半睜開眼，猛站起身，忽覺頭暈，身子晃了兩晃。

「你別動。」爸爸把媽媽按到椅子上。「休息兩分鐘。好點了嗎？」

媽媽這才全睜開眼，看見面前爸爸穿著一身美軍軍裝。

「你怎麼穿這樣一身？」媽媽問，想要站起，又決定不站起來。

爸爸說：「今天到美軍巡洋艦洛杉磯號去採訪，人家送我一套軍裝，你看我穿起來怎樣？」

媽媽說：「站遠點，讓我看。」

草黃色軍衣，在燈光下，顯得暗。上衣束在褲子裡。雙肩各有一條肩帶。胸口兩個大口袋。左袋上還有一小條名帶。右臂上一塊部隊號牌，左臂上一塊海軍號牌，一條寬皮帶上有一個大銅釦。筆挺的褲子下面，穿一雙高筒軍皮靴。頭上斜戴一頂船形帽，帽下是一張英俊的臉。媽媽看著，心裡咚咚跳，說：「你明天穿這個到我辦公室去一趟。」

爸爸問：「總統府？做什麼？」

媽媽說：「讓人看看呀！看我先生多英俊。我們辦公室的女同事，眼睛要看花了。」

「別人看不看，不要緊，只要你喜歡就好。晚了，我來抱你上床去睡。」爸爸說著，伸手把媽媽抱起來，走進臥室去。

媽媽摟住爸爸的脖子，笑著，連聲叫：「我不要，不要。快放下，快放下，你發瘋了！」

爸爸不聽媽媽叫，把她抱進屋，放到床上，累得直喘氣。

媽媽又站起來，說：「好了，我去給你弄吃的。」

「不用，我在軍艦吃過了。」爸爸坐到床上，摘下軍帽放到一邊，跟媽媽並肩靠著床頭，從口袋掏出一樣東西，握在拳頭裡，對媽媽說，「猜猜是什麼？我在軍艦上買來的。」

媽媽看見銀光閃閃的小包裝，又是在美國軍艦上買的，便說：「巧克力或者口香糖之類。」

爸爸笑了，揚揚手，說：「Far from it.」

媽媽不耐煩了，說：「是什麼嗎？半夜三更，讓人家猜多久。」

爸爸張開手，手心裡攤兩個小紙袋，裝那種小套套用的。媽媽一看，羞紅了臉，翻過身，掄起兩手捶爸爸的肩膀，一邊笑罵：「你個渾小子，跑美國軍艦上買這東西。你壞，你壞！」

爸爸哈哈笑，一邊躲媽媽拳頭，一邊說：「美國人才不在乎，跟買口香糖一樣自然隨便。」

「你壞，你壞！」媽媽還在捶，一邊咯咯地笑，臉埋進爸爸身邊。

爸爸說：「別鬧，別鬧，我還有件事要告訴你。」

媽媽說：「你還有什麼好話！你壞，你壞。」

爸爸說：「別，別，是恆生弟……」

媽媽一聽是恆生舅的事，就停下手，問：「什麼事？」

爸爸坐起身，理理頭髮衣服，說：「好笑事。恆生不是正學開車麼？癮頭大得出奇，見車就摸。每次我們一到田吉營，他就來借我的車子開出去玩……」

媽媽有些緊張，問：「出事了？他常去明故宮或中山陵附近空地去開，從來沒出過事。」

爸爸摟住媽媽肩膀，說：「別急，他沒出事。我回到報館聽人家說起這事，眞好笑。今天下午，憲兵隊在通往中山陵的城門口捉到一個中學生開車，沒有駕駛執照。怎麼發現的？他開的是一輛軍用吉普，掛有特別牌照。憲兵一眼就認出來，立刻攔住問話。那就是令弟陶恆生。」

媽媽問：「那是誰的車子？他惹禍了嗎？」

爸爸說：「禍倒沒惹。可這是嚴重違規，恆生弟給帶進憲兵隊總部去問話。原來是一位將軍的車，所以掛特別牌照，憲兵認得。這位將軍到你家找父親聊天，自己開車，沒有司機。車也不鎖，恆生跳上去就開走了。憲兵隊打電話到家裡去問，果然有這麼回事。那位將軍來頭很大，憲兵隊打電話的軍官一聽電話，馬上站起來立正。打過電話，憲兵隊的人把令弟教訓一番，派個憲兵開那輛吉普，送令弟回家，連一塊錢也沒罰。」

媽媽鬆了口氣，說：「我明天去問他。」

爸爸說：「明天下午我們回一趟上海。」

媽媽問：「什麼事？報館要你回去公幹，我去做什麼？」

「你看這是什麼？」爸爸說著，伸手到上衣口袋裡掏。

媽媽手捂住臉，頭頂住爸爸胸口搖，大聲叫：「不要看，不要看。」

爸爸說：「不要什麼？你看清楚再叫。你不要，我就送人了。」

「送人就送人，你還有什麼寶貝東西……」媽媽說到這兒，揚起臉，看見爸爸手裡舉著兩張小紙片，是戲票，「我看，什麼票？」

爸爸說：「藍星大戲院的演出，威爾蒂歌劇《茶花女》。」

媽媽臉紅通通，翻來覆去看那兩張票，說：「我看到報紙上廣告，曉得這場演出，可是據說票子還沒登出廣告來以前，就賣完了。」

爸爸說：「這種演出，達官貴人先有份，然後那些常年買票聽歌劇的人，先得到消息先買票。我們這樣遠在南京的，自然沒有份。」

媽媽說：「那我倒沒想到，早知道，讓父親去問問，也許宣傳部裡有票沒人要。或者請秘書打個電話去，應該也能弄到兩張票。別人不肯幫忙的話，阮繼光表哥一定會幫我的忙。」

爸爸說：「你們這些官少爺官小姐真沒辦法，一事當前，馬上就會想著用老頭子那點權勢。

你那樣弄來的票，我也許還不願意去呢！挺好一場音樂會，染上官臭，還有什麼意思。」

媽媽臉變了色，說：「反正你就是不滿意父親在政府裡當官，怎麼都不對。爸爸做的是文官，兩袖清風，從來沒有害過人，不貪污、不霸道，家裡窮得怎樣，你也曉得。你進《新聞報》還不是父親介紹。哼，假清高！」

這下輪到爸爸臉紅，哄媽媽：「好了，何必又吵，一點小事，反正我票已經買到。明天中午你穿好衣服，我三點鐘回家，接你去火車站，到上海吃晚飯，然後看演出。」

媽媽說：「你早就買到票了，一直瞞著我嗎？」

爸爸說：「那怎麼會。我哪有那樣大的神通買到票，買到也瞞不住你呀！今天在美軍兵艦上，跟幾個美軍軍官們吃飯閒聊天，給他們看你的照片，他們讚不絕口，說我太太這麼漂亮。」

媽媽又掄拳頭捶爸爸，說：「你說謊，你編，打死你，打死你！」

爸爸急忙握住媽媽的拳頭，解釋說：「是眞的，是眞的，這才說到歌劇演出。我說你最喜歡唱京戲崑曲，他們問京戲跟歌劇一樣不一樣？於是提到上海這場《茶花女》。我說，看西洋歌劇，我最喜歡威爾蒂和普契尼，換個別人，像華格納甚至莫扎特都無所謂，看不上這場威爾蒂，實在遺憾。一個軍官，好像是副艦長，伸手從口袋裡取出兩張票。他說，他對歌劇毫無興趣，本來也沒打算去聽，問過幾個艦上同事，都不大熱心跑路去上海，送給我不浪費，他才更高興。」

媽媽說：「我問你，人家是送你票子，還是你買的？」

爸爸說：「他要送，我要買。最後我還是付了錢，他們買了酒喝。」

媽媽說：「就是，我最不喜歡欠人家的情面。」

爸爸說：「其實是你給我們賺了這兩張票。看你照片說起來的呀！」

媽媽又撲過來，跟爸爸打做一團，鬧了一陣。最後，兩個人都累了，躺下來望著屋頂。

媽媽說：「我穿什麼呢？肚子大了，衣服都穿不下了。」

爸爸說：「哪裡的話！九月才生，現在哪裡肚子就大了，根本看不出來。你們女人一懷孕，心理就變態，神經兮兮。」

媽媽說：「這可是你的兒子，你罵我，我生氣，兒子生不好，不要怪我。」

爸爸說：「我哪裡罵你！我只告訴你，你還是一樣的年輕漂亮，不用擔心。」

第二天下午三點，爸爸趕回家換衣服，一邊自己穿，一邊看媽媽。媽媽穿著一身黑絨長裙，蓋著雙腳。那是結婚前在上海訂做的，現在穿上，還是一樣合身。媽媽不喜歡西洋夫人那樣袒胸露臂，所以長裙衫包裹著雙肩、心形尖領，更顯得媽媽脖子長而直，戴一條細細的金鍊，那是爸爸到《新聞報》工作領第一個月薪水，給媽媽買的。媽媽的頭髮燙得蓬鬆，披在肩上。眉毛修得細細彎彎，隨著笑意跳動。口紅抹得適度鮮亮，一彎一彎，微笑說話。臉蛋上勻勻撲了粉，嫵媚中又添一絲少婦的成熟和喜悅。媽媽手裡搭著那件常穿的藍呢大衣，路上披的。

「你眞漂亮，我說得一點不錯。」爸爸說著，趕到洗手間，洗臉梳頭，然後穿上一身黑色的雙排釦大翻領的英國嗶嘰西裝，上衣左胸口袋裡插了一角白手帕。裡面是一件淡淡的鵝黃襯衫，紮一條深紅暗花的領帶。腳上是一雙黑色三接頭尖皮鞋。爸爸身高一百七十四公分，在中國男子中可算是高個。身體瘦長，尖臉淸秀，從高中起就一直讓人讚歎他一表人材。

一切妥當，爸爸幫媽媽把藍呢大衣穿上。自己把黑色禮帽戴好，又穿上一件風衣。這一雙英俊夫妻，出門開車到南京火車站，坐火車到上海。

在火車上，媽媽告訴爸爸：「我上午到田吉營去了一趟。恆生弟昨天確實開了人家車出去闖禍。他說，憲兵送他回家，他心裡一直怕，不知要怎樣挨罵。悄悄走進門，什麼事都沒有，那位將軍還坐在客廳裡跟爸爸高談闊論，沒有告辭的意思，所以爸爸也沒時間來找恆生弟算帳。你知道那位將軍是誰？蔣緯國將軍。」

爸爸呵了一聲，難怪。

媽媽問：「到上海我們還回狄思威路嗎？」

爸爸說：「沒有時間了吧，先得去吃晚飯。除非你想回去一趟，要取什麼東西嗎？」

媽媽說：「也沒什麼。不過想回去看看我們的房子。我們需要吃一頓晚飯嗎？不大餓。」

爸爸說：「我其實也不大餓。那麼我們去冠生園隨便喝點咖啡，吃點點心好了。」

媽媽看了爸爸一眼。她清楚地記得兩年前她過生日，爸爸帶她到冠生園吃點心。那時她剛流產，心情非常壞。媽媽想著，悄悄地摸摸自己的肚子，臉上浮出些許笑意。

冠生園的點心還是一樣，店裡安安靜靜。爸爸媽媽坐下來，一杯加糖咖啡，兩塊奶油蛋糕，不過現在付帳不像兩年前那麼心疼了。快快吃完，兩人忙趕去法租界霞飛路藍星大戲院。

劇院休息室裡鋪著厚厚的地毯，許多人走來走去，卻一點聲音都沒有。所有人的外套，都存在寄衣處。男人們都穿黑色的燕尾服或筆挺的西裝，左胸上都插著白手帕或小花朵。女士們更是珠光寶氣，長裙拖地，頭髮高聳，有的露肩、有的袒胸。大多數人都互不相識，摩肩接踵之間，也仍相視一笑，有的甚至舉舉手致意，所有人都彬彬有禮，紳士淑女。

一聲悶悶的鐘聲響過，聽衆們魚貫走進演出大廳。

爸爸和媽媽坐在樓下偏左，座位並不很好，但是他們都很滿足。《茶花女》的劇本，他們早不知看過多少遍，歌劇裡的歌，他們也早不知聽過多少遍。爸爸甚至還會唱基奧爾基奧的兩段詠嘆調。但是，這是第一次，他們坐在歌劇院裡，聽這齣歌劇。

燈光暗下來。人們都靜了，只老後面座位上，還有一兩人乾咳幾聲。舞台上，紫紅的天鵝絨幕布垂著，一派雍容華貴。樂池裡，樂隊指揮走出來，樂隊的人都拿手或琴弓輕輕敲擊譜架，觀衆席掌聲雷動。那洋人指揮個子很高大，頭髮長長的。他穿著黑色燕尾服，戴著黑色領結，腰間紮寬寬一道綠色的絲綢帶。他兩個手扶著樂池邊，微帶著笑，對觀衆點了點頭，然後回過身，從譜台上拿起指揮棒，舉起雙臂，揮動起來。輝煌的樂曲驟然響起，震撼人心。黑暗中可以看到指揮燕尾服袖下露出的兩個白得發亮的袖口在晃動。

天鵝絨幕布急速升起，明亮豪華的大廳展現出來，紳士淑女們都舉著酒杯走來走去，歡樂地歌唱。爸爸伸手，到媽媽的膝蓋上，抓住媽媽的手。媽媽沒轉頭，只是輕輕地捏捏爸爸的手。兩個人都屛住呼吸，沉醉在開場《飲酒歌》歡樂的歌聲裡……

生活安定而舒適，工作繁忙且順利，理想光明又接近，一九四七年春到一九四八年秋，爸爸和媽媽在南京度過了他們一生中唯一一段幸福美滿的歲月。其間，一九四七年九月二十七日，作爲他們愛情和幸福生活的結晶，一個兒子出生，成了田吉營外公家和城北營媽媽家兩處的中心人物。

那個小子就是我。

八十

再向前邁步，就走進水裡了，她終於站定在一塊石頭上。左手握著一張捏皺的紙，右手把抱著的孩子放到身邊地上。那女人是我的媽媽，那孩子是我。

眼前是吳淞口，黃浦江在這裡進入長江。遠遠的天邊，彷彿可以望得到長江匯合東海之處。已近傍晚，天又陰沈，前前後後，一片茫茫，是雲、是霧、似濃、似淡、灰色的天、灰色的海，海天相融，遠不可及，又彷彿伸手可觸。

媽媽站在那裡，海上的風吹動她披肩的頭髮，掀動印有白色小花的藍旗袍角。她微瞇兩眼，一動不動眺望遠方海天相連處，似乎在努力搜尋什麼。手裡的那卷紙在風中瑟瑟響。

我站著，拉著媽媽的手，隨媽媽向遠處望，什麼也看不見。抬頭望望媽媽，她依然一動不動地張望，她能看見什麼嗎？我不敢開口問。今天媽媽在屋裡坐了一天，半下午突然把我從午睡中叫醒，抱起出門。一路趕到這裡，她一句話不說，眼睛直直的，一直發呆。

天越發暗下來，海風漸漸強壯。雨終於下起來，劈劈啪啪打在面前的水裡和石上。我的頭髮溼了，衣服溼了。我有點冷，有點害怕，抓著媽媽的手一個勁打顫，叫：「姆媽、姆媽！」

媽媽終於聽到了，把眼光從海上收回，低下頭來，看看我。然後蹲下身，右臂攬住我，說：「是的，下雨了。每遇分離，就是下雨。」

我抱緊媽媽，說：「姆媽，我要回家。」

媽媽的頭髮都溼了，貼在額前腮邊，滿臉都是水，不知是雨，還是淚。她伸出左手，用手裡那卷紙向迷迷濛濛的海上指指，輕聲對我說：「那邊是大海。」

我把臉貼在她的臉上，點點頭表示聽懂了。

「看不見了。」媽媽的嘴唇在動，微微的氣吹在我臉上。她像是說給我聽，又像是說給自己聽，耳語般地繼續，「外公走了，到海那一邊去了……」

我睜大眼，向遠望，還是什麼也看不見，漸漸大起來的雨，像幕布一樣遮蓋起整個世界，阻擋我張望外公遠去的身影。

媽媽仍在耳語：「記住，寧寧，你一歲半了，記住，今天是一九四九年五月六號。今天早上外公隨蔣總統，坐江靜輪走了。」媽媽說完，眼淚像海水一樣奔騰而下。就是在她那雨水橫流的臉上，我也還是能辨認出她滾燙的淚。

兩個月前，爸爸媽媽才剛抱著我從香港坐輪船回上海。西南聯大的好友許相萍和她的先生梁彤武叔叔到碼頭上來送。外婆和舅舅們都住在九龍旺角，頭天晚上已道過別，沒有到碼頭送行。分離很多次，誰也沒有想到，這一次會比以往所有分離都更重大，也許會是死別。

天色灰暗，濁浪濤天。輪船甲板上、艙房中、餐廳裡、走道間，到處空蕩蕩，連船員也不多見，好像普天之下，只有爸爸媽媽和我三人，會在這樣時刻，從香港回到上海去。

一九四八年多事之秋，東北錦州一戰之後，共軍控制了東三省。緊接著北平大戰風煙四起，傅作義將軍去留未定。十一月十二日陳布雷在南京公館服安眠藥自殺身亡。徐州會戰國軍大敗，共軍部隊進逼長江北岸。外公臨危受命，繼陳布雷任蔣總統侍從秘書，起草一九四九年元旦文告，蔣總統宣布引退。眼看國民黨敗局已定，外公把外婆和舅舅們送到香港暫避，媽媽抱著我也隨至香港。外公自己仍留在南京總統府裡。爸爸也還在南京，主持《新聞報》南京分社。

船下浪濤前擁後撞，幾叢斷落的枝葉在旋渦裡打轉，左右擺動，隨波起伏，周圍骯髒灰白的泡沫，沾染淹沒了它們。這些枝葉在浪濤裡無能爲力，只有靜靜地順應，等待最後覆滅的命運。

媽媽縮在艙內床鋪上，抱著我，眼睛望著爸爸。跟外婆在一起的時候，不論面臨多麼嚴重危急的情況，媽媽心裡都不用害怕。外婆沉著穩定、有力量。或許外婆不像一個知識份子那樣思前想後，但是外婆曉得該怎樣做、要怎樣做。爸爸不一樣，他躺在那裡，幾個小時地思想、分析、衡量，他猶猶豫豫，想這樣做那樣做，他前怕狼後怕虎，他爲了這也不放棄那也不犧牲，最後什麼也不敢做。跟爸爸在一起，媽媽覺得慌張恐懼、沒有把握，不知該怎樣。

爸爸兩手墊在腦後，盯著艙房頂，說：「並不是我一個人這樣。我也希望永遠在南京安安定定生活下去，可是我們做不到。蔣總統做不到，國民黨幾百萬大軍也沒做到。他發求和文告，無效，引退回奉化，希望借長江天險，保住半壁河山。現在整個中國面臨巨變，怎樣變法，沒有人能預料，大概只有共產黨心裡有打算。這種情況下，我們這樣的小人物，有什麼辦法！」

媽媽沒說話，忽然之間，她想起重慶中渡口的茶館。

爸爸繼續分析：「我在政治上一直中立，從沒有參加過任何政黨，也沒參加過政治活動。陶希聖是我的岳父，沈鈞儒是我的堂兄。……我崇尚自由主義，不支持國民黨政權，也不反對馬克思主義……」

媽媽說：「呵，你跟共產黨才打了幾天交道？爸爸從二十歲起在上海就參加革命，他認識的共產黨比你聽說過的都多多了。」

爸爸說：「你說這些，什麼意思？」

「爸爸對共產黨的了解，比你深刻得多，全面得多。你懂政治嗎？你幹過政治嗎？你曉得幹政治的人，心有多狠，臉變得會多快嗎？你吃過多少虧？經過多少險？別人說什麼你都聽，你就是不肯聽爸爸的勸告。」說說，媽媽哭起來了。

爸爸說：「他們到底打敗了，對不對？我們在南京，活得好好的，我有什麼不願意？沒辦法的事情。《新聞報》做得好好的，我還捨不得丟掉不做了。」

媽媽說：「爸爸自然會給你想辦法。他對我講，他可以安排你去台灣《新生報》擔任採訪主任，繼續做新聞。你不接受。」

爸爸嘆口氣，說：「前月有一次，父親和我去中山陵散步，談論時局，父親毫無信心，否則爲什麼送你們去香港？我問，南京守不住，怎麼辦？他說，只有退守台灣。我問，如果台灣守不住，怎麼辦？他苦笑笑，背出孔子《論語》裡的一句話：乘桴浮於海。我聽了，覺得很震動。父親是國民黨要員，尚不知前途如何。我連國民黨員都不是，跟著到台灣去做什麼？」

媽媽說：「那就留在香港，也沒什麼不好。」

爸爸說：「現在差不多全上海的人都跑到香港去了，我在香港找得到工作嗎？好幾天，恆生陪我到處跑，找不到事，你也曉得。」

媽媽說：「你沒有眞打算在香港找到事，所以找不到。」

爸爸不說話了。媽媽沒有說錯，爸爸根本沒有打算留在香港，或者去台灣，他立意要回上海。我的爺爺奶奶還在浙江鄉間，爸爸不能丟下二老，遠走他鄉。他從小是有名的孝子，就算在共產黨手裡一定會死，他也要死在家鄉，守著父母。

媽媽又說：「泰來已經把印刷廠設備都運到香港了，很快他們就會安裝起來，要開工。」

爸爸說：「那又怎樣？他會聘我去工作嗎？我去印刷廠能做什麼？」

媽媽說：「他當然會聘你去做事。爸爸當年在上海，也做過商務書局的中文秘書。」

爸爸說：「就算可以做？要多久印刷廠才能開工，多久才能賺錢發薪水？三年五年，難道我們就帶著寧寧，一直依附你娘家？」

這話，把媽媽洶湧的淚水打下來。幾個月前，媽媽抱著我，跟隨外婆舅舅們一同到香港，先借住九龍新界余啓恩家，三星期後，搬到大南街租的屋子。面積很小，除開廚房廁所，一家人把小小的樓層隔成前中後三小間，八人分住，很不好過。加上我一個不到兩歲的小搗蛋，要吵要哭，誰受得了。那種日子不能長久，所以媽媽同意離開外婆家，跟爸爸回上海。

爸爸說：「人家都說《新聞報》是反共報紙。我從美國新聞處到《新聞報》，美新處許多人說我參加反共了。可是《新聞報》的社長詹文滸，總編輯趙敏恆，都決定留在上海不走。他們名聲比我大多了，成就比我高多了，去海外不會沒有工作地位，可他們也還是留下來。他們都不怕共產黨，我有什麼可害怕的？」

眼淚也好，爭論也好，輪船開到了上海，媽媽沒有回頭的路。媽媽也不想回頭，她愛爸爸，嫁給了爸爸，跟爸爸一起生下了我，她從沒有想過要離開爸爸，生死禍福，在所不計。媽媽並不在乎她自己的性命和幸福，從小到大，她在生死線上經歷過許多次了。她心中唯一放不下的，是外婆和舅舅們。什麼時候，只要她能夠再與他們團聚，就心滿意足了。

爸爸媽媽不敢再住狄思威路的洋房，在法租界西邊租了陝西南路四號一間房子暫住。里弄裡一道石頭牆圍住，小小的天井，一座三層小房子，我們家住在二樓，臨街一面三個對開大玻璃窗代替了牆壁。爸爸每天仍舊去報館上班，媽媽在家看報，查尋外公的行蹤。國共和談破裂，四月二十一日，共軍渡過長江。二十三日，南京失守。二十六日，外公隨蔣總裁，從浙江溪口到達上海。五月二日傍晚時分，外公獨自一人，悄悄到陝西南路來。爸爸沒有在家。

外公顯得蒼老了許多，臉色臘黃，眼神迷茫，背有些弓，腿有些慢。媽媽看見他這模樣，心痛如焚，抱住外公，放聲痛哭。外公挨著媽媽坐著，一手抱著我，一手撫摸媽媽的背，很久不說話。要怎樣說，才能讓爸爸媽媽懂得，留在上海，到了共黨手裡，他們將會有怎樣的不幸和苦難。這些年輕人，不懂得中國歷史、不懂得中國政治、不懂得中國共產黨。他們一定要用親身血淚，才能擦亮自己的眼睛。可是外公的話有什麼意義呢？國民黨戰敗了，失敗者沒有資格教訓別人，告訴別人應該怎樣預測前程。外公心裡明白，卻又不能對媽媽說。共軍占領南京之後，不攻上海，卻從南京直下杭州，形成對上海三面合圍之勢。四天前，他剛剛替蔣介石起草《告全國同胞書》，發表在上海《申報》頭版，表示保衛上海的決心。可是指揮上海防衛的國軍將領，都在忙著安排撤退台灣。上海守不住了。

「琴丫，跟我走吧！」外公反覆地勸說。媽媽摟著外公，流著淚，搖頭。

外公摟著媽媽，忍不住老淚縱橫。眞是天大不幸，外公一生刀筆無敵，可他無法說服的，卻是自己的親生女兒。呵，琴丫，她出生的那個瞬間，他曾對天發誓，要保衛女兒，要讓女兒過幸福生活。可是現在，她偏偏要留在上海，留在她毫無所知的共產黨的掌握之中。這一刻，外公突然意識到，家人離別是多麼痛苦、多麼悲哀。他從來沒有這樣在意過離別，從來說走就走，義無反顧。如果生命能夠重新度過一次，外公願意放棄他所經歷過的一切，只要能換得眼前這一瞬間，說服媽媽跟自己一起離開上海。

媽媽趴在外公肩上，哭得幾乎昏死過去，又醒轉來。

外公在媽媽這裡坐了一個鐘頭，卻好像經歷了一個世紀。他不願離去，他願意永遠守衛在媽媽和我的身邊，保護我們不受到任何傷害。可是，外公終於走了，默默地，傷心地走了。

五月四日，外公的學生沈巨塵匆匆趕到陝西南路來，放下一包東西給媽媽，說：「老師要我轉告，他明後天要跟蔣總裁出海去了。特派我來一次，給你留下這包東西，以備將來急需之用。」說完，也不坐一坐，匆匆走掉。

媽媽在桌邊，小心地打開那個小包，裡面裹著十塊金條，每塊一兩。還有一張外公親筆字條，寫著：

時勢如此，我也無奈。但願你們永遠互愛互助，共渡困難。

不論天涯海角，我將時刻祈禱，願上帝保佑你們一家平安。

今天拂曉，外公隨蔣總裁坐江靜輪出海，到了吳淞口，外公仍不甘心，請求蔣總裁在那裡稍停兵艦，允許他最後一次給留在上海的媽媽發個電報，催她帶我立刻離開。蔣總裁答應了，即令在吳淞口停艦，從艦上給媽媽發出一封電報，並命上海警備司令部派一艘快艇，在十六鋪碼頭待命，準備接到媽媽和我以後，送至吳淞口，登艦會合。

爸爸一早出門，不在家。媽媽收到電報，卻沒有趕到十六鋪去。屋子裡飄蕩著史特勞斯的圓舞曲，媽媽捏著外公那張電報，在屋角的陰影裡坐著。桌上的座鐘滴滴答答的響，秒針一格一格地跳。媽媽坐著，沒有聲、沒有淚、沒有動作，她到底沒有離開上海。

太陽將要西斜時，媽媽突然像猛醒過來，跳起身、抱起我、衝出門，搭車奔到這處海邊。海是空的，天是空的，眼前頭上，蒼穹萬里，什麼也沒有了，什麼也看不見，只有雨。媽媽把手裡的電報輕輕丟進海裡，看著它在水裡蕩漾起伏，久久不肯漂離遠去。

海水，帶走了媽媽二十七年生命的一切，歡樂幸福，辛酸血淚。這一次，是生離，是死別，又要有多少歲月，多少磨難，一家親人才得重逢，外公才能重新撫摸媽媽的頭髮，外婆才能再次抱起自己的孫兒，媽媽才能又拉起舅舅們的手。從今後，媽媽將面臨怎樣的生活，多少苦難，多少屈辱，沒有人能預料，沒有人會懂得。

大雨依然下個不停。

身後，上海城外，遠遠的，隱隱聽到一兩聲炮擊。共軍向上海的進攻，就在旦夕。

後記

我寫《嗩吶煙塵》

我非常愛我的母親，我非常懷念我的母親。直至今日，母親已經去世二十多年了，很多深夜，我仍會醒來，望著星月，傷心不已。我仍對母親懷著深深的愧歉。作爲母親的長子，我沒有能夠保衛母親的生命，沒有能夠讓母親多活些時，過幾天輕鬆些的晚年。

我的母親陶琴薰，是前國民黨要員陶希聖先生的次女，因爲其姐驪珠大姨不幸三歲夭折，母親在家一直作長姊。一九四九年政權易手，母親滯留大陸，三十年間，受盡迫害，頑強掙扎，患病無醫，終成殘疾，五十七歲，飲恨逝去。至死未得與外公舅舅們重見一面。

母親自小熱愛文學創作，立志大學畢業出洋深造，像冰心一樣，當個作家和教授。母親感情眞摯，思想敏捷，文筆流暢。中學時，便在北平的報紙上發表文章。高陶事件以後，在香港《國民日報》發表長文，連載兩日，每日大半版。而她一生經歷之曲折悲壯，除了她自己，任何一枝筆都無法描寫完全。可惜中共政權不允許母親寫出她所要講的故事來。

我的外公從政多年，母親也跟著在中國近代政治風浪中浮沉。她經歷過民國初期殘存之封建制度下的生活，北伐戰爭的風雲，抗日戰爭的殘酷，以及在中共政權下的苦難。我們兄妹懂事以後，母親時常對我們講她一家早年的生活，特別她自感生命不濟以後，給我們講述得更多，而且在病榻上寫下一些回憶文字來。我想，母親怕我們會忘記外公和她兩代人所經歷過的苦難，又怕我們受欺騙，不能了解外公和她。

在中國近百年歷史中，母親只是個極平凡的普通女人。可是，她大起大落的個人悲劇生命，卻眞實地折射出中國社會數度變革的反覆陣痛和中華民族的外患內憂。旁人可以漠然無視，說些冠冕堂皇的大話，把個人的苦痛淡化，好像開個追悼會，發張平反通知，一生的冤屈就可以勾銷了。可我堅決相信，對於母親自己，對於母親的子女們，母親所經歷過的一切歡樂、苦痛、幸福，和悲哀，都絕不是微不足道，絕不可以輕易忘卻。爲了這個原因，二次大戰德國法西斯滅絕人性的屠殺暴行，至今仍然是歐美文藝創作源源不斷的主題。前幾年《辛德勒名單》轟動全球，近期美國上演《安娜·佛朗克》，重現安娜在德國集中營內的苦難。我不懂，爲什麼中國人就可以那麼輕易地忘卻自己過去所經歷的災難？健忘的民族一定要重覆歷史。

從母親對往事的講述中，從母親的個人品格中，我可以想像母親一家人的音容笑貌，家庭生活，喜怒哀樂。即使在大陸最黑暗的年代，鄰居們時常舉著拳頭，朝我們高喊：「打倒國民黨！」「我們一定要解放台灣！」的時候，我仍然對母親的家人們保持極大的尊敬和深厚的愛。母親是我們家庭每個成員之所以沒有在六〇年代，文化大革命浩劫中沉淪下去的唯一和根本的原因。我相信，如果母親那樣值得我們敬愛，那麼母親的父母一定也不可能像中共所框定的那樣兇惡，母親的弟弟們也一定可親可敬。

因此，我能理解，母親何以三十年間，時時刻刻地思念她在海外的親人們？我剛上初中，母親便對我說：好好讀書，將來念大學，當工程師，找機會出一次國，替我給外公發一封信。從那時起，出一次國，替母親給外公發一封信，便成了我終生的使命。可是，母親到底經不住折磨，沒有能夠親眼看見我到美國來，沒有看到我向海外親人們講述母親在大陸三十年所受的不公平待遇。母親臨終的時刻，我對著母親發誓：我一定要接著寫完母親想要寫下來的她自己的故事，把母親的一生講給天下所有有良心的中國人聽。

這便又成了我終生的使命。

我到了美國，見到外公和舅舅們。可是，我對母親承諾的使命沒有完成，我一定要寫出一本母親的故事。在美國十幾年來，雖也時有小作，但忙於安頓家業，賺錢糊口，日夜奔波，難圓此夢。一九九七年五十歲生日時，我哀嘆：如此下去，此生休矣。太太便勸我，既然這本書對我如此要緊，就執著去做。她來賺錢養家，讓我安心寫作。寫成了，能發表，最好；發表不了，留給自己子孫們看，也有意義，總算了卻心底夙願，到老終無遺憾，也對得起母親了。這就是我寫母親的故事的初衷，和開始。

難得有個這樣理解我的賢慧妻子，我便離開原來的工作，兩耳不聞窗外事，居家寫作。收入少了，家裡日子當然艱苦，粗茶淡飯，過最低標準的日常生活。可是我們不計較，生活再苦，也苦不過我們當年在大陸那些年的日月。何況，我們曉得，我們爲什麼受這樣的苦。開始時我可以全天寫作，後來時有來拉差的人，我甚而應邀在美國聯邦空軍軍官學院兼職任教。其間我還寫作出版了六本其他主題的中英文書籍，並在一些報刊雜誌上寫專欄或文章。雜事增多，時間減少，可我的全部心意，一直始終集中於寫作母親的故事。

下個決心容易，要做到，難得多。我寫母親的故事，不是創作一篇完全虛構的小說。讀過許多歷史資料以後，我相信，母親的親身經歷，比我所可能的虛構想像更爲豐富得多，更加驚心動魄，所以我決定故事都用眞事，只做結構和細節上的加工。可是我又不要寫一本字字考據的歷史教科書。我想把母親的故事，寫成一部以眞人眞事爲架構而又有聲有色的歷史小說，不僅史家可讀，所有高中畢業生也都可以讀懂，在讀故事中了解歷史。這樣我才能夠完成我對母親發的誓言，讓天下人理解我的母親。標準高了，寫作就更難。

首先，我要決定，書裡是否使用父母雙親家人的眞名眞姓？這費了我許多的思索，也曾設想過許多結構方案。可是，由於外公在中國近代歷史上的獨特地位，我實在不能虛構。外公和母親親歷的高陶事件世人皆知，我怎麼可以虛構爲「李王事件」，或者「趙劉事件」。

按照普通人的理解，小說屬虛構，所以不可用眞人眞名。傳記爲記實，所以字字句句不可虛構。有些人甚至警告我，用眞姓名而寫虛構的小說，會構成誹謗罪名。我想過許久，也著實很怕過一陣。可是，《三國演義》是著名的小說，用了曹操劉備孫權的眞名，流傳幾百年。人所共知，書中對曹操的描寫大不符實，卻從沒聽說哪個曹操的子孫控告《三國演義》誹謗祖先。最近美國出版一本雷根傳記新作，以傳記書籍出版，但是書中不僅虛構許多情景，而且乾脆編設了一個人物，作雷根的朋友，與雷根談話，說出作者要說的話。此書出版至今，也沒有聽說哪個人告上法庭，說那作者誹謗雷根。近看電視劇《瑪莉蓮夢露》，用的都是眞人姓名，在片頭文字說明，本劇乃虛構之文藝創作。也沒見美國人把此劇告上法庭，說是誹謗他人。美國人最喜歡上法庭打官司，有官司不打很少見。由此可知，用眞人姓名而作歷史小説，在眞實事件的基礎上做虛構加工，刻化形象，如本書所做，並不一定構成誹謗罪名。這樣作法，不是前無古人，我敢説，也絕不會後無來者。

爲此我寫信給父親和每個舅舅，説明我的寫作計畫，徵求他們同意。父親曾一度提出異議，怕我惹禍上身，舅舅們卻沒有一個表示反對。大舅和三舅幾次寄給我珍貴的資料，如他們自己早年的日記，外公寫給母親的信件，母親早年照片等等，對我寫作表示支持。

可我還是很怕中國人傳統的忌諱意識，爲愼重起見，書中除了我的前輩家人和一些社會名人（如外公早年的上司商務印書館總經理王雲五先生，我想不能改爲「周雲五」。或者蔣緯國將軍也不能改爲「劉緯國將軍」。）其他朋友的名字，我還是改一兩個同音別字，未用眞名。其實，我對所有的親人和母親的朋友，都充滿愛和敬意，絕無絲毫傷害他們的念頭。有書爲證。

因爲從小母親總用湖北方言發音，對我們講她的老家陶勝六，按北京話聽，極近陶盛樓，故而在書中把此地名改作陶盛樓三字，聽起來更像個地名。可是上海北平重慶香港這樣的地名，實在不能改，都改掉了，便難説是中國的故事。有些不涉全局和主旨的細節，爲了易讀，也稍加簡化。但這情況不多，不致改變歷史的眞實。

解決了這個問題，我就得構想母親和她的親人們的形象。母親是怎樣一個人，我了解。而她是外公外婆的女兒，舅舅們的姐姐，我覺得應該可以按照母親的性格，來追尋外公和外婆形象的影子。外公一生，外界譽焉毀焉，大多只是集中於他作爲政治家這一個單層面來評説而已。可是大舅告訴我，外公從來不喜歡從政，外公的眞正興趣和志向，是作學問，研究歷史和經濟。外公自稱不過書生論政，論政猶是書生。據我讀史總結，書生論政，必難免有些理想主義，也做不到政客那般冷血無情。而對於母親來講，外公則只是一個父親，一個有血有肉、有哭有笑、有喜有悲、有愛有憎的人。母親所以三十年間對外公充滿思念，一分不減，並非因爲外公是個政治名人，或者學界泰斗，而純然是爲了她對父親的愛，父親對她的愛。

過去幾十年間，每次聽母親講外公的故事，看母親的神情，我就更加深對外公作爲一個人的景仰。我的想像終於得到了證實。母親去世後，我們三個兄妹，得到在海外舅舅們的幫助，到了美國。外公懷念母親，想看看我們，便申請台灣當局特許，批准我們兄妹進入台灣。可是，我們顧及到仍留大陸的老父親的安危，最後決定不去台灣。不料，外公竟以九十高齡，親自坐飛機，跑到美國來看我們，讓我感動得無以復加。外公其實果然是一個情義深厚的人。

讀過外公的一些著作，我更了解，外公不是一個枯燥乏味的政治家或者刻板木訥的學者。外公自己書中津津樂道他幼時騎馬打槍，説棋論戲，很有風趣，甚至幹過惡作劇。母親獨自在昆明西南聯大讀書時，外公寫給母親的家信，多次問及是否買了暖水瓶、是否訂了牛奶這樣的瑣事，關切之情，躍然紙上。我感覺，外公確實慈祥關愛，可親可敬，難怪母親一直那般地愛他。他到美國來時，我有個機會，對他講母親寫過些回憶的文章，沒有寫完就去世了。我立誓要繼承母親遺志，把母親的生命寫出書來。外公很高興，鼓勵我説：寫呀，寫出來我看。可惜我寫得太慢，母親沒有看到，外公也沒有看到。

中國傳統觀念五千年之久，許多意識根深蒂固，比如喜歡把人單一化，或好或歹，或黑或白，不是神就是鬼，不習慣多側面的人物，不理解多種性格的綜合。是神者，永遠板個臉，不哭不笑、不吃不喝、不喜不怒，事事正確，絲毫不錯。開口罵了人，便是壞人。好人當然不能醉酒等等，都成了公式。寫書的人這樣想，讀書的人也往往這樣來判斷。可是我寫外公外婆，母親舅舅，立志不把他們寫成神，而要寫成多側面的人，有哭有笑，有些行爲甚至似乎不夠理想。在我心目中，媽媽和她的親人們，首先可親，然後可敬。我也希望在我的書中，把他們寫成那樣的人物。可敬的人，不一定可親，而可親的人，一定可敬。古今中外，所有寺廟裡的神像，都被人敬了很多年，可是有多少人愛它們？「蒙娜麗莎」的不朽，正在於她不是神，而是人，跟我們一樣平常的人，所以可親。可是我預料到，我這樣寫法，也許犯了中國人的忌諱，引起某些爭議，但我問心無愧，不改初衷。我以我個人的感情、歌頌的感情、愛的感情，來寫母親和家人，把他們也都寫成可親可敬的人。

既然決定用眞人眞事，當然必須對這些人這些事負責任，不能信口亂編。何況，都是我的親人長輩，不可以對祖宗長輩稍有不恭敬。於是，我到處尋找有關歷史資料，多讀通讀，有些讀許多遍。寫作之前，寫作之中，我不斷讀書，計有中國近代史、中國現代史、國民黨史、共產黨史，英國劍橋和牛津分別出版的中國歷史（特別是有關外公的專章）、民國名人錄，記錄北伐戰爭、抗日戰爭和國共戰爭的史料，有關舊上海的著作，不同版本的《汪精衛傳》、《胡適的日記》、萬墨林著《滬上往事》、章君穀著《高陶事件》、陶恆生著《高陶事件始末》，早年的香港《大公報》、香港《國民日報》、上海《文匯報》、上海《新聞報》，還有《讀者文摘》、《傳記文學》，谷斯湧著《兩代悲歌》，以及許多書籍報刊。父親一次到上海，還專門去圖書館翻檢舊報微縮膠片，幫我訂正一些史料日期。

可是，我要寫的是母親的個人生活經歷，所以更注重母親及親友的記錄，只把社會政治歷史作爲背景，隱乎其中。外公所著《潮流與點滴》，在《自由談》和《傳記文學》上發表的高陶事件始末、驪珠之死文章，外婆所著《逃難與思歸》，母親一九四〇年一月三十一日在香港《國民日報》上發表的「我家脱險的前後」，外公早年寫給母親的信，外公早年與學生何茲全的通信，母親早年的日記和照片，大舅早年的日記，大舅與母親的許多通信，三舅的許多著述，父親寫的回憶錄，叔父寫的回憶錄，母親早年的交代材料、思想檢查，以及片紙隻言的回憶文字，母親中學大學同學的回憶文字，母親與所有親朋戚友的通信等等，我更不知通讀過多少遍，做過多少記號，寫過多少筆記，逐字逐句琢磨，爛熟於心。我寫作的日子裡，這些資料、照片，朝夕擺在我書房的案頭，許多故事信件對話，我幾乎是從這些回憶錄裡原封不動抄錄下來。

花了三年多時間，我把過去陸續寫作的片章整理起來，幾度調整結構，終於完成初稿。因爲母親一生幾乎經歷民初以後數十年歷史，跨度很大，我把書分作上下兩部，上部從外公外婆結婚起，至一九四九年上海政權易手止，分上下兩册。下部自一九四九年始，至母親一九七八年八月去世，也分上下兩册。我想，如果沒有對母親的熱愛，不置名利於身外，有如此毅力，寫出這麼多册書來，我自己都很難相信能做得到。

初稿寄給幾個舅舅，三舅看過以後，專門找到大舅，促膝討論，寫來回信，列出清單，提出史料細節的修正。大舅來信建議投稿給「聯合報」。五舅打電話對我大加鼓舞。四舅到台北開會，專門跟編輯見面，幫我感謝報館，並確證史實。哈佛大學退休教授燕京圖書館館長吳文津先生，曾與我的父親母親大學同學，逐字逐句看我的草稿，不光勘正史料，連電腦誤植的字都圈出來，要我訂正。著名政論記者陸鏗先生，看了報上連載我的文章，幾次打電話來誇獎。香港名報人金堯如先生，給我講了許多當年上海香港的故事。另外「聯合報」副刊主編陳義芝先生，多次來信鼓勵。聯經出版公司顏艾琳小姐更爲此書出版花費了許多心血。這些都是本書得以完成出版不可或缺的，在此一併表示衷心感謝。

據說，「嗩吶煙塵」在台灣、美國兩地報紙連載發表以後，得到很多讀者好評，我沒有想到。我想，那不是我寫得好，而是母親的生命所具有的光芒，讓人感動。我對於天下有良知的中國人，仍然抱著極大的熱忱和堅信。中華民族，經過五千年的歷史，不會在短短幾十年輕浮的商業大潮衝擊下，便忘記掉自己的祖宗，忘記掉自己的根。中國人還會愛看歷史，愛看嚴肅的悲壯故事。因此，我才寫作這本書，我懷著這樣的厚望。我還在繼續努力寫作修改「嗩吶煙塵」，不論前面還會遇到多少困難，我絕不停筆，一定完成我終生的使命。待我把這一套書完整地奉獻到母親靈前的時候，我相信，母親會爲我感到欣慰和驕傲。她沒有白養我這個兒子，她可以安息了。

二〇〇一年五月二十二日落磯山腳

沈寧

聯經文學

唢呐煙塵 下冊

2002年3月初版
定價：新臺幣260元
2004年4月初版第三刷

著　　者　沈　　寧
發 行 人　劉 國 瑞

出 版 者　聯經出版事業股份有限公司
台北市忠孝東路四段555號
台北發行所地址：台北縣汐止市大同路一段367號
電話：(02)26418661
台北忠孝門市地址：台北市忠孝東路四段561號1-2F
電話：(02)27683708
台北新生門市地址：台北市新生南路三段94號
電話：(02)23620308
台中門市地址：台中市健行路321號
台中分公司電話：(04)22312023
高雄辦事處地址：高雄市成功一路363號B1
電話：(07)2412802
郵政劃撥帳戶第0100559-3號
郵撥電話：26418662
印 刷 者　世和印製企業有限公司

責任編輯　顏 艾 琳
校　　對　周 湘 羚
封面設計　黃 聖 文

行政院新聞局出版事業登記證局版臺業字第0130號

本書如有缺頁，破損，倒裝請寄回發行所更換。ISBN　957-08-2382-8 (下冊：平裝)
聯經網址 http://www.linkingbooks.com.tw
信箱 e-mail:linking@udngroup.com

國家圖書館出版品預行編目資料

嗩吶煙塵 下冊／沈寧著．--初版．
--臺北市：聯經，2002年
416面；14.8×21公分．-- (聯經文學)
ISBN 957-08-2382-8(下冊：平裝)
〔2004年4月初版第三刷〕

I．陶琴薰-傳記

782.886 91004200

聯副文叢系列

●本書目定價若有調整，以再版新書版權頁上之定價爲準●

(1)鹽田兒女	蔡素芬著	180
(2)邊陲的燈火	楊蔚齡著	180
(3)散文的創造(上)	瘂弦主編	150
(4)散文的創造(下)	瘂弦主編	150
(5)飛翔之光——聯合報文學獎1994卷	瘂弦主編	250
(6)人生是一條不歸路	王邦雄著	170
(7)紅顏男子	李岳華著	150
(8)天下第一村幹事	陳介山著	120
(9)未來世界	王小波著	140
(10)讓高牆倒下吧	李家同著	170
(11)新極短篇——全民寫作(一)	陳義芝主編	180
(12)我寫故我在——聯合報文學獎一九九五卷	瘂弦主編	250
(13)陳瑞獻寓言	陳瑞獻著	130
(14)膜	紀大偉著	180
(15)每個人都有大智慧	趙衛民編	160
(16)站在巨人肩上	瘂弦、陳義芝編	220
(17)扶桑	瘂弦主編	200
(18)真女人紀事	陳義芝、黃秀慧編	150
(19)新極短篇——全民寫作(二)	黃秀慧主編	180
(20)美麗新世界——聯合報文學獎一九九六卷	瘂弦主編	250
(21)雙身	董啟章著	200
(22)眾神的花園	瘂弦主編	380
(23)大漠魂	郭雪波著	150
(24)人生散步	瘂弦主編	140
(25)向時間下戰帖——聯合報文學獎一九九七卷	陳義芝編	250
(26)陌生人	李家同著	170
(27)橄欖樹	蔡素芬著	180
(28)閱讀之旅（上卷）	陳義芝編	200
(29)閱讀之旅（下卷）	陳義芝編	200
(30)智慧100	聖嚴法師著	200
(31)人與海：台灣海洋環境	賈福相著	240
(32)迴旋	張讓著	250
(33)默	杜修蘭著	180
(34)沉雪	李晶、李盈著	200

(35)台灣現代小說史綜論	陳義芝主編	480
(36)華年放異采——聯合報文學獎一九九八卷	陳義芝主編	250
(38)看海的人	賈福相著	250
(39)台灣文學經典研討會論文集	陳義芝編	420
(40)惡寒：第廿屆聯合報文學獎中篇小說評審獎	張惠菁著	220
(41)金色海灘：第廿屆聯合報文學獎中篇小說評審獎	樊小玉著	180
(42)新的寫作時代——聯合報文學獎一九九九卷	陳義芝編	250
(43)消失的海岸	孫寶年編	250
(44)二十世紀文學紀事	鄭樹森編著	280
(45)李喬短篇小說精選集	李喬著	250
(46)再現文學垂天大翼——聯合報文學獎一九九九卷	陳義芝編	220
(47)藍色運動：尋回台灣的海洋生物	邵廣昭等著	280
(48)時代小說（上、下）	蘇偉貞主編	500
(49)聯副插畫五十年	陳泰裕主編	精380

當代名家系列

●本書目定價若有調整，以再版新書版權頁上之定價爲準●

白水湖春夢	蕭麗紅著	300
千江有水千江月(長篇小說)	蕭麗紅著	280
不歸路(中篇小說)	廖輝英著	220
殺夫(中篇小說)	李　昂著	200
桂花巷(長篇小說)	蕭麗紅著	280
法網邊緣	黃喬生譯	380
狂戀大提琴	利莎等譯	350
海灘	楊威譯	350
台北車站	蔡素芬著	180
回首碧雪情	潘寧東著	250
臥虎藏龍：重出江湖版	薛興國改寫	180
多情累美人	袁瓊瓊、潘寧東著	250
夕陽山外山：李叔同傳奇	潘弘輝著	250
八月雪：三幕八場現代戲曲	高行健著	150
靈山	高行健著	平320 精450
一個人的聖經	高行健著	平280 精400
周末四重奏	高行健著	150
沒有主義	高行健著	250
變色的太陽	楊子著	200
紅顏已老	蘇偉貞著	170
世間女子	蘇偉貞著	180
陌路	蘇偉貞著	220
臨水照花人	魏可風著	250
窄門之外	張墀言著	250
綠苑春濃	林怡俐譯	280
尋找露意絲	西零著	180
天一言	程抱一著	280

生活視窗系列

●本書目定價若有調整，以再版新書版權頁上之定價為準●

(1)時裝・性・男女	楊慧中等譯	180
(2)三原色：藍、黃、紅	冷步梅譯	220
(3)美感經驗	陳長華著	150
(4)人性八惡	廖月娟等譯	160
(5)喝杯下午茶	孟樊著	150
(6)拆穿男人的謊言	邱彰著	160
(7)實用芳香療法	施沛琳著	180
(8)IQ父母EQ子女	沈怡著	180
(9)漂亮髮型自己做	紅造型製作	280
(10)我有辦法	蔣大中著	250
(11)放慢生活的步調	莊安祺譯	220
(12)後現代絕症	簡捷著	200
(13)兩個女孩的天堂	台北海外和平服務團	150
(14)愛情的危機處理	林仁和著	220
(15)創造你希望的愛情	沈怡著	180
(16)人人是英雄	羅效德譯	180
(17)雙腦革命	邱紫穎譯	290
(18)哭泣的結婚證書	孫藝庭著	200
(19)台灣生死書：婚喪習俗及法律知識	劉俊麟著	250
(20)生活中的修行	陳履安口述 劉洪順整理	160
(21)愛在飢餓蔓延時：台灣世界展望會救援紀事	台灣世界展望會編著	200
(22)你的個性	羅效德譯	200
(23)天天容光煥發：女性輕鬆減壓秘招	林香君著	200
(24)消除生活壓力的禪	羅若萍譯	250
(25)顏色密碼：從顏色看性格	魏易熙譯	300
(26)傻人的愛，給狗	鄭　瑩著	220
(27)如來的小百合	伶　姬著	250
(28)聽心說話	釋心道著	220
(29)SQ：心靈智商	邱莞慧譯	280
(30)生命的意義	莊安祺譯	250
(31)他比總統先到	馮寄台著	220
(32)禪證	梁丹丰等講述	160
(33)人生經營	聖嚴法師等講述	150
(34)情緒的12堂課	張瀞文著	250
(35)愛情劊子手	呂健忠譯	250

(36)天天神采飛揚	林香君、 劉俊麟著	180
(37)蓮花時空悲智情	伶姬著	280
(38)突破你的極限	徐筱春譯	320
(39)生命如此美好	施貞夙譯	300

人生新境

●本書目定價若有調價，以再版新書版權頁上之定價爲準●

(1)缺憾的超越	李翠玲著	150
(2)行為的新境界——理論與應用	游伯龍著	350
(3)心戰——現代人的掙扎與突破	張小鳳等著	160
(4)解開愛的情結	林芳瑜譯	150
(7)相愛一生——談夫妻相處之道	梁竹君譯	250
(8)改變思維改變你	李普生譯	250
(9)富而好理	黃美姝譯	180
(10)生活一〇一	李普生譯	180
(11)腳冷時別買帽子——做自己生涯的決策者	吳傑民譯	180
(12)拒絕的真諦	李鴻長譯	100
(13)邱吉爾演講術	方美玲譯	150
(14)如何快速掌握資訊	何灣嵐譯	編印
(15)給兒女的一封信	彭淮棟譯	150
(16)財富一〇一	彭淮棟譯	250
(17)活出自己的如來	鄭石岩著	170
(18)心的挑戰	傅佩榮著	170
(19)四十不晚：中年追夢族的故事	李梅蘭著	180
(20)生活贏家：成功的 118 條策略	莊安祺譯	250
(21)情緒的管理——如何增進你的 EQ	何灣嵐譯	200
(22)打開心中死結	鍾尚熹譯	250
(23)生機換生機	李秋涼口述	200